中国高等教育学会宣传工作研究分会　组编

从文化自信到文化自强

——高校宣传工作百优案例研究

主编　蓝晓霞

编委　田延辉　储召生　郑水泉　蒋朗朗
　　　宁秋娅　包丽颖　闫祖书　吴松全
　　　徐进功　倪松涛　胡　昊

北京交通大学出版社

·北京·

前　言

党的十八大以来，党中央从战略全局高度对宣传思想文化工作作出了一系列部署，取得了历史性成就，站在新的历史起点，面向百年未有之大变局，机遇与挑战同在。高校作为党的宣传思想文化工作的重要领域，要更好地肩负起举旗帜、聚民心、育新人、兴文化、展形象的使命任务，在建设教育强国的实践中展现高等教育的使命担当。在此背景下，中国高等教育学会宣传工作研究分会（以下简称“宣传分会”）致力于汇聚高校宣传战线之合力，探索高校宣传队伍在工作实践中彰显重点、回应热点、破解难点、疏通堵点的有益经验做法。自 2018 年起，分会深耕实践，每年面向成员单位开展高校宣传工作创新案例征集和推广展示活动，各高校大力支持、广泛参与。截至 2023 年，共征集案例 128 篇。

经过对百余项案例的梳理、归纳与研究，我们发现，做好新时代高校宣传工作，一要聚焦主题主线，坚持用习近平新时代中国特色社会主义思想铸魂育人，自觉以习近平文化思想指导工作实践，引导师生真学真信、常学常新。二要做好守正创新，不断丰富形式、拓展载体、融入日常，着力把政治话语、理论话语转化为师生语言、日常语言。三要筑牢思想底线，坚持党管意识形态、党管宣传、党管媒体原则，强化阵地管理尤其是互联网阵地，全方位筑牢安全防线。四要拥抱时代变化，面对融媒体蓬勃发展、信息智能高速发展、数字空间不断拓展等时代背景，顺应数字化趋势，做好自我迭代，加强国际传播能力建设，在新时代展现新作为。

宣传分会自 2017 年 5 月成立以来，一直在中国高等教育学会直接领导和教育部思想政治工作司、新闻办公室、宣传教育中心指导下开展工作，作为由高等学校、新闻媒体机构、其他相关组织组成的全国性学术团体，分会目前已有包括人民日报社、光明日报社、中央广播电视总台、中国教育报刊社、中国教育电视台及全国各类高校等在内的会员单位200余家。北京交通大学担任理事长单位及秘书处挂靠单位。宣传分会深入学习贯彻习近平新时代中国特色社会主义思想，聚焦高校宣传思想文化工作理论创新和舆论创新，举办了七届高校宣传工作创新发展论坛、十余场高层次学术研讨会等大型活动，定期开展创新案例征集与课题研究工作，为推进高校宣传思想文化工作交流、创新、发展搭建平台，发挥新闻宣传、智库建设等优势特色，积极服务上级单位，受到上级领导充分肯定和有关方面广泛关注。

此次，分会本着聚焦问题导向，着眼工作实际，破解重点难点，以创新性、影响力及示范推广价值为标准，精选100篇案例，编辑出版《从文化自信到文化自强——高校宣传工作百优案例研究》一书。本书汇集了宣传分会成员高校在理论武装、思想教育、新闻舆论、文化文明等领域形成的切实际、有深度、可推广的实践成果，旨在阐述新时代高校宣传思想文化工作的有效方式方法，以“接地气”“冒热气”的实践案例为基础，探索新时代高校宣传工作的创新路径。希望本书能够成为促进高校宣传思想文化工作实践发展的“素材库”，其生动经验能够给更多高校的宣传工作带来借鉴参考，对高校宣传思想文化工作产生积极助益。

本书在案例征集、推广展示、编辑出版过程中，得到了中国高等教育学会的悉心指导，宣传分会理事会员单位的大力支持，秘书处张安梅、袁芳、汤嫣、郝梦倩、符哲源等同志也在编写过程中承担了大量工作，谨此致谢。

中国高等教育学会宣传工作研究分会

2024年9月

目　录

奏响时代强音　做好主题宣传教育

强化理论武装 引领主流价值导向

引入源头活水 激发思想教育活力

拥抱融媒时代 提升新闻宣传品质

做亮正面宣传 营造良好舆论氛围

坚持以文育人 打造校园文化品牌

深耕校史文化 赓续高校红色基因

奏响时代强音
做好主题宣传教育

旗帜引领方向 使命凝聚力量

——持续深入学习宣传贯彻党的二十大精神

北京师范大学

党的二十大是在我国迈上全面建设社会主义现代化国家新征程、向第二个百年奋斗目标进军的关键时刻召开的一次十分重要的大会，在新的历史条件下为全面建成社会主义现代化强国制定了方略、擘画了蓝图、规划了路径，举国关注、世界瞩目。党的二十大召开以来，北京师范大学各级党组织认真贯彻落实党中央、教育部和北京市相关要求，积极履行主体责任，迅速行动、主动担当，坚持统筹部署，组织学习贯彻，着力推进党的二十大精神在学校落实落细、落地见效。

一、站得高：统筹部署，迅速掀起学习热潮

坚持提高政治站位，统筹部署全校学习。一是第一时间跟进学习。积极组织广大党员干部和师生员工通过多种方式收听收看开幕会、闭幕会直播，学习热议党的二十大精神。领导班子带头，召开学校党委理论学习中心组学习（扩大）会议，开展专题学习，部署宣传贯彻工作。二是有序部署持续推进。根据中央、教育部和北京市的统一部署，结合学校工作实际，制定出台《中共北京师范大学委员会关于学习宣传贯彻党的二十大精神的通知》，发布《北京师范大学共青团关于学习宣传贯彻党的二十大精神的通知》《院（系）级单位党组织理论学习中心组月度学习指南》等系列文件，对全校开展学习宣传贯彻党的二十大精神活动精心谋划部署，提出明确要求。三是研究落实指导实践。组织召开学校学习贯彻党的二十大精神专题研讨会，解析先进理念，对标任务部署，精准把握结合点与切入点，着力引导师生原原本本学、融会贯通悟、联系实际思、真抓实

干做，将学习宣传贯彻党的二十大精神与学习贯彻习近平总书记给我校“优师计划”师范生重要回信精神紧密结合，与推进学校“双一流”建设和“十四五”规划紧密结合，与落实学校第十四次党代会确定的各项任务部署紧密结合，切实把全校师生的思想和行动统一到党的二十大精神上来，把学习成果转化为推动学校各项事业高质量发展的实际成效。

二、学得深：分层分类，有效推动入脑入心

抓好集中宣讲。面向全校师生员工，聚焦教育、经济、生态文明、全面从严治党等主题，学校组建了由全体校领导、多学科背景专家学者、优秀学生代表组成的学习贯彻党的二十大精神暨习近平总书记给“优师计划”师范生重要回信精神宣讲团，将全国高校学习宣传党的二十大精神师生巡讲团成员作为重要力量纳入其中；党委学生工作部、校团委牵头遴选，积极组织师生骨干成立师生宣讲团，紧密结合党的二十大报告中的新表述新论断，深入学习、精心打磨、广泛开展校内外宣讲，将党的二十大精神送至各基层单位；基层院系发挥学科优势，推出学习宣传贯彻党的二十大精神二十讲，举办“百千万计划”强师讲坛——学习贯彻党的二十大精神系列公益讲座，面向校内外全面开放。

深入研究阐释。发挥学科资源优势和育人优势，党委书记、校长带头发声，学校专家学者围绕党的二十大提出的系列新观点、新论断、新思想进行深入研讨和深度解读，着力提高理论水平，注重联系实际，重点推出了一批在学术界、理论界有影响的理论文章，为宣传党的创新理论成果作出积极贡献。一年来，新华社、人民日报、光明日报、人民政协报、中国教育报等主流媒体平台，持续刊发我校师生理论文章、师生访谈、综述稿等相关报道。

积极开展培训。学校把党的二十大精神纳入党员干部培训的必修课，面向全体党员开展多形式、分层次的培训活动，组织广大党

员干部认真学习党的二十大精神。中央宣讲团成员与我校青年学生代表互动交流；新入职教师培训、新任干部专题培训班邀请多位校领导结合党的二十大精神，围绕学校发展和治理实践作专题报告；学生党员发展对象集中培训、学生党员骨干专题培训将学习党的二十大精神作为重要内容纳入培训课程；各学部院系通过组织座谈会、学生主题班会、主题研讨、党团日活动、微党课、云党课等多种途径，引导师生广泛开展研讨、深入分享交流。

三、干得实：主动作为，坚定担当时代使命

建设教育强国，是全面建成社会主义现代化强国的战略先导，是以中国式现代化全面推进中华民族伟大复兴的基础工程。肩负高等教育龙头和基础教育基点双重责任，北京师范大学勇扛“强国先强教、强教先强师”的时代使命，坚持以习近平新时代中国特色社会主义思想为指导，深入贯彻落实党的二十大精神，按照“培养一批、输送一批、提升一批”的总体思路，打出了从师范生招生、培养、输送到教师职后支持、教育监测诊断的全流程、闭环式、系统性的改革举措组合拳，助力乡村振兴和基础教育均衡发展，在服务教育强国建设、推进中国式现代化进程中干在实处、走在前列。

站在新的历史起点，北京师范大学将持续为“强师工程”蓄势聚能。提质创新，推进“优师计划”优化发展。稳步扩大招生规模和招生范围，开展精准招生，从源头上保障师资质量；优化培养方案，延伸培养链条，立足长远，探索师范生本研“4+2”“4+5”贯通培养机制，突出理想信念和职业情怀，强师德铸师魂，着力提升师范生工程素养和创新能力。增效赋能，推进县域基础教育均衡发展。延展基础教育质量监测诊断范围，推广“百县千校万师”教师能力提升计划，精准把脉，精准对接，定向指导，联动各界，不断搭建教师培训与学历教育“立交桥”。聚智汇力，推进中国特色教师教育协同发展。落实“国优计划”，构建师范院校和综合性大学携手

共同培养“四有”好老师的高质量教师培养体系；推进中国特色教师教育体系的原创性研究，为尊师重教的社会风尚注入更多“北师大情怀”。

（执笔人：褚素丽　胡小溪　王　莹）

讲好北语抗疫故事 传播中国抗疫精神

北京语言大学

北京语言大学是一所以对来华留学生进行汉语、中华文化教育为主要任务的国际型大学，素有“小联合国”之称，每年有来自100多个国家和地区的8 000余名国际学生在这里学习和生活。抗击疫情期间，学校把握新闻宣传工作主基调，突出学校国际化特色和优势，凸显构建人类命运共同体理念，创新宣传方式、聚焦宣传亮点、打造宣传品牌，讲好北语中外师生同心抗疫故事，传播中国抗疫精神。

一、工作思路

学校致力于构建多元立体校园媒体格局，统筹协调各类校园和校外媒体平台，推出一系列高质量专栏、专版、专题，集中报道国际学生在校园、在中国的生活点滴。尤其是国际学生以真情实感、亲身经历讲述了中国抗疫故事，讲述了他们对中国抗疫、全球抗疫的认识和思考，弘扬了“德行言语、敦睦天下”的校训精神，展示了风雨同舟、守望相助、携手前行、并肩战疫的北语风采，传播了人类命运共同体理念所蕴含的合作共赢思想，共同助力打赢全球疫情阻击战。

二、主要做法

1. 精心组织，实现整体化宣传

统筹全校力量，制定工作方案，通过微信公众号、官方微博、新闻网、校报等校园媒体平台，第一时间报道学校各岗位用心守护中外学生身心健康的感人事迹。如学校实施留学生“点对点”精准防控工作，积极开展对国际学生的防控宣传教育，通过校园媒体发布中英文版《致北京语言大学国际学生的一封信》、防范新冠感染知识、出入境管理问题解答等温馨提示，引导国际学生理性对待疫情，增强自我防控意识。

注重以小见大，着力将关怀和温暖融入具体工作中，对身处异国他乡、突遇疫情的国际学生的心理状况和生活诉求及时回应、立即处理。例如对法国同学白夏威校园内故事的报道就感动了很多师生，也获得了大量点赞和祝福。除夕，他不小心摔倒导致手臂骨折，从诊断到入院、再到手术，老师们一直陪伴着他，并提供各种帮助。由于处在疫情之中，最初白夏威情绪有些沮丧，负责老师一直耐心安抚，让他很快调整了情绪，他反而还安慰老师："不用着急，等我'修好了胳膊'就开始学习。"

2. 精细设计，实现联动化宣传

通过精心设计，深入一线采访师生，挖掘第一手素材，以微信和网络为主要载体，推出"云端课堂故事""听·师说"系列报道，讲好"停课不停学"的课堂故事，聚焦老师对学生的温暖关心和谆谆教导。例如针对学习过程中发现的问题，老师以直播形式进行讲解、答疑解惑；针对生词，老师制作配有丰富素材和例句的 PPT；针对重点难点部分，老师录制讲解视频，同时提供讲解课件和大量练习题；针对课文，老师通过提出问题，用给定词语回答的方式，引导学生在自学中进行模仿复述。这些接地气的报道在疫情期间深受师生们的喜爱。

学校新闻宣传注重以情动人，提升故事的渗透力。例如对意大利同学克劳迪获得老师帮助的故事报道，就以第一人称视角展现疫情期间中国教师和国际学生的真挚情谊。突如其来的疫情使克劳迪对未来的学习不知所措，老师就耐心细致地帮助她做好规划。她说："我很期待早日回到北京，无论是 5 月复课还是 9 月的新学期返校，我一定要回到北语继续学习。"

3. 精准定位，实现融通化宣传

通过精准定位，整合校内外采编资源、媒体渠道，以文字、图片、视频、音频等形式的综合运用，实现全媒体融通宣传的联动效果。例如“感知中国·我们的抗疫故事”就记录了国际学生的所见所闻所思所感。来自22个国家的36位国际学生关注中国及世界疫情发展情况，用真情实感表达了自己对中国、对北语的美好祝愿，并为中国战疫、全球抗疫加油助威。

新闻宣传中注重多元视角，侧重“距离虽远、爱却相连，万里声援、风雨同舟”主题。许多国际学生假期返回家乡后，无时无刻不关心着中国的疫情，自发从世界各地发来邮件、视频等，为中国加油。例如北语校友、联合国教科文组织世界遗产中心非洲部主任木卡拉曾在中国生活和工作了16年，此次疫情深深牵动着他的心，他特别写了一封信，信中说：“我一如既往地对中国保持坚定的信心。我相信，凭借在5 000年的历史和经验中积累的坚实基础，中国将再次战胜病毒，控制并战胜疾病。经验证明，这些挑战只会使中国更加具有韧性。我深信，这次疫情将使中国变得比以往任何时候都强大并造福世界。”

三、经验启示

1. 创新内容，用心选题，讲述温暖故事

学校新闻宣传工作根据疫情发展情况、师生需求设置议程，用心选题，贴近师生，进一步提高了抗疫期间的宣传工作效果。推出的“战疫尖兵”“我的战疫故事”等系列报道，通过身边典型、感人事迹的挖掘，展现了校园各岗位一线教职员工和中外学生之间温暖的抗疫故事，以身边人、身边事为教材，营造了积极向上的舆论氛围。

2. 创新形式，整合资源，传播中国声音

学校通过活用素材、改变话语方式，不断创新形式，整合资源，讲好中国抗疫故事。面向国际学生，推出的“战疫，我在中国”“心系中国、抗疫发声”等系列报道，温情讲述了国际学生疫情期间在中国学习生活的点点滴滴，以及因疫情影响还未返校的国际学生所思所想，不仅强化了对外传播手段和话语方式创新，也向世界传播了北语声音，进而传播好中国声音。

3. 创新渠道，聚焦育人，彰显中外人文交流力量

学校通过传统媒体和新媒体的深层融合，不断创新渠道，聚焦育人，落实高校立德树人根本任务。传统媒体如校报、广播、宣传栏等以文字、图片、专题、特写等形式进行报道；新媒体如微信公众号、微博、抖音等以微视频、H5、直播等形式进行报道。这些报道通过讲故事推动育人实践，让听故事的人和讲故事的人达到同频共振，进而彰显中外人文交流的蓬勃力量。

（执笔人：戴慧琦）

聚焦四个维度
推进党史学习教育走深走实

北京邮电大学

北京邮电大学党委认真学习贯彻习近平总书记在党史学习教育动员大会上的重要讲话精神，精准把握“四个维度”，持续推动党史学习教育走深走实，为加快“双一流”建设，推动学校各项事业发展提供了坚强的思想保证和强大的精神力量。

一、讲求高度，强调党史学习教育的教育性和引领力

开展党史学习教育，就要引导广大师生从党的百年奋斗史中汲取力量，筑牢信仰之基、补足精神之钙、把稳思想之舵，为实现崇高理想努力奋斗。

1. 把理想信念铸魂作为关键环节。北京邮电大学党委坚持把党史学习教育和育人使命紧密结合，紧紧围绕落实立德树人根本任务，加强对广大师生的教育引导。通过积极组织开展特色鲜明、形式多样的学习教育，引导师生在丰富多彩的活动中深刻感悟党的百年奋斗历程，深入认识和掌握人类社会发展规律、社会主义建设规律和党的执政规律，夯实对马克思主义的信仰之基。

2. 用党史资源育人育心。校领导深入课堂教学一线，通过现场听课交流、与教师同备一堂思政课等形式，与任课教师共同探讨如何让思政课由“不好讲”变为“讲得好”，由“让我上”变为“我爱上”，探讨如何创新课堂教学模式，运用丰富的红色资源、鲜活的课堂语言，发挥课堂育人主阵地作用，全面提升党史学习教育效果和育人成效。

二、强化锐度，突出党史学习教育的针对性和感染力

1. 强化分类实施，突出党史学习教育的针对性。注重示范引领，

在党员领导干部中强化专题学习；聚焦立德树人，在党员教师中注重涵养师德师风；坚定理想信念，在青年学生中厚植爱党报国情怀；回望奋进路聚力新征程，在离退休教师中着力激发政治优势。根据不同群体的学习重点，有针对性地分类推进学习教育，同时结合学院特色，发挥学科优势，创新性地开展工作，努力做到规定动作做到位、自选动作有特色。

2. 用好用活红色资源，突出党史学习教育感染力。结合邮电特色开展的《邮票中的党史》讲述活动，以重大党史事件和重要党史人物为切入点，以邮票为载体，通过师生、校友的讲述，回顾中国共产党走过的百年光辉历程，教育引导师生从邮票中学习党史，汲取永远奋斗的精神力量。活动得到人民日报、学习强国等主流媒体平台转载和报道。同样吸引师生踊跃参与的还有学校党史学习教育原创舞台剧《寻找李白》，师生以沉浸式观演的新颖形式感受学校红色基因，传承邮电红色血脉。

三、注重深度，增强党史学习教育的渗透性和推动力

1. 深入探寻学校建设发展历程中的红色血脉。坚持党史学习教育和校史校情学习相结合，激发全体师生校友砥砺奋进的磅礴力量。举办“传承红色基因　赓续红色血脉”主题图片展，通过大量史料图片和文字记载全方位展示了学校的红色校史资源、在党的领导下北京邮电大学的发展壮大历程和北邮精神的代代传承。激励广大师生坚定信念、凝聚力量、鼓舞斗志、明确方向、奋力前行。

2. 深入挖掘各类宣传资源的红色育人元素。对话为“东方红一号”卫星发射默默付出的陈俊亮院士、汪润生教授，为祖国通信卫星工程建设建言献策的钟义信教授，正在为航天事业无私奉献的北邮空间机器人实验室团队，永不消逝的电波接收者苏采青老人，用一幕幕令人难忘的珍贵画面，一段段刻骨铭心的历史瞬间，在师生心中树立起一座座永垂不朽的精神丰碑。相关宣传内容在师生中引

起强烈反响的同时，也得到媒体的广泛关注和报道，进一步增强了党史学习教育效果。

3. 深入营造办实事育新人的浓厚氛围。切实考虑师生的实际诉求，办好每一件小事，真正急师生之所急、想师生之所想、办师生之所盼、解师生之所难，真正把实事办到师生心坎上，不断提升师生获得感、幸福感。通过主动宣传积极营造氛围，聚焦解决师生最关心、最直接、最现实的问题，营造以“小切口”实现“深突破”的校园舆论氛围，把一项项暖心服务落实情况作为党史学习教育宣传重点，推动党史学习教育不断走深走实。

四、拓宽广度，确保党史学习教育的广泛性和持久力

1. 广织工作网，助推党史学习教育全面铺开。全面制定学校党史学习教育实施方案，印发《〈中共北京邮电大学委员会关于在全校开展党史学习教育的实施方案〉任务分解》，明确重点举措，细化47项具体任务，落实时限、任务、责任人和工作标准，实行挂图作战。

2. 打通“最后一公里”，确保党史学习教育覆盖面。创新形式与载体，使党史学习教育覆盖到每个支部、每名党员。将党史学习教育与冬奥、冬残奥志愿服务工作实际相结合，在志愿者中开展以“学史明鉴共奋进，初心如磐向未来”为主题的党史学习会，在全校共青团系统开展“学党史、强信念、跟党走”学习教育，在推进党史学习教育青年学生全覆盖方面取得显著成果。

3. 推动健全党员领导干部党史学习教育常态化机制。将抓好党员干部和教师日常学习作为抓手，推动实现党史学习教育常态化。将党史学习教育内容纳入理论学习中心组学习内容，纳入教师政治理论学习内容；以学校党建与思政工作研究会为依托，加强党史理论研究与阐释；将党史学习教育纳入学校思想政治工作体系全面推进。

（执笔人：申晶晶　钱　萌）

以学党史三风行动为引领 高质量推进党史学习教育

北京建筑大学

在党史学习教育之中，北京建筑大学坚持立德树人根本任务，以高度的思想自觉和坚定的政治担当，在全校范围内开展“学党史、优教风、严学风、强作风”专项行动（简称“学党史三风行动”），营造“严谨治学、从严执教”的良好教风、“严于律己、勤奋好学”的优良学风、“求真务实、担当作为”的良好作风，为高水平特色型大学建设提供坚强保障，切实将党史学习教育的成果转化为推动学校高质量内涵发展的强大动力。

一、工作思路

作为有着百年建校史的省部共建高校和北京市属龙头高校，在打造高水平特色型大学的进程中，北京建筑大学和很多高校一样，面临着老师如何更好地教、学生如何更好地学、学校如何高质量发展等共性问题。

2021 年，以扎实推进党史学习教育为契机，学校加强顶层设计，坚持问题导向，潜心立德树人，围绕全面提高人才培养质量这个立足点，在全校范围内开展“学党史、优教风、严学风、强作风”专项行动，并出台工作方案。学校成立“三风”专项工作组，下设 5 个工作组，针对梳理出的 3 方面 36 项突出问题，明确 15 个主责部门，细化形成包含 22 项具体任务、63 项重点措施的任务分解表，并明确专项行动的时间表、路线图、责任人，构建“项目制、清单制、责任制”工作机制，按照教风、学风、作风分别制定考核指标体系。

二、主要做法

1. 融媒聚焦、精细报道，多角度分层次打造核心内容

针对“学党史三风行动”，党委宣传部坚持融媒思路，借鉴中央厨房模式，采取“一次采集、多次生成、多平台发布”的模式报道各方面进展，在校园网、党史学习教育专题网站、学校官微、视频号、头条号、抖音号等发布重要新闻，开设“学党史三风行动”“向党说句心里话”“我的入党故事”“科技工作者风采”“校友访谈”等专栏，及时更新动态，全方位多层次多角度宣传在探索优良学风、教风、作风等方面的典型经验做法。学校还专门设立《学党史三风行动简报》，定期通报各“三风”专项工作组进展，介绍先进典型和优秀经验，供校内师生学习传阅。

2. 内外联动、精准供稿，按需建立差异化供稿机制

拓展传播载体，积极加强对外宣传。针对党史学习教育和“学党史三风行动”，学校坚持内外联动，在全面推进校内宣传的同时，精选线索素材和亮点成果，按需供稿，向媒体差异化推荐，加强对外宣传的影响力，让内宣外宣强势互动。

围绕北建大师生参与《北京历史文化名城保护条例》制定、服务首都“四个中心”功能建设“百团行动计划”启动、服务冬奥会、开展城市更新和老旧小区改造、北京水文化调研、“红色建筑印迹——致敬中国共产党百年华诞艺术作品展”、参与庆祝中国共产党成立 100 周年大会、毕业生特色思政课等内容进行对外宣传。

3. 突出亮点、精深实践，在服务首都城市建设中彰显特色

作为北京地区唯一一所建筑类高校，学校立足特色发展，聚焦“打造高素质师资队伍、培养高质量人才、产出高水平成果”，主动服务北京“四个中心”功能建设，将学习成效转化为推动学校高质量内涵式发展的强大动力。

立足于“学党史办实事”，发挥学校学科专业优势，学校组建服务首都功能建设师生团队 101 支，深入北京市 16 个区，百余个街道、乡镇开展理论宣讲、社会调查、志愿服务、科研应用和创新创业实践，并主动参与组织“小空间　大生活——百姓身边微空间改造行动计划”。针对上述品牌活动，北建大组织媒体进行多轮跟进式采访，成果被多家主流媒体报道。

三、实施效果

2021 年上半年，北建大向北京教育系统党史学习教育领导小组报送简报 20 期，被采用 4 期，其中北京市委党史学习教育简报 1 期，教育系统专报 2 期。工作进展得到市委领导和教工委领导批示。充分调动校报、新闻网、电视、微信公众号等平台对学校以“三风行动”为代表的党史学习教育开展动态宣传报道，发表相关报道 300 余篇；加强对外宣传，党史学习教育开展以来，学校特色做法和成果吸引了中央电视台、人民日报、新华社、光明日报、北京电视台、北京日报、中国教育报、北京青年报等多家媒体的报道，发布对外宣传稿件 130 余篇，取得了良好的社会反响。

四、经验启示

1. 坚持立德树人

新时代教育的根本任务是立德树人。北建大开展“学党史三风行动”，旨在以党史学习教育为契机，推动学校改革发展，促进各项事业显著提升，提高人才培养质量。宣传思想工作为学校改革发展提供思想保证，引导全体师生坚持正确政治方向和舆论导向，深刻理解“学党史三风行动”的内涵、目标、要义等，主动回应师生关切，积极宣传典型经验，全面激发干事创业的昂扬斗志。

2. 坚持融合创新

当前信息网络技术快速发展，对高校宣传思想工作提出了更高要求。加强和改进高校宣传思想工作，在管理机制上，应全面统筹，构建党委统一领导、党政齐抓共管、宣传部门组织协调、各单位共同负责的大宣传工作格局；在资源整合上，应构建融合发展思维，既要守好传统媒体宣传阵地，也要运营新媒体平台，搭建有效传播载体，促进新旧媒体有效联动，并积极借助“外力”，拓宽传播渠道。

3. 坚持“互联网+”思维

要探索“互联网+宣传思想”工作模式，以用户思维为导向，做好调研，调整思路，打造喜闻乐见的“爆款产品”，借鉴大数据思维，综合运用调查、统计、分析等方法，通过阅读量、转发量、留言等有效的数据反馈，改进工作模式，提高报道水平。

（执笔人：魏楚元　高　蕾　任　敏　王　洋）

“艺”心向党 在党史学习教育中凸显音乐特色

中国音乐学院

中国音乐学院党委认真学习贯彻习近平总书记关于党史学习教育的重要讲话精神，2021年扎实推进学校党史学习教育，结合音乐专业实际，找准发力点着力点，形成特色亮点，开展了“‘艺’心向党”“音乐党史课”“音乐厅里的思政课”等系列活动，取得了较好效果，推进党史学习教育往深里走、往心里走、往实里走。

一、开展“‘艺’心向党”主题活动

学校党委立足学校作为国家“双一流”建设高校和北京市高水平研究型大学实际，科学谋划党史学习教育，紧密结合音乐专业特色，精准定位、突出特色，组织开展“‘艺’心向党”系列主题活动。

一是开展“十个一”主题党日活动。在各级党组织中分类开展“‘艺’心向党”主题党日活动，设计了“十个一”的规定动作，即“阅读一本红色经典、宣讲一个党史故事、观看一部红色文艺作品、学唱一首红歌、参观一次红色地标、回望一次入党初心、参加一次‘四史’知识竞赛、同上一堂音乐党课、聆听一场红色主题音乐会、重温一次入党誓词”和四类自选动作。全校各级党组织共开展“‘艺’心向党”主题党日活动241次；共青团深入开展“学党史、强信念、跟党走”“请党放心　强国有我”等特别主题团日活动。

二是创作排演文艺作品。“‘艺’心向党”系列活动中，各院系组织师生表演红色经典歌剧《江姐》音乐会版，举办全校庆祝中国共产党成立100周年专场音乐会、“前进吧中国共产党”“百年回顾歌声向党”“百年辉煌　时代旋律”“键盘上的红色中国”专场音乐会，创编以“中国共产党第一次全国代表大会”为主题的舞台剧《初心》等。百余师生高唱歌曲《人民是天》的党史学习教育音乐视频，在北京市教育系统“唱支歌儿给党听”评比活动中荣获“一等奖”和“最佳人气奖”。

三是开展音乐党史宣讲。组成师生音乐党史宣讲团排演红色经典歌剧《江姐》《洪湖赤卫队》《白毛女》和民族经典歌剧《小二黑结婚》等群众喜闻乐见的歌剧作品；音乐会版红色经典歌剧《洪湖赤卫队》走进故事发源地——湖北荆州和河北涞源革命老区演出。师生志愿者团队深入社区宣讲音乐党史，策划编排、教唱演出，用音乐服务社会，奏响时代强音。

二、讲授“音乐党史课”

学校党委挖掘党史中的音乐元素，传承学校红色基因，将党史、校史与音乐史内容相融合，创新形式开展“音乐党史课”，育人效果显著。

组织校内音乐专业教授党员、思政课教师党员为全校师生开展系列音乐党史课。《红色细胞——党史中的音乐记忆》党史课以音视频资料和谱例分析，生动讲述百年党史发展历程中红色基因在音乐中的运用和发展，引导师生汲取智慧和奋进力量；《民歌中的红色记忆》党史课以“民歌中的红色记忆”为题进行主题展演，现场表演了民歌《翻身五更》《八月桂花遍地开》《十送红军》，以及板胡器乐曲《月牙五更》等，富有浓郁艺术气息的音乐党史课进一步深化了国音学子对党史知识和党的理论的理解，进一步激发立志民族复兴的信心和决心。

三、打造“音乐厅里的思政课”

学校党委在党史学习教育期间，通过打造思政课品牌、编制教辅材料和与专业课相融合等方式，不断增强思政课的思想性、理论性和亲和力、针对性。

一是创新“音乐厅里的思政课”品牌。校领导带头在音乐厅里讲授“畅想时代旋律，谱写辉煌人生”“净化心灵　塑造人格”等“音乐厅里的思政课”；在音乐厅里开设“最美的歌声献给党”合唱音乐会、“‘艺’同战‘疫’之主创者说”访谈等特色思政课；思政教师在“回望百年路　奋进新时代”红色经典室内乐音乐会、“赞歌唱给党”专场音乐会上担任导赏，讲授思政课内容；组织学生到国家大剧院聆听“大剧院里的思政课——唱支山歌给党听经典合唱作品”音乐会等。学校将思政课堂与音乐厅相结合，使艺术专业学生更加深入理解党的创新理论，梳理党史脉络，进一步增强中国特色社会主义道路、理论、制度、文化自信。

二是原创百集系列教辅片——《百年初心》。学校党委以《毛泽东思想和中国特色社会主义理论体系概论》教材为依据，紧密结合中国共产党建党百年来波澜壮阔的伟大历程，精心组织策划、原创了百集系列教辅片——《百年初心》，系统梳理“一百个”小专题，以大量的“四史”视频文献资料形象生动地呈现，集思想性、理论性、知识性、生动性、观赏性于一体，以更加立体多维的内容展示党的百年征程。

四、经验启示

1. 必须提升政治站位，抓好党史学习教育长效机制建设

习近平总书记强调“继续把党史总结、学习、教育、宣传引向深入”。高校党委要在顺利完成党史学习教育各项任务基础上，进一步着眼常态化、长效化，不断巩固拓展党史学习教育成果，建立党史学习教育长效机制，发挥好党史育人作用，用好红色资源，加强学生革命传统教育、爱国主义教育，引导他们更好地知史爱党、知史爱国，成为德智体美劳全面发展的社会主义建设者和接班人。

2. 必须强化思想引领，以党的创新理论武装师生头脑

坚持用党的创新理论铸魂育人，精心组织开展相关理论学习和教

育活动，引导师生深刻领悟中国共产党为什么能、马克思主义为什么行、中国特色社会主义为什么好，从党的百年伟大奋斗历程和伟大建党精神中汲取继续前进的智慧力量，传承红色基因，赓续精神血脉，把学习成果转化为师生爱党爱国爱社会主义的思想自觉和行动自觉。

3. 必须立足实际，充分结合学校专业特色

党建和思想政治工作是学校各项事业能够沿着正确轨道发展的引领与保障，要坚持以高质量党建引领学校事业高质量发展，立足学校学科和专业优势，创新“党建+艺术”模式，开展“有意思的学习活动”“有特色的思政教育”等，进一步凝练高等艺术院校党建和思想政治工作特色亮点和成果经验。

（执笔人：吴　哲　王　楠）

聚焦新时代教育强国建设 讲好“新工科”育人的天大故事

天津大学

为深入贯彻习近平总书记对宣传思想文化工作的重要指示，切实发挥高等教育在建设教育强国中的龙头作用，天津大学党委宣传部持续聚焦学校“新工科”建设特色亮点，讲好“新工科”育人过程中的天大故事，以深入一线的工作主动、生动鲜活的案例故事和青年特点的传播视角，策划采写大量生动鲜活、具有影响力的宣传作品，记录天津大学聚焦时代发展方向、探索新工科人才培养新范式的生动实践。

一、工作思路

新工科建设是我国高等工程教育对未来发展的崭新思维和深度思考，是对科技革命和产业革命的积极回应。天津大学率先提出了新工科建设“天大方案”，开拓工程教育改革的新路径，实现“新工科”由 1.0 向 2.0 的跨越，持续引领新工科建设新方向。天津大学党委宣传部紧密围绕习近平总书记关于教育的重要论述，把习近平文化思想贯彻落实到工作各方面、全过程，尤其注重抓住“新工科”建设这一“牛鼻子”，多层次、多角度采写宣传报道，形成一系列有影响力的“大报特稿”和“天大故事”。

二、主要做法

1. 提升工作主动性，实时报道新工科建设最新进展

新闻报道要求较强的时效性，要紧跟“第一时间”，满足全社会对高等教育创新发展的资讯需求。天津大学党委宣传部围绕“新工科”建设动态，及时准确地捕捉实时信息，实时关注金课建设、改

革前沿、发展动态和体制创新，利用新闻通稿短平快的特点，把复杂的教育教学改革动态信息提炼成简单明了的“好消息”，实现信息的实时传播和快速响应，不断提升报道效率。如在中国青年报发布《天津大学本科生培养“领航计划”》；在人民网发布《天大“未来设计师”在全国高校数字艺术设计大赛获殊荣》；在天津日报发布《天津大学未来技术学院揭牌》《智能医学工程专业建设“天大共识”发布，培养未来卓越新医科人才》；等等。

2. 深挖新闻线索，多角度展现新工科育人的深度广度

深度报道和侧记特写是让社会全面了解新工科建设意义、深入思考教育强国建设的必由之路。天津大学党委宣传部深入调查采访，提供全面视角，力争多方位记录新工科发展动态，发布不同侧面、不同角度的报道。如在中国教育报头版头条发布《做新工科建设的探路人——天津大学聚焦时代发展方向探索新工科人才培养新范式纪实》；在中国青年报上发布《新工科领军班让“未来科学家”破土而出》《智能制造时代，怎么培养未来工程师》；在光明日报上发布《扎根边疆培养新工科人才》；在天津日报上发布《毕业设计“上天入海”》；在科技日报上发布《天津大学：为科教兴国战略贡献力量》；等等。

3. 策划重点选题，展现高等工程教育中国范式的天大风采

天津大学党委宣传部策划一系列“特别节目”，致力于向大众不断展现“新工科”建设中的“最强大脑”，纪实教育家的站位和视野，记录实践者的道路与追求，深度剖析“新工科”建设对新时代新征程上教育强国建设的推动作用。如在光明日报上发布《探索国际工程教育的“中国方案”——访中国工程院院士、天津大学校长金东寒》；在中国教育报头版发布《杨贤金：提振科技自立自强的“精气神”》《“新工科”育人的实践者——记天津大学机械工程学院副院长孙涛》；在人民日报上发布《天津大学副校长巩金龙——做符合学术发展规律、国家需要的事》；等等。

三、实施效果

据统计，2021年至今，天津大学党委宣传部策划采写有关“新工科”建设的新闻报道合计124篇。其中人民日报（含客户端）11篇、新华社3篇、人民网12篇、光明日报16篇、科技日报15篇、中国教育报19篇、中国青年报17篇、天津日报26篇，策划报道中国经济大讲堂《金东寒：“新工科”塑造人才培养新模式》、中国教育报头版深度报道《做新工科建设的探路人——天津大学聚焦时代发展方向探索新工科人才培养新范式纪实》等，都成为记录中国高等工程教育改革发展历程的有影响力、关注度高的经典范例。

四、经验启示

1. 导向为先，服务立德树人大局

宣传思想工作事关我们举什么旗、走什么路、立什么制，事关高等教育事业的全局和根本。天津大学党委宣传部在工作中始终以立德树人为根本，致力于通过讲好“新工科”育人故事服务立德树人大局，为培养中国特色社会主义建设者和接班人提供有力的思想保证。

2. 深入一线，不断发掘源头活水

在新闻宣传工作中要深入践行群众路线，做到脚沾泥土、心怀真情，深入基层、行走一线，到师生中去、到课堂上去、到新工科教育教学改革的最前沿去。天津大学党委宣传部在工作中涵养不畏苦、不畏难，相互协助、通力配合的意识和情怀，在实践中不断锤炼脚力、眼力、脑力、笔力，用大量“沾泥土、带露珠、冒热气”的新闻作品，记录育人改革，讲好天大故事。

3. 创新思路，提升新闻宣传影响

天津大学党委宣传部坚持以讲好“新工科”育人的天大故事为主线，加强新闻策划，获得中央级媒体、头部公号及大型网站的广泛报道；依托各类媒体，综合运用文字、图片、长图、H5、短视频、网络专题等各类形式开展宣传，不断提升新闻宣传效果，持续提升学校育人的影响力、美誉度。

4. 锤炼队伍，夯实宣传工作基础

做好新闻工作，归根结底在于人才队伍。天津大学党委宣传部不断完善新闻宣传人才培养机制，通过专家讲座、业务培训、以比促学等多种形式，努力打造一支政治坚定、业务精湛、作风优良的新闻宣传工作队伍，全方位提升新闻宣传人员素养。

（执笔人：杨 欢 李嘉毅 焦德芳 刘晓艳）

以贺信精神引领打造党史学习教育的哈工大模式

哈尔滨工业大学

哈工大党委坚持以习近平总书记贺信精神为引领，全面构建党史学习教育六大机制，打造并持续完善党史学习教育“哈工大模式”，系统推动学习教育成效转化为勇担航天第一校“尖兵”重任、服务强国建设民族复兴伟业的磅礴力量。

一、思路做法和实施成效

1. 构建“学习”机制，以百年党史智慧力量引领师生，一流大学政治建设达到新高度

一是强领学。发挥校领导班子“头雁优势”，通过党委常委会“第一议题”及时学、中心组研讨学、红色场馆踏勘学，引领全校多次掀起热潮，相关学习成果多次刊发在《人民日报》等重要报刊。二是抓导学。发挥专家学者“理论优势”，邀请党史学习教育中央宣讲团成员等开展辅导 42 次，组织开展党校班次 26 个。三是深研学。组织开展校领导班子封闭务虚会、领导干部专题读书班，深入研讨党领导哈工大发展壮大的历史逻辑，集中破题如何“作出新的更大贡献”。

2. 构建“教育”机制，以伟大建党精神凝聚师生，一流大学精神文化高地筑得更牢

一是分类教育。针对不同群体，分层次分类别制订计划、开展活动 3 700 余场。二是模块宣讲。打造新思想概论课领衔的“课程模块”和 10 余个宣讲团组成的“宣讲团模块”，以分层分类模块宣讲对师生实现全覆盖。三是分层次挖掘展现红色资源。集中挖掘推出“在党的领导下”主题展、校园红色见学线路，带动学院层面广泛推出

23 个学科红色发展史展，相关做法受到中管高校指导组高度肯定。

3. 构建“我为师生办实事”工作机制，以“急难愁盼”问题破解赢得师生，一流大学发展合力空前凝聚

一是多渠道“出卷”。制定实施系列制度，推动形成并完成 3 批次、99 项任务的“我为师生办实事”清单和重点民生项目 10 项。二是多方式“答卷”。坚持“急”问题快速响应、“难”问题专班推进、“愁”问题提级办理、“盼”问题创新机制，一批关键需求得到有效解决。三是多角度“阅卷”。通过系列调研座谈“专题问效”，校领导班子百余次调研“深度问效”，师生群众通过提案办理公示“常态问效”，“一网、一门、一次”集成服务建设满意度达 99.98%。

4. 构建“组织生活和中心工作深度融合”机制，以“两优一先”带动师生，一流大学党建引领保障作用尽显

一是顶层设计谋融合。党建工作领导小组集中研究部署，全面实施“+支部”“支部+”工作模式创新，相关工作案例获第三届全国党建创新成果展示交流活动“十佳案例”铜奖。二是典型示范带融合。通过培训班专题分享推广学校先进典型经验 60 余次，带动更多支部主动靠前，10 个基层党委和党支部获评标杆院系、样板支部，2 个党支部获批全国“双带头人”教师党支部书记工作室。三是立足本职促融合。组织全体党支部和广大党员通过组织生活会查摆战斗堡垒和先锋模范作用发挥问题，引领全校各党支部劲往一处使，相关做法被《中国组织人事报》报道。

5. 构建“成果转化”机制，一流大学扎根边疆、走在前列的高质量发展动能更加强劲

一是转化为勇担航天第一校“尖兵”重任的新动能。挖掘党领导哈工大发展壮大的历史逻辑，将成果转化为勇担航天第一校“尖兵”重任的战略谋划和行动方案，学校 10 余项关键核心技术有力支撑“探月”“探火”“天宫”。二是转化为杰出人才自主培养的新探索。挖掘“红色工程师摇篮”“培养了一大批杰出人才”的传统，将成果

转化为推进杰出人才自主培养的全面探索，“院士班”成为学校人才培养“金字招牌”，本科生生源全国平均排名实现三年连升12位。三是转化为高端人才培育凝聚的新举措。挖掘党员专家领衔、“大师+团队”的人才工作经验传统，将成果转化为筑牢新时代人才高地的一系列超常举措，2021年新增院士3名，国家级人才两年新增154名、增量位居全国高校前列。四是转化为服务科技自立自强的新思路。挖掘在党的领导下“打造了一大批国之重器”的科研传统，将成果转化为谋划新一批国之重器的思路指引，超前谋划凝练并加紧论证实施首批25个重大技术培育方向。五是转化为助力东北全面振兴的新担当。挖掘“扎根东北、爱国奉献、艰苦创业”的历史传统，持续推动航天国防科技成果优势服务黑龙江振兴发展，全面拓展与7个地市及重点企业的深度合作，2021年黑龙江省选调生数量同比提升17%，留黑龙江省就业人数同比提升66%。

6. 构建“组织领导”机制，党史学习教育各项任务落实落细、形成长效

一是抓组织到位。制定实施全面工作方案，组织全校基层党委全部制定落地方案，确保高规格部署、高质量推进。二是抓人员到位。从全校抽调51名青年精干力量，配置62名联络员，组织党群部门负责人牵头7个巡回指导组强化部门联动、全覆盖巡回指导。三是抓工作到位。建立闭环工作链条，推动全校各基层党委同步推进、比学互鉴，工作成效被上级简报报道28次。四是抓长效到位。制定实施《贯彻落实〈关于推动党史学习教育常态化长效化的意见〉工作方案》，并通过校内巡视、专题督查、述职评议等方式落地落靠。

二、经验启示

1. 坚持组织化、机制化抓党史学习教育，是推动党史学习教育目标高标准高质量达成的重要方法论。哈工大探索构建了党史学习

教育“六大机制”，切实以系统施策、环环相扣之举保障取得高质量成果。

2. 紧密结合自身发展历史抓党史学习教育，是推动党史学习教育落细落深落实的重要方法论。哈工大以习近平总书记贺信精神为引领，专人专班专题理清了党领导哈工大发展壮大的历史逻辑并达成高度共识，切实将党史学习教育成果转化为坚决拥护“两个确立”、坚决做到“两个维护”的实际行动。

3. 坚持围绕师生的共同红色记忆创新党史学习教育载体，是推动党史学习教育润泽师生、触碰灵魂的重要方法论。哈工大围绕全国优秀共产党员马祖光、全国优秀共产党员刘永坦、哈工大革命烈士群像等设计建设了系列红色见学点，打造了一批融入师生生活和心灵空间的永久红色“精神地标”。

（执笔人：宗　华　樊少勇　徐　瑞　闫　薇）

让党史学习教育 声动 灵动 行动

上海外国语大学

上海外国语大学党委聚焦“建党百年与中国外语教育”，聚焦“向世界讲好中国共产党的故事”，扎实开展、特色谋划、创新推进党史学习教育。

学校党委在党史学习教育中积极发挥多语种专业优势，多角度全息化开展党史学习教育、多维度灵活性开展实践，让师生语述历史，言为心声，共同向世界讲好中国共产党的故事。

一、具体举措

1. 汇聚多语力量，让党史学习教育“声”动起来

（1）挖掘多语“历史文本”。与中共一大会址纪念馆开展战略合作，为一大纪念馆进行 7 个语种 40 万字的文本翻译，共同开展中国共产党创建历史的研究、教育和传播工作，合力打造“中共建党历史多语种语料库”，用受众乐听易懂的话语向外传播中国共产党的故事，担负构建中国特色社会主义全球话语体系和国际传播理论体系的新使命和新机遇。

（2）打造多语“历史讲堂”。推出党史学习教育英文系列讲座，邀请来自外国语言文学、新闻传播、国际关系、马克思主义理论、经贸、法学等不同学科领域的资深专业教师联袂开讲，突出国际比较视角，涵盖政治、经济、文化、社会、传播、法律、生态文明等领域，覆盖三千余位学生；承办上海市大中小学“英文讲述党史故事”演讲比赛，涵盖小学、初中、高中、中职、高职、本科六个组别，633 所学校 3 616 名学生参与讲述。特别策划举办“建党百年与中国外语高等教育：世界眼光与全球话语”学术研讨会，聚焦中国共产党建党百年与中国外语高等教育展开跨学科研讨，找寻外语教

育新方位；举办“红色文献整理与研究”学术研讨会，强调切实保护好、整理好、研究好红色文献的同时，也要把红色文献编译好、阐释好、宣传好。

（3）搭建多语“历史频道”。组建多语种报道团队，28个语种，100余篇纪实，300余名师生，深入实践、行走观察，依托学校多语种网站，发布多语文字报道和系列视频，让党带领人民实现民族富强的历程看得见悟得到，让党史故事接地气、传得开、讲得好。与新民晚报社合作，推出“百年大党：老外讲故事”精选视频多语种版，组建6个语种中外专家团队，完成36集共计4万多字视频字幕译介任务，助力提升国际传播力。

2. 融合视听践行，让党史学习教育“灵”动起来

（1）打造多语种视听作品，用活红色资源，坚定理想信念。举办“建党百年与中国外语教育”“《共产党宣言》展陈”“重走‘左联’之路”专题展览等，用“历史长卷”展现百年党史与外语教育的环环相扣；组织“百名党员讲述百个上外故事”活动、举办“纪念著名外语教育家、翻译家王季愚逝世40周年”展览，用“人物群像”立体刻画外语人的接续奋斗；推出剧集《渔阳星火：外语教育与中国共产党的诞生》《一生心译：外语教育与新中国的建设》《姜椿芳与百科全书：外语教育与改革开放》，演绎中国外语教育发展的精耕细作。

（2）鼓励师生积极实践，深入行走观察，全面体悟思考。在行走中看乡村振兴与民族精神，“我眼中的百年情怀”寻访团，围绕家乡发展，记录传统文脉，让党带领人民实现民族富强的历程看得见悟得到；在行走中看城市治理与全球眼光，留学生深度参与“追寻光辉足迹”“跟着伟人学党史”，以他者视角展现中国故事与中国风格，让党史故事接地气、传得开、讲得好。

（3）成立学生理论宣讲团，发挥青春力量，展现学子担当。开展理论宣讲活动50余场，录制实景视频微党课2门，生动鲜活地讲

述中国共产党波澜壮阔的辉煌历程，回首来时道路，不忘奋进初心；走近同龄人、走进课堂和社区，展现青春激昂；开阔国际视野，突出国际比较，讲出青年人读懂悟透的“四个自信”。

二、工作成效

学校党委牵头推进 6 项重点发展项目和 5 项重点民生项目，各二级单位党组织共确定 73 项重点发展项目和 113 项重点民生项目，着力解决师生“急难愁盼”等民生要事和学校“双一流”建设等发展大事，让党史学习教育切实“行”动起来。

1. 立足岗位抓实事，谋发展之策。推出一网通办工程，以数字治理水平提高促进学校治理能力现代化水平提升；推出部门联动工程，减少基层负担，增强服务意识；推出办学重心转移配套工程，增加资源供给，解决教职工重心转移后面临的办公、交通等问题；推出教师、管理、业务能力提升工程，提升教师和管理干部“三全育人”能力和治理能力；推出深化“三全育人”综合改革实施方案，推动全员育人再深化。

2. 发挥专长做暖事，解民生之忧。了解师生真需求，盘活存量资源，拓展增量资源，为师生提供便捷舒适的工作、学习和生活环境。建成党群服务中心，为交叉融合党建活动提供共享空间；多部门协同合作，打通堵点难点，推出“报修小程序”；胸怀两个大局，与对口援助单位建立合作框架。

三、经验启示

1. 依托本体，自然融入

将党史学习教育和提高语言能力、学科能力有机结合，将党史学习与学生成长、价值观塑造、讲述中国故事等实践相结合。着力推动党史学习教育进课堂、进课程体系，贯穿教学科研育人全过程，推进外语教学与思政教育有机结合，打造课程思政“课程链”，实现课程思政全专业、全过程、全体学生覆盖，培养能够讲好中国故事的优秀人才，加强师生表达中国态度的语言能力和阐明中国方案的话语实践。

2. 发挥特色，对接需求

发挥语言优势，讲述党的历史故事，鼓励师生实践，追寻党的光辉足迹，践行党的初心使命；做深做厚优势学科，围绕外语学科夯实基础性研究，大力推动外语学科与现代技术融合、与其他学科交叉融合，全面推进全球治理与区域国别研究的体系建设，赋予外语学科新内涵，引领外语学科发展；充分彰显学校发挥学科优势、服务国家需求，在应对国内外各种风险和考验的历史进程中奉献智慧力量，在坚持和发展中国特色社会主义的历史进程中不忘初心本色。

（执笔人：李　磊　徐瑞雪）

重大主题宣传的创新思路

厦门大学

学习宣传贯彻党的二十大精神是当前和今后一个时期的首要政治任务。厦门大学把学习宣传贯彻习近平新时代中国特色社会主义思想作为首要政治任务，紧扣党的二十大主题主线，精心统筹谋划，突出工作创新，分前、中、后三个阶段，开展“喜迎二十大 厦大这十年”“践行党的二十大精神 推进双一流建设”系列主题宣传，扎实推进党的二十大系列宣传报道，努力让正能量实现大流量、让大流量澎湃正能量。

一、着眼全局，顶层设计更加明晰立体

重大主题宣传传播内容多、持续时间长，在推进过程中，呈现不同的阶段性特点。如何精彩开篇，如何步步深入，如何掀起高潮，考验着统揽全局的能力。中央主流媒体在重大主题宣传中会发挥主阵地的作用，推出有分量、有深度的重磅主题宣传报道。作为高校，可以选取自身特色典型材料，以高校独有的优势和特色作为着力点和突破点，完成有温度的报道，形成立体式传播效果。厦门大学早在2022年年初就着手策划迎接党的二十大主题宣传。在策划时既统筹大局，又着眼细节，以先行全方位的策划使重大主题宣传教育主线清晰、框架完善。学校紧紧围绕重大主题宣传报道下的“爆点”，并以此为切入点，酝酿出符合新媒体传播规律和效果的新思路、金点子，策划推出系列专栏、微视频、系列组图，立体多元展示大背景下当代厦大人的昂扬精神风貌。策划举办“喜迎二十大 厦大这十年”主题成就展，系统展示过去十年学校的发展变化和历史成就。利用新媒体平台，开展“大美校园”“我在厦大这十年”等互动征集活动，让师生从事不关己到主动参与，从熟视无睹到眼前一亮，达

到营造育人氛围、提升育人实效的良好效果。

二、以小见大，价值引领更加聚焦聚力

厦门大学立足学校实际，从小切口展现大变化，策划“喜迎二十大 厦大这十年”主题宣传，包括“看见平凡”“见证不凡”“大美厦大”和“我在厦大这十年”系列子专栏。其中，“看见平凡”聚焦干事创业的普通厦大人，致敬在厦大的平凡而闪光的力量。“见证不凡”通过过去十年间厦大创造的诸多中国第一乃至世界领先成果，展现厦门大学奋进一流的步伐和足迹。主动设置议题整合资源，让成就宣传变得直观具体。配合教育部“大美校园”征集展示活动，厦门大学开展“大美厦大”微视频和组图征集，展示厦大的“自然之美”“人文之美”和“发展之美”。“我在厦大这十年”征集十年间前后的“今昔对比”“代际对照”的照片或视频等图文影像素材，师生积极参与。重大主题宣传和议题设置作为重要支点，极大提升了宣传效能和舆论引导力。通过学校事业发展、通过师生个体风貌，折射出高等教育十年发展取得的伟大成就，展现了新时代人们的新面貌、新作为。

三、增进共鸣，理论阐释更加可知可感

厦门大学充分发挥福建作为习近平新时代中国特色社会主义思想重要孕育地和实践地的独特优势，加强对习近平新时代中国特色社会主义思想的研究和阐释，率先成立中国式现代化研究院，全方位多角度地探索中国式现代化重大理论与实践问题。设立“研究阐释党的二十大精神重大项目培育计划”，有组织地进行研究和阐释，推动实践基础上的理论创新。在《厦门大学学报（哲社版）》《厦大党政工作研究》等刊物上设立专栏，争做研究阐释党的二十大精神的排头兵。成立由校内外专家共同组成的“厦门大学学习贯彻党的二十大精神宣讲团”，开展面对面、互动化、全覆盖宣讲，从政治、

经济、法治、科技、教育、生态文明等不同角度解读党的二十大精神。邀请“党的二十大精神中央宣讲团”成员等知名专家作报告，开展示范性宣讲，打造理论宣讲品牌，提升宣讲实效。围绕深层次理论阐释、立体化宣传普及、全方位贯彻落实开设《理论面对面》《南强微讲堂》《奋进新征程》系列专题专栏。开展“二十大代表进课堂”系列活动，邀请中共一大纪念馆宣传教育部主任杨宇、广西汽车集团首席技能专家郑志明、奥运冠军武大靖等走进厦大。承办中宣部“强国有我 青春向阳”主题宣讲活动，8 部宣讲微视频累计播放量超 3 000 万次。

（执笔人：赖炜芳）

用好三字诀 绘好同心圆 打好组合拳

——扎实推动习近平总书记“七一”重要讲话精神落地见效

江苏理工学院

江苏理工学院把学习贯彻习近平总书记“七一”重要讲话精神作为当前和今后的一项重大政治任务，作为党史学习教育的核心内容，抓好专题学习、专题研讨、专题宣讲，结合回顾党一百年走过的光辉历程、取得的辉煌成就、铸就的伟大精神、积累的宝贵经验，注重学习深度、提升学习效果，不断把学习贯彻习近平总书记“七一”重要讲话精神引向深入。

一、用好“三字诀”，推动党史学习教育行稳致远

1. 善用“听”字诀，红色基因熔铸革命精神。学校通过网络、手机、电视等方式，组织师生收看收听了庆祝中国共产党成立 100 周年大会，原原本本地学习习近平总书记在庆祝中国共产党成立 100 周年大会上的重要讲话精神。学校举办 2021 年暑期干部综合能力提升培训班，邀请中国科学院院士黄维、厦门大学教育研究院院长别敦荣、集美大学校长李清彪等专家学者作专题辅导报告，学习贯彻习近平总书记在庆祝中国共产党成立 100 周年大会上的重要讲话精神，并结合高等教育发展形势和学校发展现状，解放思想、开辟新局，助力推动学校“十四五”事业高质量发展。

2. 巧用“看”字诀，现场学习滋养初心使命。学校组织党委委员、纪委委员赴常州国际会展中心，参观常州市庆祝中国共产党成立 100 周年主题展览。学生工作处和后勤保障处在学生公寓联合打造红色文化长廊，一侧以时间轴的形式呈现百年党史，另一侧以大事件形式记载中国共产党百年来的成就，让大学生汲取奋进力量。

3. 广用“讲”字诀，党史宣讲激发奋进力量。学校以党委常委会“第一议题”、党委理论学习中心组专题学习会、师生座谈会、专题组织生活会讲体会等形式，学习贯彻习近平总书记在庆祝中国共产党成立100周年大会上的重要讲话精神。学校二级党组织通过教职工政治理论学习、“三会一课”等，不断掀起学习热潮。商学院暑期社会实践理论宣讲团，开展以“诗言有声颂千秋，共话党史忆初心”为主题的“互联网+党史”宣讲，近1.3万人次点赞。校团委组织青马班优秀学生开展党史宣讲。教育学院马凌教授领衔的“乐之秋白”宣讲团，持续开展百场微党课活动，通过红色音乐助力“红色基因”深植常州各个街道社区、企事业单位及校园。文旅学院教授、常州市名人研究院副院长赵贤德赴常州钟楼区永红街道红三树大讲堂，进行《“常州三杰”与红色中国》专题宣讲。马克思主义学院教授和青年博士宣讲团，分赴武进区牛塘镇白家社区、常州市天宁区税务局、常州市第二人民医院阳湖院区等开展宣讲。

二、绘好“同心圆”，党建联学用活地方红色资源

1. 校地共建“行走党课”。文旅学院与常州红色场馆共建，将瞿秋白纪念馆、张太雷纪念馆、恽代英纪念馆、吕思勉故居、黄仲则故居、洪亮吉纪念馆等常州代表性红色场馆“串联”起来，开展行走的党课。从青果巷出发，徒步行进，全程5.8公里，将党史学习教育与弘扬地方红色文化有机结合，在“走一路、讲一路、学一路”中，感受常州红色文化特色，汲取信仰力量。

2. 党建联学“红色印记”。汽车与交通工程学院“党史学习实践团”与常州市钟楼区五星街道三堡街社区联合，在社区里寻访慰问老党员，聆听老党员的入党初心、奋斗历程。外国语学院党史学习实践团50名学生设计常州红色地标打卡闯关活动，在行走中寻找红色印记，并制作“常州三杰”双语音频，翻译红色话剧等。

3. 校企共建“红色加油站”。艺术设计学院与江苏路通能源有

限公司开展“红色加油站”党建主题文化项目校企合作。师生设计创作党建文化墙，包含“中国共产党人的精神谱系”“宜兴红色名人”“安全教育”三大版块，图文并茂地展现了中国共产党人的精神谱系、宜兴地方红色文化特色、企业行业特色与文化理念、能源安全生产等内容，将路运石化加油站打造成为过往司机的“红色加油站”、党建文化的网红“打卡地”。

三、打好“组合拳”，实干担当办实事促发展

1. 双创项目做实利企惠民“大文章”。材料工程学院“材丝广益”团队抓住富民和生态这两个核心问题，开展以丝瓜络为中心的相关材料研究，通过研究提高丝瓜络的综合利用率，帮助更多的丝瓜种植农户提高收入，同时助力丝瓜研究类企业实现废弃物的再利用。截至目前，“材丝广益”团队与四川省德阳市中江县龙台镇沼源村丝瓜种植园签订销售合同，已链接零散农户 10 余户，累计完成 20 000 多元的丝瓜络采购。其中，以 70 元每公斤认购丝瓜络 150 公斤，最终产品销售额为 57 000 元，所提供的岗位吸收兼职人员近 20 人，产品销售 B 端已覆盖苏南地区 10 余家新材料企业。

2. 社会实践助力乡村振兴“大战略”。校团委组织开展“返家乡”社会实践，号召大学生助力巩固脱贫攻坚成果、积极投身乡村振兴战略，帮助大学生提升社会化技能。文旅学院副院长胡小海与常州市金坛区柚山村结对签约，提供一对一专业化的下沉驻村辅导，促进柚山村从旅游产品、服务水平、宣传推广到管理人才的全面升级，推动柚山村向全国乡村旅游重点村迈进。

3. 校政企合作激活创新“蓄水池”。学校与常州武进战略合作协议签署落地，在共建应用创新平台、联合开展项目攻关、引育科技产业人才、科技成果转化、共育创新创业项目、打造新型智库、共推人才培养等方面开展全方位深度合作。其中，与武进红光无线电有限公司自 2009 年开始合作，从人才培养到项目技术合作再到产

品研发生产，坚持至今。目前，双方就“微型海洋能集成电源调理系统研发”进行产学研合作。

（执笔人：王　斌　王济伟　蒋　詹　吴　婷）

讲好华师故事 彰显教育力量

华中师范大学

党的十八大以来，习近平总书记多次强调要讲好中国故事，传播好中国声音，展现可信、可爱、可敬的中国形象，为我们做好新时代宣传思想文化工作提供了根本遵循、指明了方向。讲好中国教育故事，是讲好中国故事的重要举措，更是高校落实立德树人根本任务、做好文化传承创新的重要形式。华中师范大学着力推进宣传思想文化工作创新，2016 年推出“讲好华师故事”主题宣传教育活动，弘扬华师精神，彰显华师校魂，提升铸魂育人水平，得到师生校友和社会各界一致好评。

一、工作思路

学校坚持以习近平新时代中国特色社会主义思想为指导，深入学习贯彻习近平文化思想，采用师生喜闻乐见的形式，开展“讲好华师故事”主题宣传教育，创建沉浸式“大思政课”品牌“华师故事展映”，弘扬教育家精神，彰显教育力量，引导华师人回答好“教育强国、华师何为”时代命题，加快建设教师教育领先的世界一流大学，为强国建设、民族复兴伟业作出贡献。

二、主要做法

1. 统筹设计，确保整体化运作。学校党委高度重视，成立“讲好华师故事”主题宣传教育活动领导小组，印发《关于开展“讲好华师故事”主题宣传教育活动的实施方案》，发布“华师故事”视觉识别系统设计方案，推出“华师故事”系列文化产品。学校还邀请专家学者担任顾问，提升活动的理论性和教育性。

2. 精细标准，紧抓双主体教育。充分发挥学院主体作用，广泛发动师生全员参与“华师故事”资料素材的收集、整理、讲述和表演，抒发华师人爱校情、强师梦。先后打造“地理与城环人物故事”“计算机人的故事”“政国故事讲述会”等基层精品项目；实施“口述校史”工程，制作离退休教师的口述实录；征集校友故事，编印《校友通讯·华师故事特刊》，推进师生校友双主体思想政治教育。

3. 精准定位，开展全媒体宣传。制作“华师故事”专题网站，刊载数百个华师故事；举办“华师故事”新媒体创意大赛，相关微信微博专题阅读量达300余万次；充分发挥校报、广播、电视、橱窗、官微、视频号、抖音等媒体优势并开展网络直播，形成全媒体宣传矩阵，让华师故事走进每一位师生心中。

4. 精心编排，推动高质量育人。2016年以来，学校每年从全校推送的故事中精选10个左右典型故事进行内在精神凝练和外在形式艺术处理，目前已成功举办七届“华师故事”展映会。这些故事中，既有形式多样的学院故事、基层一线普通员工的故事，也有反映学校百余年变迁特别是新时代的发展故事；既有华师前身之一的中华大学校长陈时等先贤的故事，也有退休教师与小学生同台讲述“昙华林的故事”；既有做学生为学、为事、为人示范的张舜徽、章开沅、邢福义等“大先生”的故事，也有坚守三尺讲台、潜心教书育人的“大别山师魂”汪金权等杰出校友的故事。讲述者都是普通教师、在校学生、职工和校友，坚持“我口说我心”，在真诚和质朴中打动人心。

5. 全新升级，深化“华师故事”品牌建设。在2023年建校120周年之际，学校深化“华师故事”品牌建设，推出“五个一”，即发布一个新logo、一首主题诗、一首主题曲，在10月2日校庆当天举办一场华师故事文艺展演，并在线上发布一系列思政微课。展演借助情景演绎、故事讲述、互动对话、歌舞表演、音乐剧等多种形式，推出一批原创节目，师生校友生动讲述建校120年的“教育魂”“强国梦”，大力弘扬教育家精神，吸引了100多万人在线观看。

三、实施效果

1. 形成沉浸式“大思政课”育人品牌。“讲好华师故事”已发展为具有华师特色的思政“金课”。师生校友沉浸在现场，深刻感受到这是一首教育强国、立德树人的教育史诗，一部忠诚博雅、朴实刚毅的奋斗史，一堂爱党、爱国、爱校主题公开课，一份青春飞扬、永续奋斗的宣言书，一封感恩曾经、感念未来的致敬函，纷纷表示将继续践行华师精神，为中国式现代化贡献“华师力量”。

2. 有关部门高度评价。上级有关部门对“讲好华师故事”主题宣传教育活动给予了极大肯定，认为该活动表现出华师的“正青春、真担当”。2017 年，该活动获评湖北省宣传思想文化工作创新案例，《大学思政教育活起来，“华师故事”感动激励师生》等经验被湖北省教育厅推介。多所高校到我校调研学习“讲好华师故事”相关工作情况。

3. 主流媒体聚焦报道。媒体广泛聚焦，评价“华师故事”是新时代“大思政课”建设、培育时代新人的创新做法。2017 年，《光明日报》头版头条刊发《把希望和光明送向远方——华中师范大学“华师故事”彰显教育力量》，《中国青年报》头版报道《“华师故事”展映会唤醒教育魂》，新华社发表通稿《创新育人载体，不忘教育初心——一所师范院校的“网红教育现象”观察》。2023 年，《光明日报》刊发《华中师范大学全新推出沉浸式“大思政课”，他们如此讲述“华师故事”》，《中国教育报》头版刊发《“华师故事”生动演绎“教育家精神”》。

四、经验启示

1. “华师故事”彰显教育力量，增强华师人教育强国信心。讲好华师版中国教育故事，提炼展示了中国教育文化的精神标识和文化精髓，充分挖掘了中国教育的当代价值和世界意义，增强了全体华师人的教育强国信心，对于提升中国教育影响力和话语权具有重要价值。

2.“大思政课”要善用之，更要跟现实结合起来。“讲好华师故事”主题宣传教育用故事重塑教育魂，挖掘学校百年教育史诗中更基本、更深沉、更持久的精神力量，把华师的百年文化积淀变成故事，使思想政治工作既有“深度”，更有“温度”。

3.“全员参与”“与时俱进”才能上好“华师故事”“大思政课”。“讲好华师故事”主题宣传教育活动采取了学校统筹、部门协调、校院联动、师生校友参与的机制，也注重推进主题时代化、内容原创化、演员多样化、手段信息化、舞美现代化，不断增强“讲故事”“受教育”的实效。

（执笔人：秦　恒　钟文锐　毛军刚　沈　思）

让善行自然流淌

——深入开展社会主义核心价值观教育

中南大学

工作思路：高校宣传思想工作如何做到润物无声、深入人心，一直是我们在实际工作中探索和努力的方向。在深入学习贯彻习近平新时代中国特色社会主义思想，落实全国高校思想政治工作会议精神的过程中，我们将中南师生乐于助人、勇于担责的事例作为社会主义核心价值观教育的生动教材，从舆论宣传、思政教育和公益实践等三个方面，打造社会主义核心价值观的引导平台、教育平台和践行平台，使社会主义核心价值观在广大师生中内化于心、外化于行，让善行自然流淌。

一、打造引导平台，构建“三个主动”宣传格局

在媒体融合传播的新形势下，学校积极探索、整合资源、统筹管理，建设适应新媒体环境的宣传平台阵地。

1. 加强典型人物宣传，增强“送教育”的主动性

学校注重多渠道、多角度挖掘和宣传优秀的中南人，讲好中南人的故事，形成中南典型人物群像。近年来，学校开展师德标兵、优秀共产党员、十佳大学生等系列评比和宣传活动，设立“中南人物”“中南微故事”等栏目，推出“中南人的抗战”“我的大学老师”“爱国奋斗中南人”等专题，展现中南师生在各历史阶段、各领域的优秀事迹，让师生及时学习“身边的榜样”。

2015 年，学校涌现了三起救人学生典型，学校媒体第一时间推出《好青年，中南造》等系列新闻报道，召开道德风尚模范集体及道德风尚标兵表彰大会，授予救人群体“道德风尚模范集体”荣誉称号，授予救人学生“道德风尚标兵”荣誉称号，为师生们树立了

社会主义核心价值观践行标兵。

2. 活用校园宣传载体，掌握“微时代”的主动权

学校把握各类媒体的传播特点，进行有重点、有布局的策略性传播，提升宣传影响力。在典型人物宣传中，统一策划主题，针对各个传播平台的特点，按照“新媒体先行、传统媒体跟上，新媒体快速传播、传统媒体深度报道”的方式分步骤安排，整体推进。在典型人物事件的宣传过程中，不少老师学生和学生社团自发创作了众多漫画、微视频、诗歌等作品，起到了很好的传播作用，并生产形成了“中南靠谱好青年”“靠谱体”等富有传播影响力的品牌产品。

3. 加强主题宣传，打好“造氛围”的主动仗

学校积极开展“道德模范在身边”、核心价值观百场讲坛等宣传活动，邀请专家学者和核心价值观的践行典范，对社会主义核心价值观进行科学、生动、富有感染力的解读，并运用网络视频直播、线上线下互动等方式进行立体、广泛传播。

自2014年起，中南大学与光明日报社联手推出核心价值观百场讲坛、保护传统村落文化等系列活动，解读社会主义核心价值观内涵，将大主题具体化、可感化，在师生中营造浓厚的思想氛围和宣传教育氛围。

二、打造教育平台：推进思政教育“供给侧”改革

学校坚持将社会主义核心价值观融入大学生思想政治教育中，提高思想政治教育的实效性和思想性。

1. 思政教育供给内容：优化增量，盘活存量

学校建立领导、组织和人才供给机制，让制度规范、调节和保障思想政治教育有效开展。推进开放式精品示范课堂建设，形成以学生为主体、以教师为主导的“交互式教学”模式，实现教育“产品”的“优库存”，提高教育实效性。

学校党委书记以“我们的大学”“中南人的抗战”“中南人的担

当”“传承中南精神，绽放中南梦想”等为主题为新生开讲“新生第一堂思政课”,让学生们在了解学校的同时将社会主义核心价值观当作自己内化于心、外化于行的行动准则。

2. 思政教育供给方式：分层分类，知行合一

学校重视实践育人，努力建设独具特色、功能不一的实践教学基地，整合线上线下的教育资源，实现思想政治教育的均衡化发展。

积极构建“互联网+思政教育”模式，先后创建22个思想政治教育网站，其中 12 个被评为省部级示范性网站或全国高校百佳网站；创建微产品创意工作室，发展40余个网络社团和20余个创意工作站，加强网络环境中对学生的正向引导。

三、打造实践平台：建立志愿服务工作体系

1. 建立统一协调机构，在全校范围内整合各种志愿服务资源

将全校志愿服务分为社区服务项目类、阳光支教项目类、环保项目类、希望捐赠项目类、防艾项目类、大型活动项目类等类型，坚持项目化服务，形成学生践行社会主义核心价值观的先锋阵地。

2. 把握重点，实现常态化运转

以孤寡老人家庭、留守儿童学校、社会福利院等为重点，长期进行扶贫帮困、学业辅导、亲情陪伴等志愿服务活动；以寒暑期社会实践活动项目为引导，鼓励学生参与“百支团队、万名学生”社会实践活动，积极开展扶贫支教、科技服务、医疗救助等工作。

四、经验启示

1. 创新宣传思路，充分发挥宣传阵地对核心价值观的传播作用。学校要充分发挥宣传阵地的传播功能，主动作为、主动发声，在教育宣传内容和方式上要接地气、讲创新。开辟专栏、专网，报道校内师生践行社会主义核心价值观的典范，实现“暖”新闻的集群，让核心价值观的践行内化为师生员工的一种自觉行为，形成全校师生人人践行社会主义核心价值观的生动景象。

2. 注重文化熏陶，发挥先进典型对大学生的榜样引领作用。学校秉承中南大学精神，以校训校风滋养每一个中南人，营造了浓厚的践行社会主义核心价值观的校园文化氛围。通过树立先进典型，并将其作为社会主义核心价值观教育的生动教材和行为示范，让广大师生学习领悟社会主义核心价值观的实质与内涵，自发投入到实践中去。

3. 润物无声，建立大学生践行核心价值观的常态化机制。学校坚持立德树人的根本任务，将社会主义核心价值观融入思政教育中，把社会主义核心价值观全面、科学地转化为学校课程指标体系，做到有标准、可落实。将社会主义核心价值观融入志愿服务中，让师生在服务人民、奉献社会中加深对社会主义核心价值观的认知与理解。

（执笔人：胡　杨　李华东　祖利国　王　灏）

推进 4+N 宣讲体系建设
切实宣贯好党的二十大精神

西安交通大学

西安交通大学党委高度重视理论宣讲工作，坚持以习近平新时代中国特色社会主义思想为指导，以西迁精神为宣讲特色，不断创新组织方式，立破并举探索完善工作模式，深入推进“4+N”宣讲体系，开展对象化、分众化、互动化宣讲，推动全校上下深入学习宣传贯彻党的创新理论、传承弘扬西迁精神，打造了具有鲜明特色的理论学习阵地和宣讲品牌。

一、工作思路：形成“4+N”宣讲体系

学校始终将理论宣讲作为加强党员干部理论武装，开展师生思政教育的重要形式。党的十九大胜利召开后，学校着力推动理论宣讲工作，打造党的十九大精神“微宣讲”品牌，2017 年 11 月，中共中央政治局委员、中央宣传部部长黄坤明来校调研学习宣传贯彻党的十九大精神情况，对学校“微宣讲”活动给予高度肯定。五年来，学校理论宣讲队伍逐渐壮大，机制更加健全，形成了由领导干部、专家学者、辅导员和学生骨干，以及各二级单位宣讲团构成的“4+N”宣讲体系，丰富宣讲内容、创新宣讲形式、提升宣讲实效。

二、主要做法及实施效果：打造交大特色宣讲品牌

1. 突出中心特色，把握重大节点，宣讲内容旗帜鲜明。学校始终将学习宣传贯彻习近平新时代中国特色社会主义思想作为中心，围绕习近平总书记系列重要讲话精神，第一时间分层次、分重点、分专题开展学习备课，发布主题课单 300 余讲，提供主题鲜明、内容翔实的“菜单式”服务。2021 年，西迁精神被纳入中国共产党人

精神谱系第一批伟大精神，学校以中国共产党人精神谱系为主线，将美育教育、研修实践、主题展览等内容和宣讲有机结合。面向校内外举办 1 500 余场宣讲，覆盖观众近 60 万人。紧扣国庆节等节日、纪念日，广泛开展爱国主义教育、厚植爱国情怀。

2. 主体层次分明，分团覆盖面广，宣讲队伍立体多元。一方面，利用专题党课、开学第一课、毕业典礼、专家讲座等形式上好“大思政课”。另一方面，着力用青年话语体系和思维方式把党的创新理论讲活讲透。由学校学生微宣讲团发起成立的陕西高校青年“爱国奋斗”宣讲联盟、交通大学青年宣讲团已初具影响力，首创的“微宣讲”模式正在全国蓬勃发展。学校各二级单位也设立了近 20 个师生宣讲分团，结合学科专业、培养特色，开展针对性、感染力强的特色宣讲。

3. 理论研究为源，实践研学为拓，宣讲资源层出不穷。学校充分发挥全国重点马克思主义学院示范引领作用，广泛进行研究和阐释，以最新理论研究成果充实理论宣讲内容，以马院智力资源提升宣讲队伍质量水平。举办“北斗论坛”“青马问道”等讲座 100 余讲，受众一万余人次，覆盖全部宣讲队伍。学校充分发挥陕西省红色教育资源富集的优势，将理论宣讲和研学实践有机结合，在延安、梁家河、照金等爱国主义教育基地现场开展沉浸式宣讲，同时将所见所学所感融入理论宣讲中。开展的“走中国青年知识分子成长的正确道路”主题教育活动覆盖领军学者、青年教师、学生骨干等群体，得到了社会各界的广泛关注。

4. 党团组织支撑，融媒手段赋能，宣讲方式生动多元。学校将党团组织作为开展宣讲的有力支撑，领导干部、专家学者主要面向校院两级党委，将调研、座谈、宣讲有机结合，提纲挈领，突出覆盖。组织各支宣讲队伍进党团支部，针对不同群体开展分众式、互动化宣讲，既要讲道理、情怀，也要听建议、心声。在学校第十三次党代会胜利召开后，学校组织党委常委进二级单位，师生宣讲人进支部、进班级、进系所、进实验室宣讲党代会精神，取得了良好效果。依托融媒体示范中心高地，深度开发微信、抖音等融媒体平台，通过视频、漫画等手段，让宣讲“红起来”“活起来”。“百名辅导员讲‘四史’”活动制作发布宣讲视频100篇、文稿20万字，营造了随时“可读、可看、可享”的网络宣讲品牌。

三、经验启示：“三个贯通”宣贯好党的二十大精神

党的二十大精神宣传工作政治性、政策性、引导性强。做好宣传工作，最关键的就是把党的二十大精神讲清楚、讲明白，真正让师生听得懂、能领会、可落实，坚持“三个贯通”。

一是要坚持理论学习贯通，学懂弄通习近平新时代中国特色社会主义思想，将党的二十大精神与习近平总书记关于教育、科技、人才工作的重要论述贯通起来。召开党委常委会会议、党委中心组学习、党政联席会议、党团支部“三会一课”，深入学习党的二十大精神、领会核心要义；组织专家开展理论学习研讨会，前后对比、横向联动、纵向延伸，系统开展研究阐释；整合宣讲力量及时发布宣讲课单，开展大规模集中宣讲；优化理论学习资料库，编纂“中心组学习”等参考资料，办好党建学习平台、“学习强国”强国号、“学习交大”微信公众号等线上学习平台。

二是要坚持理论与实践贯通，对标对表习近平总书记重要讲话精神和党中央决策部署，清醒认识“两个大局”背景下，高等教育面临的形势与任务，深入分析“六个不足”共性问题，直面“双一流”大学建设的挑战，坚持问题导向、目标导向和结果导向相结合，坚持从国际视野看交大、从国家战略看交大、跳出交大看交大，落实立德树人根本任务，服务高水平科技自立自强。

三是要坚持宏观与微观贯通，结合西迁精神的传承弘扬、“十四五”规划纲要与“双一流”建设方案的推进实施，明确任务书、路线图、时间表、责任人，以“钉钉子”精神把蓝图变成现实，加快

建设中国特色世界一流大学。

西安交通大学将认真学习贯彻习近平新时代中国特色社会主义思想，增强“四个意识”，坚定“四个自信”，做到“两个维护”，着眼“两个大局”，胸怀“国之大者”，扎实履行“举旗帜、聚民心、育新人、兴文化、展形象”使命任务，牢记习近平总书记嘱托，传承弘扬好西迁精神，通过“4+N”宣讲体系推动支撑“三个贯通”，为实现中华民族伟大复兴的中国梦贡献交大力量。

（执笔人：成　进　刘　源　朱萍萍　李宗琦）

兵团精神育人的爱国主义教育实践

——“兵团精神育人–名师思政导航”课程案例

石河子大学

一、实践背景

新疆生产建设兵团是我们党和人民爱国主义精神在西北边陲的生动实践，一代代兵团人在新疆这片土地上留下了无数爱国主义史诗。“以兵团精神育人，为维稳戍边服务”是石河子大学的重要使命和根本底色。要实现这个使命，就要解决好培养爱国爱疆、担当奉献新时代戍边人的重要课题。建校70余年来，学校累计培养各级各类毕业生20余万人，本科毕业生就业率始终保持在90%以上，近60%的毕业生留在新疆、兵团就业，形成了边疆“高校育人”到屯垦戍边“教育留人”的良好局面，高度契合党中央关于新疆社会稳定和长治久安、兵团向南发展的战略部署和战略需求。

“兵团精神育人–名师思政导航课”是石河子大学以兵团精神育人的生动实践，也是面对新时代、新课题、新要求对思政课改革的有益探索。课程以名师魅力感染学生，以现实问题回应学生，以兵团精神鼓舞学生，以治学理念引导学生，使学生拥有更崇高的理想、更开阔的视野、更笃定的情怀，在人生道路上坚定向前。

二、主要做法

思政课最重要的是实现价值认同。“兵团精神育人–名师思政导航课”在习近平总书记重要讲话精神的指引下深入改革，每学期邀请十余名在各领域有影响力的知名专家、学者担任教师，老师们以自己励志的人生经历浸润学生心田。同时紧密结合教师讲授的故事，带领学生到红色教育基地参观实践，把爱国的种子不断播撒到学生心中，体现了“育花”情怀、“浇花”艺术、“绣花”功夫。

1. 以“育花”的情怀精心设计课程内容

一朵花的开放需要从种子开始培育。“兵团精神育人–名师思政导航课”在学生开课前对学生进行知识储备，发放兵团知识学习手册、兵团题材文学作品等，让学生初步知道“什么是兵团”。课程中围绕兵团故事与人物，设置“爱国”“奋斗”“奉献”等主题，让抽象的“主题”因人物故事而具体生动，让独特的人物故事因“主题”而高远动人。课堂讲述之后，带领学生到实践教育基地参观考察，将课堂讲述、情感熏陶和实践活动有机结合。“军垦第一连”老连长胡友才退休后始终坚持在军垦第一连为人们讲述兵团人的艰苦岁月，听完他的课堂讲述，学生在参观“军垦第一连”的过程中，更深刻地感悟到老军垦人艰苦奋斗、无私奉献的精神。在听完共和国“最美奋斗者”金茂芳老人的故事后，专门组织学生观看兵团题材电影《这个冬天不太冷》，重温当年人民解放军徒步穿越塔克拉玛干沙漠，进入和田平叛和屯垦戍边的历程。在学习了解校史后，专门组织学生参观《潘世征的故事——从放牛娃到将军、博士、大学校长》连环画展，学习他具有崇高革命理想和富有传奇色彩的一生。

2. 以“浇花”的艺术精心打造授课团队

浇花浇根，育人育心，让思政课的价值理念润物无声、触及灵魂很重要。习近平总书记强调，好的思政课教师政治要强、情怀要深、思维要新、视野要广、自律要严、人格要正。为此学校专门邀请曹连莆、金茂芳、胡友才、李梦桃等优秀典型、老兵模范、老专家等进行专题授课，讲述兵团岁月和人生选择。其中 83 岁的曹连莆教授是国家级教学名师、全国五一劳动奖章获得者，他放弃内地优厚待遇，坚守边疆育种育人，退休后被学校返聘、“超期服役”11 年的奉献精神使学生深受感动；金茂芳是共和国“最美奋斗者”，新中国第一批女拖拉机手，她十几岁入疆，在这里奉献青春、勤劳开垦的往事充满温情；80后的李乐老师是兵团道德模范、全国岗位学雷锋标兵、新疆“最美志愿者”，他的课堂轻松幽默，深受学生喜爱。这些老师往讲台上一站，本身就是一堂生动的思政课，充分展现了课程魅力。

3. 以“绣花”的功夫精心安排课程细节

育人是全方位、多层次的工作。“兵团精神育人–名师思政导航课”在细节打造上做足了绣花功夫。一是凝练课堂“题眼”，每一堂课都有一个口号，比如“听曹爷爷讲过去的故事”“思政课响起了快板声”；二是对教师进行课前宣传，为每位授课老师制作宣传海报，使教师走上讲台前就魅力倍增；三是制作以授课老师事迹和爱国情怀、兵团精神为主的文创产品，让学生觉得这是一堂值得纪念的课；四是讲述内容与参观实践精准对接，不随意调整参观顺序，增强学生对课堂理念的接受度；五是对学生获得感的极致追求，要求学生每堂课后写心得感受，定期开展课堂座谈，讨论“什么样的思政课有吸引力”；六是对学生收获的总结凝练，开展“祖国是我脚下的每一寸山河”演说汇报演出，出版教师讲稿文集《引航》、学生文集《跨越千山万水的洗礼》，深受好评。

2019年，教育部思政司全国高校思想政治工作网以“兵团精神课程育人的本土化演进”为题，介绍了学校以兵团精神育人为主题的系列思政教育课程。人民网、新华网、光明日报等数十家重要媒体与平台对本课程进行了宣传报道。

三、经验启示

1. 好的思政课要遵循学生认知规律，开课前为学生介绍兵团知识，使学生从认知层面明确什么是兵团，开课中与《走进兵团》《新疆地方史》等课程相互衔接，并辅以相关影视作品，使学生在思想层面明确兵团为什么伟大、兵团人为什么可爱。

2. 有魅力的思政课要突出以情化人，课堂教学与观影、参观革命纪念馆、红色教育基地等实践教学相结合，更能激励学生弘扬并践行兵团精神和胡杨精神、老兵精神。

3. 有效的思政课要落脚于知行合一，紧密围绕教师讲授内容组织实地参观实践，使学生在知识认知、理论升华、情感熏陶的基础上对接现实，让学生感受到兵团精神可听、可视、可感，并可践行。

4. 真诚的思政课要做好情境融入，对每位老师的先进事迹和传奇人生进行深入宣传，围绕授课主题制作文创产品，在每一个细节上凸显教育主题和内涵，使学生受到全方位熏陶。

（执笔人：卿　涛　王婷婷）

三个“医路+”课堂学习模式
打造党史学习教育新范式

金华职业技术学院

金华职业技术学院医学院深入学习贯彻习近平新时代中国特色社会主义思想，从党的百年伟大奋斗历程中汲取继续前进的力量和智慧，激励全院师生进一步增强“四个意识”、坚定“四个自信”、做到“两个维护”，聚力打造三个“医路+”课堂学习模式，创新学习形式，分类分层推进，组织有内涵、有温度、有内容的活动，高质量推动党史学习教育走深、走心、走实，为加快“双高”建设和职教本科申办赋能助力。

打造“医路+学”专业课堂，让党史学习教育“热”起来。党的历史是最生动、最有说服力的教科书，学校医学院自 1915 年建校以来已有百年发展历史，将伟大建党精神融入百年医学教育，挖掘医护专业“红色基因”，建立专业知识与百年“精神谱系”的勾连，把丰富的红色资源转化为春风化雨润心田的育人力量。基于党史学习教育融入课程思政的现实要求，学院党委引领专业构建“三主题六课程全融通”课程体系，设置党团思政、职业浸润、文明习养、实践体验、专业技能和顶岗实习 6 个课程模块，每门课程模块分别由 3 项专题内容组成。通过院校互动、院校合作、师生联合，收集典型工作实际案例，并进行教学化改造，目前已开发出涉及临床操作案例、职业素养案例、人文励志案例三大类 600 多个典型案例，采取分阶段、分类型、分专业实施，力求在时间和空间上达到全沉浸，课内外和校内外全融通，融入课堂教学、文化活动、社会实践，促进师生在人才培养过程中实现学有所思、思有所悟、悟而行之。同时，依托党建进公寓“医路仁家”一站式社区建设，设置“医路领航党员示范工作站”“杏林讲堂”“党建思政联络部”等，建立“四导师引航”“四联系制度”，确保高校基层党组织全面发挥作用，让党史学习教育迅速升温、全面铺开。以学校医学院护理党支部为例，曾入选全国第二批、浙江省首批高校党建工作样板支部培育创建单位和全国第二批、浙江省高校“双带头人”教师党支部书记工作室建设对象；工作案例入选全国高校“两学一做”支部风采展；获浙江省优秀微党课 3 项，“最美浙江人”微纪录片二等奖 1 项，金华市直机关品牌党支部和党员示范岗等数十项荣誉；立项省部级党建课题 2 项、省高职党建研究会项目 3 项。

打造“医路+悟”文化课堂，让党史学习教育“活”起来。进入 21 世纪，学校医学院不断挖掘自身历史文化资源，基于“水”的“渗透性”“包容性”“滋润性”“无私性”等特性，提炼了七个品质的“上善若水”医护精神，深入挖掘中国传统儒家文化“仁”学思想，秉承医护行业“仁医大爱”职业操守，深入开展七个“医路”系列的党史学习教育，逐步形成并提炼了以“仁心–仁爱–仁术”为核心、以“感悟–领悟–觉悟”为阶段、以“学善–传善–承善”为践行的独具医护专业特色的“三仁至善”文化育人品牌。通过党团思政活动教育、医学仪式教育、职业礼仪教育和文化传承教育，增强对职业的归属感，每年举行“5 • 12 国际护士节”宣誓、“8 • 19 医师节”纪念等医护仪式活动，形成浓厚的“三仁”育人文化氛围。以“医心向党　百年荣光”为主题，提出锤炼党性，进行一轮专题学习；厚植情怀，组织一项党史宣讲；展望发展，举办一场信仰对话；传递温暖，深入一线走访慰问；立足实践，形成一本红色影集；无私奉献，选树一批先进典型；创新示范，涵养一套党建品牌。如：开展了走访红色基地活动，100 名学生实地探访家乡 100 个红色基地，用青年学子的星星之火，成为点亮浙江红色窗口的重要担当；聆听百岁老党员谈初心，让党史学习教育更有“鲜味”；推出《医教百年　红船先锋》系列报道 6 期，全面生动还原了百年医学卫生事业中涌现的红色故事等。

打造“医路+行”实践课堂，让党史学习教育“实”起来。“医路健行”志愿者先锋队成立于1996年，2021年以民办非企业组织化运营，以全国志愿服务先进个人、全国红十字会模范志愿者、百岁高龄仍志在公益的护理老教师陆月林为领头人，依托医学院百年办学资源、师生专技特长，开展“学党史 践初心 我为群众办实事”专题学习教育，实行“七进”工作法，即进机关、进学校、进企业、进社区、进农村、进家庭、进公共场所，形成了“一体两翼三驱动”的运行模式，即以“医路健行”志愿者先锋队为主体，金华市以“8890”和红十字会两大载体为依托，以自我驱动、教育驱动和社会驱动为动力，师生队员在伟大建党精神和“上善若水”精神引领下、“三仁至善”文化熏陶下，积极主动投身社会志愿服务中，致力于打造为民服务的社会医疗公益典范，助推健康中国战略实施。他们走进500多个乡村，与20余家单位合作，建立30余家服务基地，建立10个“农村健康素养加油站”，其中“慈孝金东 医养无忧”项目成功入选金华市金东区公益创投项目，在家乡所在地开展了以致敬建党100周年为主题的返家乡实践系列活动，开展社区助老、农村助教、学校普知、社会救护等活动，提供防疫宣教、用药指导、免费诊疗、急救培训等服务，成为浙中西部最大的健康公益服务中心之一，受益人群累计达15余万人。“医路健行”志愿者先锋队荣获“全国百强社会实践团队”“省暑期社会实践优秀团队”“省教育系统最美志愿服务组织”“省红十字奉献服务奖”……讲述医学好故事，唱响金职好声音，先锋队事迹先后在人民日报、光明日报、学习强国、浙江日报等国家、省、市级媒体报道50余篇，获30余项殊荣，吸纳劳模、全国先进工作者、全国优秀教师等为团队成员，使新时代公益志愿服务更有温度、广度、深度、高度，真正做到了服务一方、温暖一方、带动一方，用实际行动诠释了“医者仁心”。

百年春华秋实，百年砥砺前行。学校医学教育在三个“医路+”

课堂学习模式下，已然成为浙中乃至全国一块闪亮的金字招牌，将为浙江中西部医疗中心、教育中心的建设贡献更大的力量。医学师生将一如既往秉持铭记医者初心，牢记健康使命，奋力谱写“两个先行”的医教新篇章，为省市两级共同富裕先行示范建设提供强力支撑。

（执笔人：周飞腾　汪　妍　于辰辰　王　璐）

突出高职院校特色
探索宣传思想工作有效机制

广州番禺职业技术学院

高校的立身之本在于立德树人，特别是帮助青年学生树立正确的世界观和价值观，明确人生的航向。实践证明，做好宣传思想工作是办好中国特色高等职业院校的重要保障，只有立身端正、方向正确，高职教育才能在正确的轨道上健康发展。

我们认为，高职院校的宣传思想工作应该体现几个特点：一是要融入日常教学，在传授学生“术”的同时，培育学生的“德”；二是要结合多个主体，把校内的不同部门和校外的合作单位都纳入宣传思想工作的体系中，将其贯穿于学生校内外学习和实践的全过程；三是要突出质量意识，改变过去“大水漫灌”的做法，拿出体现时代特征、符合青年人口味的“拳头产品”，使青年学生真切地感受宣传思想工作的效果。

在具体做法上，广州番禺职业技术学院主要进行了三个方面的探索和尝试。

一、构建宣传思想工作“大格局”

高职院校的宣传思想工作，不是单一的新闻宣传工作，而是一项系统工程，是以“立德树人”为核心理念的办学思路、教学内容、学生管理、校园文化和师德师风等建设的综合体，需要整合各个要素，并发挥化学反应而不是物理反应的深度融合和协同创新。

在这一思想的指引下，我们构建了包括组织、宣传、教务、学工、团委、马克思主义学院等多个部门在内的“大思政，大宣传”工作体系。在这个体系中，每个部门都有自己的工作职责，也有自己的品牌项目。如宣传部每年举办“校园形象大使”大赛，通过导向性的选拔树立正确的舆论导向；学生处和团委通过“自强之星”评选、“五四”表彰晚会等项目，活跃校园文化，弘扬校园正能量；马克思主义学院则创办了“明德致用”论坛，邀请社会知名人士为学生授课，注重思想高度和人生厚度。各部门的品牌项目，各具特色，各有所长，但又处处围绕“立德树人”这一中心环节，形成宣传思想工作上的合力。同时，部门之间又常常开展“协同”，联合组织开展相关活动，通过学时学分认定、推优入党联动、项目资格支持等政策保障，有效提升了教育质量。

目前，广州番禺职业技术学院已形成“党委统一领导，宣传部门牵头协调，党政工团齐抓共管，各级组织协作联动，教职员工全员参与”的宣传思想工作大格局，起到了良好效果。

二、打通宣传思想工作“全流程”

广州番禺职业技术学院针对学生在校三年面对的不同情景，设置了不同的宣传思想工作环节，并力求通过打通这些环节来构建宣传思想工作的“全流程”。在这个流程里，我们强调的是培育学生的“工匠精神”，锻造学生的职业道德、职业精神、职业理想和职业人格，把学生培养成为在企业就业后“下得去、用得上、留得住、上得来”的“职业人”。

在校外教学环节，以学校正在开展的“现代学徒制”办学实践为例，学生具有“学生”和“徒弟”的双重身份，学校和企业则成为育人的“双元”主体。学习的方式是在企业工作岗位上由师傅“带徒弟”式的教学，企业师傅是学生技术的传授者，也是思想政治教育的塑造者。因此，我们在选择“现代学徒制”合作企业时，要选择各项制度较为健全、具有深厚文化底蕴的企业；选择师傅时不仅要求技术“过硬”，更要求思想道德“过硬”。这样的企业和师傅对“现代学徒制”学生在思想育人方面实现“学中做、做中学”，有针对性地、不间断地进行系统的职业训练和职业素质培养，如培育学生塑造完整的职业人格、健康的职业心理和端正的职业品质等。

在校内学习环节，我们则尝试用“春风化雨”的方式教育和感召学生。首先，校内雕塑均以抽象的、夸张的工业产品为造型，如汽车轮胎、连动轴等；其次，教学环境布置与生产环境相匹配，教室特别是实训室完全按企业车间进行布置，并悬挂或张贴安全生产标语、生产规范、安全手册、操作流程等，让学生置身其中便能感受到完全真实的企业文化，以一名企业生产技术员的身份进行实训；最后，邀请企业技术管理人士来校授课，向学生讲授企业文化、职业精神，激励学生努力成为一名优秀的“职业人”。

三、打造宣传思想工作“拳头产品”

我们高度重视打造宣传思想工作的“拳头产品”，注重挖掘一批在学校立得住、叫得响、推得开的先进典型，借助典型的示范效应，形成宣传声势，营造立德树人的良好氛围，掀起学习先进、争当先进的热潮。

近三年来，我们从大处着眼，从基层着手，持续密切追踪新闻线索，多角度、多方位发掘典型师生事迹，充分利用各种宣传平台和阵地，快速、高效进行宣传报道，形成集中、持续、有效的舆论氛围，挖掘创作的主要作品有《战疫“先锋”！让党旗高高飘扬在社区防疫一线》《我们是一家人！番职爱心“远播”239 名在鄂师生》《出一份力，添一片情，送一份暖｜番职院战“疫”在细微处》《何振忠：来自“英雄营”的珠宝“小兵”崭露头角！》《作品点击量超 2 000 万！番职学子温康龙以颇具“烟火气”的实力走红》《厉害！番职学子开发“绿魔方”，仅为一个企业就减少 1.5 吨展装垃圾》《喜迎建党 100 周年，番职学子李得杰团队创意彩绘扮靓新农村》《创新、坚守二十载！番职学子黄德智让机床跳动的“中国心”不断绽放新生》《听老师讲廉洁好家风，曾令权：祖辈父辈传承给我的宝贵

“食粮”》《全国五一劳动奖章获得者陈泽：将一流的设计理念同步教学》等，在《人民日报》《中国青年报》等国家、省市级媒体宣传报道近 1 000 篇次。

作为高职院校，我们将宣传思想工作与立德树人紧密结合，始终把立德树人作为人才培养系统工程中非常重要的内容来抓，并积极探索适合高职教育特点的方式方法，以春风化雨的方式滋润学生的心田，帮助有朝气、有梦想的青年学生树立坚定的理想信念、正确的价值观和人生观，树牢“四个意识”，坚定“四个自信”，坚决做到“两个维护”，勇于担当作为，将其培养成为大湾区经济社会发展需要的具有高素质的复合型、创新型的技术技能人才。

（执笔人：李东生　缪志波）

厚植劳动精神德技双修
扎根铁路一线建功立业

陕西铁路工程职业技术学院

一、工作思路

习近平总书记强调要把劳动教育纳入培养社会主义建设者和接班人的总体要求之中，明确提出构建德智体美劳全面培养的教育体系。多年来，陕西铁路工程职业技术学院围绕铁路工程办专业，学生的职业岗位根植于铁路、桥梁、隧道等施工现场这一艰苦行业。学校结合行业需求，对劳动教育进行总体布局，围绕“苦得、累得、受得、韧得”主线，大力培养学子“吃苦耐劳、敬业奉献”的优秀品质，教育引导广大学生到祖国最需要的地方建功立业。

二、主要做法

1. 五课联动，用好课堂主渠道

（1）开设劳动必修课程。每学年开设为期一周的“公益劳动”必修课程。课程理论部分主要讲授劳动知识及铁路施工一线的安全要求等；课程实践部分主要是开展校园卫生清扫、教室宿舍水电维修等。

（2）将劳动教育融入思政课和专业课。一是融入思政课程。学校邀请专家通过案例、讲座等形式对劳动政策进行解读。开展“铁成精神进校园”系列活动，诠释劳模精神、工匠精神的新时代内涵。二是融入专业课程。举办各类技能大赛，引导学生崇尚技能、精益求精。

（3）将劳动教育融入就业和创业类课程。一是融入就业指导课程。针对学生的铁路专业特点，帮助学生塑造“四得”劳动精神，树立新时代正确的就业观和择业观。二是融入创新创业课程。举办大学生“互联网+”创新创业大赛，增强学生创新意识。

2. 多管齐下，搭建劳动实践平台

（1）搭建日常生活实践平台。学校秉承铁路优良传统，实行半军事化管理。每周一坚持升国旗仪式；每周四下午开展大扫除活动等；每天检查宿舍内务情况；每月进行汇总通报，规范学生行为习惯，从一点一滴培养学生的劳动精神。

（2）搭建实习实训平台。大一开展认识实习，在学校联系的市区周边企业及施工现场进行。大二开展实习实训，在校内外高速铁路实训工区、建筑施工综合实训基地等基地进行。大三开展顶岗实习，90%以上的学生在就业单位实习，校企共同制订实习计划，开展劳动精神、专业技能及岗位职责等内容的教育。

（3）搭建志愿服务实践平台。学校现有青年志愿者协会等劳动服务型社团20多个。每年开展“甘于奉献”青春榜样评选活动，树立学生典型，在“五四”期间隆重表彰。

3. 四方协同，打造高水平劳育队伍

（1）专兼结合，打造“专家型”劳育队伍。成立了劳动与健康教育教研室，配备教研室主任1名、劳动教育专职教师2名、兼职教师8名，其中1位教师为教育部职业院校文化素质教育指导委员会劳动教育研究院研究员。劳育教师80%以上具有劳动教育的相关培训经历。

（2）培育匠心，打造“工匠型”榜样队伍。组建由全国劳模窦铁成、白芝勇等组成的大国工匠劳动教育队伍，成立了技能大师工作室及铁成班、刘勋班和邹超班等。定期邀请大国工匠来校作讲座，与学生面对面交流，激励学生树立职业信心，提升劳动素养。

（3）校企合作，打造“双师型”教师队伍。专业课教师每五年至少到企业实践6个月，专业课教师双师比例达到90%以上。通过挖掘专业课程中的劳动教育元素，反哺教学，融入教材、课堂、实训等各个环节，提升教师实践技能育人水平。

（4）立德树人，打造“融合型”思政队伍。实施“思政课教师队伍与劳育队伍相融合，思政课教学与劳动育人相融合；志愿服务社会实践与劳动教育相结合，网络思政与劳动教育相结合，课程思政与劳动教育相结合”的“两融合三结合”机制，在思政教育中融入劳动教育，实现思政与劳育的有机融合。

4. 三位一体，健全劳育保障体系

（1）组织机构到位。学校成立了以党委书记、校长为双组长，教务处、学生处、后勤保障处等为成员的劳动教育工作领导小组，出台了《深化劳动教育改革实施方案》，全面构建劳动教育长效工作机制。

(2)经费保障到位。学校每年划拨 10 万元经费用于大学生劳动教育及专项调研和理论研究等。每年划拨校园文化建设经费 50 万元，用于完善劳动文化景观，营造校园劳动育人氛围。

（3）氛围营造到位。学校构建了“三馆三廊三室一广场”的文化载体群。通过影像、实物等展现我国厚重的铁路建设历史和丰富的铁路劳动文化内涵，使学生时时处处都能受到浓郁的劳动文化环境的熏陶。

三、实施效果

1. 营造了技高为荣氛围，学子技能场上展风采

近年来，学生在全国职业院校技能大赛中连续 5 年获得测绘赛项一等奖；获得第三届高速铁路精测精调行业技能大赛第一名；连续 4 年获得铁路类信号大赛一等奖。在全国“互联网+”创新创业大赛和“挑战杯”大学生课外学术科技作品竞赛中，学生获奖总成绩位居全国铁路类院校前列。在羽毛球、乒乓球、艺术体操等文体竞技比赛中多次获得省级冠军。

2. 培养了敬业奉献精神，学子扎根基层放光芒

学校 8 万余名铁院人遍布在铁路建设管理一线，先后涌现出了

挑战生命极限，贯通“川藏第一险、全线鬼门关”雀儿山隧道的项目经理王刘勋；长年扎根在祁连山上，负责世界海拔最高高铁隧道的养护维修任务的工长宋辉；等等。宋辉曾说：“在祁连山，风雪大，干劲更大；海拔高，标准更高。”人民日报、中国教育报、中央电视台等媒体报道陕铁院学子先进事迹 1 000 余次。

四、经验与启示

1. 劳动教育要有专门人员、专门机构。劳动教育要有专门的教学组织机构、研究中心、师资队伍和专项经费等，要组建劳动教育研究中心、教研室及专兼职师资队伍，开设劳动教育必修课程。

2. 劳动教育要融入各专业人才培养方案。将劳动教育落实到具体课程及实习实训安排中，赋予学分加强考核，让劳育课程与课程劳育同向同行，增强劳动育人的时代感。

3. 劳动教育要与校园文化建设有机融合。将劳动观、劳动精神及劳动价值融入校园文化建设的各个层面。在校园中设置大国工匠雕塑，技能文化广场等，让“一景一物”能传神、“一墙一壁”都说话，营造“劳动光荣、劳动伟大”的浓厚校园氛围。

（执笔人：李林军　张玉鹏　姜东亮　王　凯）

强化理论武装
引领主流价值导向

打造党的创新理论学习掌中宝

中国农业大学

为坚持不懈用习近平新时代中国特色社会主义思想凝心铸魂，中国农业大学党委建设“学习路上”理论学习微信平台，积极探索形式新颖、内容丰富的理论学习载体，充分利用新媒体平台广泛性、交互性、实时性的特点，打造师生理论学习“掌中宝”，营造浓厚氛围，激发基层理论学习活力，推动党的创新理论入脑入心。

一、总体情况

基层师生理论武装工作，对理论武装的载体创新不断提出更高要求。当前，学校理论武装工作载体形式多样，既有“学习强国”学习平台等社会组织建设的载体，也有理论学习讲堂等二级党组织建设的载体，还有新时代文明实践基地、“小院课堂”、“党员研习社”等以师生为主体建设的载体，以及微信公众号等以新媒体形式存在的载体。其中，“学习路上”理论学习微信平台，是中国农业大学官方新媒体理论学习平台，集学习内容获取、每日答题、成果展示、活动报名、投稿交流、学习统计等功能于一体，包括多个形式新颖、内容丰富的学习栏目，有效推动了师生理论学习入脑入心。

二、主要做法

1. 设置三大板块十二个子栏目

（1）“学习头条”板块下设“重磅”“聚焦”“交流”“荐读”四个子栏目，主要推送习近平总书记重要讲话和重要指示批示精神、党中央最新决策部署、国内外时政要闻及评论、知名学者专家、校内专家的解读文章等，助力师生全面系统学、及时跟进学。

（2）“掌中宝”板块下设“每月学理论菜单”“工作方法百宝囊”“走近系主任”三个子栏目，主要推送“支部书记掌中宝·每月学理论菜单”“工作方法百宝囊”“走近系主任”系列报道，引导师生将学习成果转化为干事创业的强大动力。

（3）“我的学习”板块下设“活动报名”“在线课堂”“每日答题”“我要投稿”“学习统计”五个子栏目，提供“应知应会”每日答题入口，及时发布理论学习辅导报告会、论坛沙龙信息并开通报名通道，提供在线学习辅导材料及理论宣讲音视频资源，提供交流共享的多样化渠道。

2. 开展特色栏目活动

（1）“你问我答”栏目。组织专家教授、领导干部、马克思主义理论教师对师生提出的理论问题进行答疑解惑，切实把创新理论和师生困惑讲准、讲活、讲深、讲透。比如，重点围绕2022年中央一号文件精神、习近平总书记关于青年的系列重要讲话和回信精神，共征集30余组问答，在师生中收到良好反响。

（2）“支部书记掌中宝·每月学理论菜单”栏目。菜单式供给学习内容，帮助基层理论学习融入日常，确保每周学习有重点。目前共推出13期，涵盖57个学习主题，采用图文、H5等多种形式，让理论学习更加生动。

（3）“征文选登”栏目。开展党史学习教育、“大美农大连冬梦，虎年一起向未来”等主题征文活动，选登获奖作品，展示师生理论学习成果，展现农大人蓬勃向上的精神面貌和风采。

（4）“走近系主任”栏目。讲述深耕教学科研、坚守育人初心的院系感人故事，展示各院系在学科建设、教育教学、教师队伍建设、党建思政工作上的特色做法和突出贡献。采访小队先后走进理学院数学系、马克思主义学院近现代历史系、生物学院微生物学与免疫学系，推出一系列贴近师生的主题报道。

（5）“应知应会”每日答题活动。师生每日在线完成5道理论学习题目，支持查看正确答案、本次错题数、本次正确率、历史答题数、历史正确率等，可随时回顾历次题目，为师生提供交互式、沉浸式学习体验。

（6）“应知应会”理论知识竞赛。帮助师生重温“应知应会”重点题目、易错题目，检验学习成效，激发学习热情。

（7）“党史常温故，喜迎二十大”阅读打卡活动。在迎接党的二十大召开期间，为师生整理推介党史学习教育常态化长效化书单。师生在微信朋友圈和微博发布原创读书笔记、心得体会，通过带话题词#中国农业大学“党史常温故，喜迎二十大”阅读打卡活动#在新浪微博上发布读书笔记，该话题阅读26万余次。

三、实施效果

“学习路上”建设三年来，推送覆盖全校38 000余名师生，向全校师生推送习近平总书记重要讲话精神、党中央最新决策部署、最新理论成果、重要文件精神、校内外理论文章及师生学习动态等内容1 100余篇，真正成为师生理论学习“掌中宝”。

特别是在党史学习教育期间，“学习路上”连载党史图书《日出东方——中国共产党创建纪实》28期，累计15余万字。开展党史学习教育暑期学习打卡活动、征文活动，上线“应知应会”每日答题功能，开展“应知应会”理论知识竞赛，为党史学习教育营造浓厚氛围。征文活动得到了师生的积极参与，共收到700余篇投稿文章，选登了84名师生的优秀征文。“应知应会”每日答题活动累计推出170期，共推送850道题目，其中设置“四史”类题目400余道，累计24万余人次参加，答题正确率高达97%。

相较于传统理论学习方式，新媒体为广大师生学习党的创新理论、强化思想理论武装丰富了手段、创造了便利、激发了热情。“学习路上”理论学习微信平台积极破解基层理论学习动力不足、学习形式单一等难点问题，助力师生“及时跟进学”，提高了师生理论学习的成就感和获得感。

（执笔人：王美璇　王　珊）

构建递进式 系统化理论学习机制

北京科技大学

一、工作思路

北京科技大学党委认真落实中央、教育部和北京市相关要求和部署，坚持突出特色、立足实际和全员覆盖，注重分层分类、统筹推进和逐级深入，构建起“融入式学习—全方位辅导—立体化宣讲”的递进式、系统化理论学习机制，切实帮助党员干部和广大师生学懂弄通党的十九大精神。

二、主要做法

1. 融入式学习：突出分层分类，实现全员覆盖。学懂弄通党的十九大精神，前提是“学”。学校坚持“六个融入”，分层分类开展理论学习活动，实现了学习教育活动的全员覆盖。一是融入课堂教学。将党的十九大精神融入思政课和形势政策课堂教学，并与专业教育结合，将党的十九大报告中涉及本专业领域的重要论述传递给学生。二是融入校院两级理论学习中心组学习。在全面深入研读报告基础上，组织有关高等教育、依法治校、人才培养等专题学习，开展互助式研讨交流学习。三是融入师生党支部学习。重点开展“我学十九大”专题组织生活会，鼓励各支部创新形式，开展“师生支部对谈”“老少支部共话”“校企支部共建”等多种党支部联合理论学习。四是融入教职工理论学习。固定每周四下午为教师理论学习时间，以系所等为单位统筹实施每月聆听一次集中辅导、组织一次专题学习、开展一次理论对谈和安排一次业务研讨的“四个一”学习制度。五是融入学生主题班团会。按照辅导员主导、学生自主策划、分专题学习研讨的方式，进行系统全覆盖式学习，同时辅以知识竞赛、专题辩论、故事分享等形式，让党的十九大精神更生动形象地入脑入心。六是融入各级党员干部和师生培训。组织中层干部培训班、青年骨干教师培训班、思政工作人员培训、学生党员培训等10余期，将《党的十九大报告辅导读本》和《将改革进行到底》等重要辅导教材和具有典型教育意义的电视专题片列入培训学习必选模块。

2. 全方位辅导：突出深入解读，力求融会贯通。学懂弄通党的十九大精神，关键在“导”。学校建立并坚持隔周一次的“四类四讲”辅导授课模式，确保了理论学习的高质量源头供给。一是领导讲政策。邀请教育部副部长孙尧、北京市副市长隋振江等上级领导来校，深入解读习近平新时代中国特色社会主义思想关于教育和区域发展的实践意义。二是专家讲理论。邀请国防大学公方彬教授、清华大学戴木才教授、北京市委党校常务副校长王民忠教授等分别从政治、经济、文化、党的建设等学理层面深刻解读党的十九大报告的思想精髓和核心要义。三是校友讲励志。邀请全国劳动模范、全国五一劳动奖章获得者、北科大校友王云平等活跃在冶金、材料、矿业等行业的科技骨干人才以“用工匠精神助力中国智造”等为主题，把党的十九大激励的“韧劲”真切传递给师生。四是代表讲感悟。邀请首都经济贸易大学党委书记冯培、中国铅球女王巩立姣等党的十九大代表，从自身的参会经历和切身感受引导师生用心聆听党的声音、共情领会党的精神。

3. 立体化宣讲：强调以讲代学，逐步深化认识。学懂弄通党的十九大精神，重点在“讲”。学校专门成立理论研究小组，组建了以领导干部、马克思主义学院教师为主的教师宣讲团和以学生理论社团、学生干部为主的学生宣讲团，努力构建立体化宣讲机制。一是坚持领导干部上讲台制度。全体校领导、学院和相关部门主要负责同志，走进思政课、“形势与政策”课或党课，结合个人学习体会和工作实际宣讲党的十九大精神。二是做实“啡常时光”品牌活动。党委书记武贵龙、校长张欣欣等校领导每月一次与青年学子面对面共话党的十九大精神，在品尝咖啡中引导学生明辨是非，为学生答疑解惑。三是建立党委委员基层党建联系点制度。学校党委委员每人联系 1～2 个基层党支部，每学期至少两次深入党支部与支部成员共同学习，宣讲党的十九大精神。四是建立学生党支部理论导师制度。选拔 300 余名优秀骨干教师、机关干部、离退休干部担任学生党支部理论学习导师，定期指导学生党支部开展党的十九大精神理论学习。五是创建“党员开讲了”组织生活新模式。发挥学生党员主体作用，按照“支委选题、骨干主讲、党员分享、互动讨论、导师点评”的总体思路，创新开展“党员开讲了”十九大主题组织生活学习新模式。六是建立党支部共建新机制。鼓励校内党支部与校外基层党支部进行共建，精心收集和创作群众喜闻乐见的案例、视频、动漫等，将党的十九大精神更形象生动地送到群众中间。

三、实施效果

1. 师生全员覆盖。实现党的十九大精神学习全覆盖、零掉队，每人累计学习达 20 学时，组织高质量辅导报告 9 场，各级各类师生培训和学习研讨活动 50 余场，师生宣讲团开展校内外宣讲 260 余场，受益人数达 5 万余人。

2. 媒体广泛关注。学习宣传活动得到教育部、北京市的高度肯定，并得到人民日报、光明日报等十余家主流媒体广泛报道。“理论名家宣讲十九大”“十九大代表回基层讲授党课”等学习活动被中央电视台《新闻联播》报道。

3. 师生反响良好。党的十九大精神学习的针对性和实效性明显提升，正如师生们所说：“理论学习活动符合实际、逐级深入，专家们用逻辑把理论串成了一串珍珠，使自己对于十九大精神有了更深刻的认识。”

四、经验启示

1. 遵循认知规律，避免学习表面化形式化。要系统构建学习机制、分类设计学习方案、动态研析学习效果，学习内容要有针对性、有侧重、有层次地开展，学习过程要由浅入深、由表及里、由宏观到微观，让师生能够循序渐进地掌握理论知识。

2. 创新方式手段，调动师生积极性主动性。要运用师生喜闻乐见的形式和话语体系开展理论学习，积极创作微视频、微动漫等吸引师生。要发挥师生主体作用，让师生成为学习活动的策划者、主导者和组织者，将被动学习的外在要求转变为自主学习的内在动力。

3. 紧密结合实际，破除“两张皮”现象。与立德树人根本任务相契合，通过理论学习助力学校事业发展；与当前存在的问题相结合，通过理论学习破解发展之困；与师生学习生活工作结合起来，使师生不仅能提高政治理论素养，更能扩展知识领域、提高业务能力。

（执笔人：郝慧鹏　杨　阳　杨美偲　郝勇飞）

建立三个三工作机制
创新党委中心组学习

北京交通大学

北京交通大学党委将中心组学习作为加强领导班子政治建设、思想建设的重要平台，围绕“学什么”“如何学”“怎么学好”，以建立“三个三”工作机制为抓手，持续推进理念、方式和机制创新，不断强化校院两级党委理论学习中心组学习质量和效果，着力提升领导班子思想政治水平，为特色鲜明世界一流大学建设筑牢思想基础、夯实理论支撑。

一、谋划“三题”，学习内容有聚焦

针对“学什么”不易精准把握的问题，党委瞄向全局性、战略性、前瞻性问题，聚焦“三题”，既坚持政治性思想性定位，又与提升工作本领有机结合。

1. 建立第一议题，放眼“国之大者”

坚持把习近平新时代中国特色社会主义思想作为中心组学习第一议题，将习近平总书记系列重要讲话、指示、批示、寄语等作为首要学习任务，及时学、深入学、反复学，保证每月至少 1 次。近年来，学校党委中心组集中收听收看、第一时间组织学习党的二十大精神、新中国成立 70 周年、建党百年等重要精神，自觉心怀国之大者，做到读原著、学原文、悟原理，用好习近平新时代中国特色社会主义思想这一改造主观世界和客观世界的锐利武器。

2. 固化常设主题，做到“常学常新”

坚持常态化与时效性有效结合，将重点领域、重要内容作为常设主题，做到“学而时习”。把党章及党规党纪、意识形态、法治教育等作为必学内容，固化为每年学习重点。邀请全国人大常务委员会委员徐显明、原中共中央党史研究室副主任李忠杰、中国传媒大学董关鹏等专家作辅导报告，通过导读党章、观看专题片、集中研讨交流等丰富学习形式，多形式、分课题、小切口，确保常设专题不枯燥、不单一，每次学习都有新收获、新升华。

3. 精准聚焦专题，突显“交大特色”

注重发挥行业特色优势助力交通强国建设，理论学习紧密围绕中心工作，在悉知“天下事”的基础上，聚焦学校发展“自家事”，精心谋划“十四五”规划、“双一流”建设、深化教育评价改革、助力交通强国等一系列“校本课程”。聚焦习近平总书记关于交通运输系列论述、《交通强国建设纲要》、服务国家战略需求、解决“卡脖子”问题等主题，不断强化领导干部的使命担当作为。

二、强化“三感”，学习方式有创新

学校党委注重拓展学习载体，综合运用辅导报告、分组研讨、现场学习、实地参观、联学互动等方式，让学习形式服务内容、适应主题、优化效果。

1. 深化“参与感”，交流研讨创新模式

党委坚持以集中研讨交流为主要学习方式，研讨交流占每年学习半数以上，每位领导干部每年交流发言不少于1次，变“以听为主”为“以讲为主”。每年组织专题读书班、培训班，举办“不忘初心、牢记使命”主题教育、学习贯彻党的十九届四中全会精神、学习贯彻习近平新时代中国特色社会主义思想主题教育等专题读书班，打造“领导导学+专家辅学+交流述学”的“三学模式”，形成创新且内容充实的学习模式。

2. 打造“现场感”，实地学习生动灵活

党委着力增强体验感，创造机会走出会议室、走出校园，以沉浸式、开放式现场学习激发学习热情。校内学习打造“沉浸式”。在

“初心百年恰风华”学校党史百年主题展开展之际，把学习会场搬到展览现场，党史专家展厅开讲，中心组成员现场聆听，打造一堂生动立体的党史学习课、校史教育课。校外学习迈步“走出去”。每年赴校外实地研学 1～2 次，利用各类学习资源开阔视野，赴中国共产党历史展览馆、香山革命纪念地、“奋进新时代”主题成就展、北大红楼等进行参观，参观结束后第一时间专题研讨，交流深化“新鲜出炉”的学习体悟。

3. 增添“联动感”，多种联学形成合力

校际、校院联学，共话热点问题。在重点内容、热点问题的学习上，校党委中心组扩大范围，实现校院两级联动，与经管学院、法学院、马克思主义学院等中心组多次联学。院际、院企联学，共商发展难题。鼓励二级中心组开展联学，围绕学院、学科发展共性问题互动借鉴。电信学院与计算机学院中心组围绕“新工科教育转型”展开探讨，运输、软件、语言等学院加强与企业联动，在理论积累的同时，深化校企合作、助力学生就业。

三、强化“三突出”，学习质量有提升

党委突出“严”“深”“用”，将良好学风持续向二级传导、向师生延伸，引领全校上下将学习成效内化于心、外化于行。

1. 突出“严”，抓建章立制

以制度化增动力。制定实施《校院两级党委理论学习中心组学习实施细则》《校党委中心组成员组成》等 4 个制度性文件，确保学习活动有章可依。校级中心组成员年度参学率均在 98%以上，以刚性纪律约束保障学习主动自觉。以流程化保落实。坚持以议题申报制规范学习组织，每次议题均由学习秘书提前报送，分管领导审阅，相关领导会商，党委书记亲自抓议题落实、促学习实效。以常态化浓氛围。动态推进学习计划落实，形成年初计划、年中推动、年末总结的常态化机制，营造良好学风。

2. 突出“深”，抓二级延伸

向下传导，精准化破解共性难题。为有效破解“上热中温下凉”的问题，出台《二级党组织理论学习中心组学习制度》，为强化二级中心组学习提供更具操作性、针对性的规范指导。巡听旁听，滴灌式加强指导督导。制定实施年度校领导巡听旁听工作方案，每位校领导至少到分管或联系学院巡听旁听 1 次，检视问题、点评效果。“四个纳入”，长效化完善工作机制。将中心组学习纳入重要议事日程、纳入党建工作责任、纳入意识形态工作责任、纳入校内巡察，宣传部、组织部统一印制中心组学习记录本、干部学习记录本，定期回收检查，掌握学习计划、进度、任务落实情况。

3. 突出“用”，抓学做结合

党委着力推动校院两级中心组成员做到“五个一”，即进行一次专题发言、撰写一篇学习心得、讲好一次主题党课、开展一项实践调研、形成一套思路举措，将学习成果见于文字、融入宣讲、用到工作。鼓励领导干部继续理论化系统化完善学习成果，积极撰写发表理论文章，讲好党课思政课，与实践调研紧密结合。2018 年至今，校班子成员围绕党建工作、立德树人、交通强国等主题，在“三报一刊”和主流媒体等发表理论文章 20 余篇。

近年来，学校通过在理念、方式和机制创新上的持续努力，校院两级中心组学习的质量效果持续显现，领导干部强化理论武装的思想自觉和行动自觉显著提升，领导班子的政治理论水平和办学治校能力显著提升，学习成果转化推动事业发展的成效显著提升，得到了干部自身的积极认同、全校师生员工的广泛认可和上级单位的充分肯定鼓励，有力推动了学校各项工作又好又快发展，相关工作获人民日报、光明日报、中央电视台等多次报道，获 2018—2020 年北京高等学校党的建设和思想政治工作优秀成果奖。

（执笔人：蓝晓霞　张安梅　汤　嫣）

马克思主义青年读书会的四个特色

中国矿业大学（北京）

中国矿业大学（北京）马克思主义青年读书会（以下简称“读书会”）是学校党团思想引领工作的品牌项目，缘起于习近平总书记关于“精读马克思主义经典的代表性著作，追本溯源，把握马克思主义基本原理”的号召。读书会由马克思主义学院青年教师于2016年3月发起成立，由学院党委指导，是面向全校师生打造的理论学习交流平台，目前已经开展百余场次的经典研读、时政研讨、学术讲座和社会实践活动。近年来，教育部、北京市、学校领导同志曾多次亲自参加读书会活动，并对读书会的内容和形式给予肯定。

一、工作思路

读书会围绕马克思主义经典篇目及习近平新时代中国特色社会主义思想进行研读，并结合时政热点，组织师生进行讨论，平均每两周开展一次集中活动。读书会核心成员20余人，由马克思主义学院研究生骨干组成，负责社团正常运行，团结了来自学校各部门、各学院、各年级的100余名师生，定期开展活动。在学校的大力支持下，读书会已经成为师生交流马克思主义理论学习心得、研讨时政热点的重要平台，成为学校深入开展“两学一做”“不忘初心、牢记使命”“党史学习教育”“学习贯彻习近平新时代中国特色社会主义思想”等主题教育的重要抓手。

二、主要做法

1. 学术顾问悉心指导。读书会以青年师生为主，同时聘请马克思主义学院资深教授担任学术顾问。资深教授们积极参加读书会活动，对经典阅读的方式方法给予指导，在大家热烈讨论环节，发挥

“敲边鼓”的作用，深化师生对马克思主义基本原理的理解。他们表示，读书会以马克思主义经典文本作为研读重点，结合新时代十年的伟大变革和实践进行研讨，有助于大学生系统完整理解和掌握马克思主义理论，既不僵化教条死读书，又不以“现实”剪裁“理论”走邪路。

2. 青年教师发挥主导作用。经典研读活动由学院青年教师轮流担任主讲人，负责对研读篇目进行脉络梳理和内容讲解，引导成员围绕相关主题开展研讨。截至 2023 年 11 月，学院青年教师已先后主持了 60 余场次的经典研读活动。从《家庭、私有制和国家的起源》到习近平总书记关于治国理政的重要论述；从《德意志意识形态》到习近平总书记“意识形态工作是党的一项极端重要的工作”的重要论断；从毛泽东《反对本本主义》“没有调查，就没有发言权”到《习近平关于调查研究论述摘编》“调查研究是谋事之基、成事之道”；从《路易·波拿巴的雾月十八日》和《论持久战》到中美贸易摩擦；从《关于若干历史问题的决议》到《中共中央关于党的百年奋斗重大成就和历史经验的决议》；等等。通过一系列经典著作的研读，为师生打开了一个从基本原理理解中国特色社会主义道路、理论、制度和文化的重要视角。

3. 学生发挥主体作用。读书会注重发挥学生主体作用，吸引了一大批具有马克思主义理论兴趣，愿意用马克思主义立场方法观点来观察社会的学生。读书会成员来源广泛，教师成员由校党政办、校党委宣传部、马克思主义学院等部门构成，学生成员中涵盖各学院本、硕、博学生，其中理工科学生成员所占比例达到了 70%。在经典研读活动中，主讲人在梳理完研读篇目的脉络和主要内容后，负责组织参会人员进行讨论。听众可以发问、可以质疑，也可以辩论，现场气氛热烈，以至于活动结束后学生辩论的“战火”往往还会在微信群里蔓延一段时间。力建学院本科生何擎同学（现供职于农业农村部）认为：“当你真的深入接近这些伟大的先贤，接触他们的思想和灵魂，你会慢慢觉得现实中的问题和苦恼是可以找到最优答案的。”通过读书会开展的研读研讨活动，有助于提升学生的马克思主义理论素养，强化学生的马克思主义理论认同，打造一批“又红又专”的“小红专”式大学生。

4. 理论与实践相结合。读书会在对马克思主义经典篇目和习近平新时代中国特色社会主义思想代表性论著进行研读的同时，还积极组织读书会骨干成员开展社会调研和社会实践活动。读书会和校图书馆合作举办的“书香矿大·阅读春天”系列活动，成为每年“世界读书日”学校文化活动中的一道亮丽风景线。组织学生参与北京市教工委组织的“北京高校理论名家讲座”和“名家领读经典”等活动。组织学生参观了北大红楼、没有共产党就没有新中国纪念馆、香山革命纪念馆、中国共产党历史展览馆等场馆。读书会成立了若干实践小组，每年开展暑假社会实践，相关调研报告曾获得北京市和学校等多项奖励。读书会骨干成员蔡治廷同学（现供职于中央党史和文献研究院）说：“通过参与读书会的活动和社会实践的经历，我感受到了理论与实践相结合的重要性，更感受到了马克思主义跨越时间与空间的真理力量。”

三、实施效果及经验启示

读书会坚持“指导、主导、主体、结合”的特色，在校院领导的支持和师生的共同努力下，校内外影响力不断扩大。2016 年 12 月 8 日，《中国教育报》头版头条以《阅读经典激发头脑风暴，思政教育还能这么搞，中国矿大（北京）读书会——今天，你读马克思了吗？》为题刊发了专题报道，各大门户网站纷纷转载。2017 年，读书会成为中共北京市委教育工作委员会“首都大学生理论社团悦读汇”的首批成员。2018 年，读书会被学校党委确定为“两学一做”学习教育特色品牌项目，被学校团委评为五星级学生社团。2019 年，教育部原部长陈宝生莅临读书会指导。2021 年，读书会获评北京青少年党史学习教育优秀案例。

近年，读书会指导教师卢刚副教授接受中央电视台《新闻联播》采访，作为主要撰稿人参加编写的同名图书《马克思靠谱》入选“全国第七届优秀通俗理论读物”。读书会指导教师曾庆桃副教授担任共青团中央“青马班”理论导师，参与《思想道德与法治》等思政课教材2023年版的修改工作。读书会骨干成员深入新生引航项目、各院系党课培训、学校团校进修班、一零一中矿大分校等进行广泛宣讲，在学校马克思主义教师宣讲团中发挥了主力军作用，获得了广大师生的认可。

（执笔人：曾庆桃　董会泽　卢　刚　姚利梅）

用“新”让新思想入脑入心入行

——开设微课堂学习习近平新时代中国特色社会主义思想

中国政法大学

为深入推动习近平新时代中国特色社会主义思想学习贯彻，中国政法大学遴选多学院多专业的骨干教师组成微课宣讲团，通过开设《法言微语》微课堂专栏，采用短视频的形式，运用微信为主要传播途径，充分发挥专业教师的专业特长和理论优势，从不同角度和层面对新时代党的创新理论成果进行解读和宣传，深入浅出地向广大师生校友及社会各界宣传解读党的创新理论，引导广大青年学生学习习近平新时代中国特色社会主义思想。

一、工作思路

习近平新时代中国特色社会主义思想开辟了马克思主义新境界、中国特色社会主义新境界、治国理政新境界、管党治党新境界，为新时代坚持和发展中国特色社会主义提供了强大思想武器。要充分认识习近平新时代中国特色社会主义思想的重大意义，切实增强学习贯彻的政治自觉、思想自觉、行动自觉。

中国政法大学作为一所以法学为特色和优势的教育部直属重点大学，依托得天独厚的法学教育资源和师资优势，充分发挥专业教师专业特长和理论优势，从不同角度和层面对新时代党的创新理论成果进行解读和宣传，采取多种方式，运用多种载体，深入浅出地向广大群众特别是广大青年学生宣传解读好党的创新理论，引导广大青年学生切实学懂弄通做实习近平新时代中国特色社会主义思想，以潜移默化、润物无声的方式让党的创新理论入脑入心入行。

二、主要做法

1. 搭建宣讲新平台，思想引导重实效

遴选马克思主义学院、法学院、新闻与传播学院、商学院等多学院多专业的骨干教师组成微课宣讲团，充分发挥专业教师的专业特长和理论优势，以5～8分钟的视频微课堂形式，从不同角度和层面对新时代党的创新理论成果进行解读和宣传，深入浅出地向广大师生校友及社会各界宣传解读好党的创新理论，帮助大家更深刻地理解国家治理思想。完成了“法言微语十九大”“法言微语说教育”“法言微语思政课教师专栏”“法言微语二十大”等一系列微视频。主讲人大多具备较强的课堂表现力，深受广大学生欢迎，讲述者本身就具有较好的传播性和影响力。讲述主题包括理解进入新时代的伟大意义、构建人类命运共同体、正确理解社会主要矛盾的新变化、以人民为中心的国家治理、激发和保护企业家精神、国际传播能力建设等诸多方面的内容。

2. 运用传播新形式，信息互通兴热潮

开设《法言微语》微课堂专栏，在学校官方微信上定期推出，师生校友和社会各界人士均可以通过手机来收看微课堂，利用平时碎片化的时间来进行党的创新理论的学习，学习者可以就教学内容随时提问，宣讲教师进行解答，在公众号中实现师生互动，学习探讨。同时经由朋友圈转发、评论等环节，在法大师生及校友中掀起了学习热潮。目前通过中国政法大学官方微信陆续推出25期微课堂栏目，阅读量达到近百万，不仅得到了在校师生的热烈关注，也获得了众多校友的好评与转发。

3. 联动载体新机制，多点覆盖广宣传

微课堂在法大公众号上推出的同时，在学校官网同步推出，制作专题页面，形成课程体系，此外，学校校报上还开辟了相应专栏，以文字实录的方式对微课堂的宣讲内容进行连载。充分运用校园中的各种载体，形成学习宣传全新机制，以多点覆盖的方式充分发挥微课堂的影响力，在广泛宣传和多点传播中激发师生学习热情，切实学懂弄通做实党的创新理论，以潜移默化、润物无声的方式让党的创新思想理论入脑入心入行。

三、实施效果

《法言微语》微课堂专栏自 2018 年 3 月 6 日推出第一期，到目前已经陆续推出了 25 期节目，获得了众多师生的推荐好评。微课宣讲团教师们在受邀录制节目后，通过专业与学习相结合，对习近平新时代中国特色社会主义思想进行深入的思考和探索，通过学习来准确领会新理念、新论断，明确新任务、新举措，努力掌握党的创新思想理论的政治意义、历史意义、理论意义、实践意义，并采取理论和实践、历史和现实、当前和未来相结合的方法，把每一点都领会深、领会透。广大青年学生通过手机微信、短视频这些喜闻乐见的形式，自觉地进行学习，增强中国特色社会主义道路自信、理论自信、制度自信、文化自信。

四、经验启示

习近平总书记要求深入学习宣传贯彻党的创新理论，要采取多种方式，运用多种载体，加大宣传力度，迅速兴起学习宣传贯彻热潮。学校通过新媒体网络搭建习近平新时代中国特色社会主义思想的新平台，引导专业教师利用所长，通过青年学生易于接受的方式进行宣讲，宣讲先进思想，弘扬社会主义理念，增强了学生认识国情的能力和服务国家法治建设的决心，实现了人才培养和社会服务的紧密结合。下一步学校将继续推进该项目的实施，邀请学校更多专业教师参与其中，加大宣传力度，做好项目设计，充分发挥学校的学科优势，宣讲解读好习近平新时代中国特色社会主义思想。

（执笔人：米　莉　陈　睿　尹建峰　雷　桥）

着力推进七个一工程
培育学生正确劳动价值观

中国劳动关系学院

党的十八大以来，习近平总书记提出了一系列关于劳动教育的新思想、新观点、新论断。2018 年 4 月 30 日，习近平总书记给中国劳动关系学院劳模本科班学员回信，强调“社会主义是干出来的，新时代也是干出来的”“全社会都应该尊敬劳动模范、弘扬劳模精神，让诚实劳动、勤勉工作蔚然成风”。这些重要论述，高扬劳动教育的旗帜，丰富发展了党的教育方针，具有重大时代价值和鲜明现实意义，也对高校提出了加强劳动教育的新任务、新课题。

中国劳动关系学院是中华全国总工会直属，与教育部共建的普通本科院校。建校 74 年来，走出了一条传承红色基因、彰显工会和劳动特色的普通高等学校办学之路。1992 年以来，在党中央的亲切关怀下，在全国总工会党组的坚强领导下，在教育部、北京市教委的大力支持下，学校坚持举办劳模本科教育，30 余年从未间断，已培养 900 余名劳模学员，在为劳动模范和大国工匠提供研修深造机会的同时，形成了“劳动模范在校园，大国工匠在身边”的独有优势。近年来，学校充分发挥特色优势，着力推进“七个一”工程，在人才培养、科学研究、社会服务、文化传承创新、国际交流与合作等工作中，将劳动教育有机融入，推动劳模精神、劳动精神、工匠精神进教材、进课堂、进头脑，形成了特色鲜明的行业高校思政教育模式。学生在与身边劳模的不断接触中，深刻感受到这群新时代最美劳动者的可亲可爱与可敬，对引导大学生树立“劳动最光荣、劳动最崇高、劳动最伟大、劳动最美丽”的价值观，克服“不爱劳动、不会劳动、不珍惜劳动成果”等不良现象发挥了积极作用。

一是打造一个特色品牌。2014 年 5 月，学校首开“劳模大讲堂”活动，先后邀请许振超、郭明义等全国著名劳模和 30 余名劳模本科班学员走上讲台，走近青年大学生。活动中，劳动模范分享成长历程，宣讲劳模事迹，展示精湛技艺，弘扬劳模精神，让青年大学生近距离感受到“爱岗敬业、争创一流，艰苦奋斗、勇于创新，淡泊名利、甘于奉献”的劳模精神，对青年大学生勤奋学习、勤勉为人，自觉践行社会主义核心价值观起到了很好的引领示范作用。“劳模大讲堂”活动至今已举办 20 期，并成功走出校园，带着学校的丰富劳模资源和成熟活动经验进中小学、进社区、进实践中心，让更多人受益。

二是完善一个共建机制。学校创新基层党建机制，坚持在劳模学员所在党总支组织劳模班党支部和本科生党支部结对子，并逐步向全校推广。共建活动中，劳模党员分享先进事迹，本科生党员畅谈学习心得，在同学习中共进步，取得了很好的效果。下一步，学校将探索为每一个学生党支部配备一名劳模党员，完善共建机制，进一步发挥劳模党员的模范带头作用。

三是选聘一批劳模导师。为进一步加强和改进思想政治教育工作，学校印发《劳模兼职辅导员聘任管理办法》，先后聘请四批劳模兼职辅导员。他们积极参加班级活动，与大学生一起进行社会实践，一起组织主题班会，充分发挥劳动模范的榜样力量，在深入交流的过程中，潜移默化地用劳模品质引领青年大学生，用劳模精神感染青年大学生，为学校思想政治工作队伍注入新的力量，做到全员全过程全方位育人。

四是搭建一系列劳动教育研究平台。学校充分发挥在劳动领域学科高度集聚、高度相关的优势，积极培育“劳动+”学科群，大力加强劳动领域的科学研究。组建了全国高校第一家以“劳动关系与工会”为主题的新型智库——“劳动关系与工会研究院”，并于 2022 年 5 月获批成为省部级智库；参与发起成立了国家一级学会——劳动经济学会，成立了大国工匠与劳动模范研究所等研究机构；推出《新时代高校劳动教育论纲》，发布劳动教育实施方案，独立设置《劳动教育通论》课程，创办国内首家劳动教育专门刊物《劳动教育评论》；成立劳动教育学院（劳动教育研究院），于 2022 年招收全国首届劳动教育本科生，强化劳动教育理论、政策研究和专业人才培养；出版多部学术期刊和专著，产出一批高质量、有特色的系列研究成果。

五是拓展一片文化阵地。充分运用各宣传阵地展示劳模文化，以线上线下相结合、党团学组织相协同的形式，开展主题突出、内容丰富的校园文化活动，塑造“崇尚劳动　崇尚创造”的新时代劳动价值观。在教学楼、图书馆等公共场所，以多种形式展示我国各行各业劳动模范和大国工匠的成长故事，传播劳模精神。在官微开设“身边劳模”专栏，在官网报道劳模故事，在校报讲述劳模事迹，通过大学生记者的采访报道，130 余位劳模学员的生动事迹已经深深印在师生心中，让劳模精神亮起来，让思政教育活起来，增强了劳模精神的时代感和感染力。

六是开创一门特色课程。开设“大国工匠面对面”公选课，采取由“2 种教学方法+1 位劳动模范+1 位授课教师”组成的“211”授课模式。课程结合国家经济社会发展形势及党和国家大政方针，精心挑选若干主题作为案例背景。每个案例都邀请该行业或领域的 1 位劳动模范走进课堂，从自己的从业经历入手，立足本职岗位，演示精湛技艺，讲述工匠事迹；特邀 1 位校内外专家与劳动模范共上一堂课，围绕劳模所在行业或领域进行理论分析，深入阐释习近平新时代中国特色社会主义思想，提升学生的理论修养和理解能力，了解国家经济社会发展的形势与政策。

七是开展一项志愿服务。坚持开展“大国工匠面对面”志愿服务项目，以“劳动教育”为主旨，以“1 名劳模志愿者+10 名青年志愿者”服务团队的模式，以众创众筹众评为特色，以“志愿+专业”“志愿+劳动”“志愿+劳模”“志愿+网络”为载体，开展系列志愿服务活动。活动中，学生志愿者与劳模学员结伴走进军队、社区、医院、企业等单位，通过劳模事迹宣讲、劳模技艺展示、劳模精神座谈等形式，弘扬劳模精神、劳动精神和工匠精神。此项目开展以来，共有近 15 000 余人受益。

中国劳动关系学院以劳模教育带动和促进劳动教育，用劳模精神引领大学生树立正确劳动价值观，扎实推进新时代高校劳动教育的课程建设，扎实推进劳动教育与思想政治教育相结合，扎实推进劳动教育与科学研究相结合，扎实推进劳动教育与社会实践和志愿服务相结合，扎实推进劳动教育与校园文化相结合，逐步构建起德智体美劳全面发展的人才培养体系。

（执笔人：刘瑶瑶）

坚持在宣讲三味上下功夫
打通新思想传播最后一公里

东华大学

进入新时代以来，东华大学着眼探索打通党的创新理论传播“最后一公里”，立足时代特点、学校特色和学生特征，在理论宣讲的时代味、特色味、青春味上下功夫，着力强化“宣讲三味”，让新思想“飞入寻常百姓家”。

一、立足时代特点　讲出新时代新思想的时代味

东华大学立足新时代，坚持把马克思主义中国化最新成果特别是习近平新时代中国特色社会主义思想作为新时代学校理论宣讲工作的主线，让党的创新理论宣讲充满时代气息。

一是接天线，做好新时代党的创新理论宣讲员。学校紧密围绕党中央重大决策部署和新时代新要求，把握大局大势大事，深入宣讲党的路线方针政策、重大理论创新成果，宣讲党中央关于形势的重大分析判断，讲好中国故事，扛起传播新时代党的声音、服务党和国家事业发展大局的历史使命。党的十八大以来，学校先后成立党的十八大精神宣讲团、学习宣传贯彻党的十九大精神讲师团、“学用新思想　奋进新时代”专家宣讲团、党史学习教育专家宣讲团、学习宣传贯彻党的二十大精神宣讲团等 5 支校级专家理论宣讲团队和 21 支二级单位师生理论宣讲团，近三年面向全校干部师生和社会民众年均宣讲约 300 场次，覆盖习近平谈治国理政、党代会精神、全面从严治党、党史学习教育等多个重大主题，线上线下受众超 23 万人次。

二是接地气，做办好人民满意教育的传播者。学校在理论宣讲

工作中坚持聚焦习近平总书记关于教育的重要论述，结合高等教育在新时代的改革发展变化，着力讲好新时代扎根中国大地办好人民满意的高等教育的精彩实践，让党的创新理论传播充满大学气息。比如，学校聚焦新时代党的教育方针举办专题学习会，邀请《习近平总书记教育重要论述讲义》主编作辅导报告，校领导带头发言，学院、职能部处负责人跟进交流，形成上下共同学习宣传贯彻党的教育方针的一体化态势；又如，学校立足上海办学发展实际，组织开展“上海高校‘双一流’建设的实践与思考”主题宣讲，引导全校干部、教职工深刻认识“双一流”建设丰富内涵，进一步坚定社会主义办学方向，扎根中国大地办一流大学。

二、紧扣学校特色　讲出服务国之大者的东华味

东华大学紧扣办学特色开展“理论+”宣讲工作，从身边人身边事入手，讲好讲活讲透学校以特色学科服务国家重大战略发展的生动实践，在理论宣讲中厚植爱党爱国爱校情怀。

一是“理论+故事”，让宣讲鲜活起来。从新中国成立时以钱宝钧、方柏容等老一辈东华人服务化纤工业及化纤教育，解决亿万中国老百姓穿衣难问题，到20世纪集中发力高速纺丝、助力导弹一飞冲天的碳纤维，再到新世纪特别是新时代以来，学校科技创新成果助力天宫、天舟、北斗、蛟龙号等国之重器成功研发，以及上海设计之都建设，其中蕴藏着无数东华人矢志奋斗、为国奉献的故事。学校把这些身边故事积极融入宣讲教材，以案例“小故事”阐释国家发展“大道理”。比如，学校策划开展“崇德讲堂”“开学第一课”“校史馆里讲党史”“老干部老党员为青年师生讲百堂党史校史”“百名辅导员讲党史”“百名团支书讲党史”等系列宣讲活动，把党的故事、东华故事讲到干部师生的心坎上，用身边故事教育身边人。

二是“理论+人物”，让宣讲有力起来。学校常态化邀请优秀校友、模范师生典型等“现身说法”，让宣讲更具说服力。比如，学校

多次邀请“七一勋章”获得者黄宝妹校友来校，分享她为实现“全国人民穿好衣”而坚守岗位、不懈奋斗的动人故事，引导干部师生进一步思考如何为以中国式现代化全面推进中华民族伟大复兴作出更大贡献。又如，学校把国家科技进步奖一等奖获得者、材料学院研究员陈惠芳请到“给00后主题宣讲系列活动”的讲台，请她讲述三代东华人接力攻关研究碳纤维的故事，鼓舞干部师生心怀“国之大者”，勇担科技强国使命。此外，学校做大做强校园宣讲品牌“周周讲”，把知名学者专家、爱国企业家、奥运冠军、文化艺术名流等社会各界的先进人物请到校园，用先进事迹教育人感染人。

三、顺应学生特点　讲出培育时代新人的青春味

东华大学立足培养时代新人，持续加强大学生理论宣讲，从尊重和顺应青年大学生的认知习惯、学习特点、接受方式出发，用年轻人喜欢的方式激活高校理论宣讲的青春活力。

一是发力朋辈宣讲，让理论宣讲“走青年路”。学校着力在朋辈宣讲上发力，将00后大学生从宣讲“听众”变身“小讲师”。校级层面，自2018年开始连续每年举办学生理论宣讲比赛，从全校选拔政治素养高、宣讲能力强的学生组建“学习进行时”大学生理论宣讲团，并配备专门指导老师。宣讲团在新生入学教育、毕业典礼等重要场合宣讲，推出“让青春在火热实践中绽放绚丽之花”等多个高质量主题宣讲，学生宣讲员在全国及上海高校学生讲思政课公开课展示活动、上海市高校理论宣讲微课程比赛中获佳绩。学院层面，各学院结合实际推出各具特色的学生理论宣讲队伍，如纺织学院博士生宣讲团、材料学院“科学家精神”宣讲团、管理学院“领雁先锋”学生宣讲团，充分发挥基层学院优势，做好宣讲服务育人。

二是创新宣讲渠道，让理论宣讲“对青年味”。学校顺应青年学生“网络一代”成长规律，将理论宣讲延伸至网络空间，推出“新时代·新思想”“锦绣之初”等50余部学生理论宣讲微课，2个党

的二十大精神主题微宣讲作品进入全国展播。学校还积极向校外拓展理论宣讲服务渠道，比如连续主办上海市级层面理论宣讲品牌“给 00 后讲讲共和国”“给 00 后讲讲新时代”“给 00 后讲讲新思想”，服务全市大中小学生理论宣讲教育；又如，积极融入上海市松江区推出的“松江三人行”理论宣讲活动，组织大学生走进社区、走进乡镇传播党的创新理论，该项目获评 2021 年全国文化科技卫生“三下乡”活动示范项目。

（执笔人：向　娟　刘远康）

三个着力推动理论宣传教育高质量发展

合肥工业大学

合肥工业大学党委高度重视理论宣传教育工作，坚持以习近平新时代中国特色社会主义思想为指导，牢牢把握社会主义办学方向，始终坚守为党育人、为国育才的初心使命，扎实推进理论宣传教育工作，不断推动学校宣传思想工作新发展。

一、着力构建激励运行机制，推动理论宣传教育常态化长效化

理论宣传教育不能抓一阵子就了事，需要融在日常，推动规范化。

1. 落实第一议题学习制度。始终将学习贯彻党的十九大、二十大精神和十九届、二十届历次全会精神等内容，列入常委会第一议题。同时，积极发挥党委理论学习中心组学习示范作用，每年年初印发学习计划，每月及时推送学习重点，年末汇总上报学习情况，推动党的创新理论武装工作落实落地。

2. 规范重大理论宣讲工作。坚持知识传授与理论教育相结合，用好课堂教学主渠道主阵地，深入实施“四史”融入思政课教学改革创优行动，融入开展党的创新理论宣传教育。常态化开展校领导宣讲形势与政策工作，扎实推进大学生小班辅导教育，有效搭建起了教师与广大学子沟通交流平台，做到四年不断线。推出“斛兵大讲堂”专项工程，发挥“二十大宣讲团”“五老报告团”“政工干部讲师团”“学生骨干宣讲团”作用，邀请知名专家学者举行专题宣讲报告会，及时组织开展特色鲜明、内容丰富的宣讲教育。

3. 构建理论宣传激励机制。坚持以安徽省中国特色社会主义理论体系研究中心合肥工业大学研究基地为依托，以宣传研究阐释习

近平新时代中国特色社会主义思想为重点，以发表高水平理论阐释文章为目标，建立起党委宣传部组织协调，各相关部门和重点学院协同推进，齐抓共管的联动工作机制。通过完善科研激励机制，将理论宣传成果纳入科研奖励内容；修订教师职称评聘办法，将理论宣传研究成果纳入评审参考条件等措施，全面激发了广大教职工开展理论宣传的积极性和创造力。

二、着力聚焦党的创新理论，提升理论宣传教育针对性实效性

理论宣传教育不能眉毛胡子一把抓，需要聚焦重点，强化导向性。

1. 组织重要讲话精神宣传。立足新时代新发展，聚焦深入学习贯彻习近平新时代中国特色社会主义思想及习近平在文化传承发展座谈会上的重要讲话精神等，学校主要领导带头学习并撰写理论文章，积极宣传阐释党的基本理论、基本路线、基本方略，深入宣传阐释党中央重大决策部署，及时宣传党的最新理论成果，积极推动马克思主义中国化时代化大众化。

2. 谋划重大会议精神宣传。聚焦中国共产党成立 100 周年、党的十九届六中全会、党的二十大等关键节点，学校党委提前谋划、主动作为、创新推动，第一时间举办庆祝建党 100 周年理论研讨会，第一时间举办学习宣传党的十九届六中全会精神学术研讨会、党的二十大精神学术研讨会，同时组织干部教师在《光明日报》《经济日报》等重点报刊刊发《深刻理解历史性“庄严宣告”》《努力促进人民精神生活共同富裕》《培育发展现代化都市圈》《从党的百年辉煌中汲取智慧和力量》等一系列高水平理论阐释文章。

3. 抓好教育重要论述宣传。围绕习近平总书记在参加全国政协十三届四次会议教育界委员等联组会议、庆祝中国共产主义青年团成立 100 周年大会、考察中国人民大学时的重要讲话精神，以及给

北京师范大学“优师计划”师范生的重要回信精神等，组织干部教师在《中国社会科学报》《新华日报》《安徽日报》等重点媒体推出《增强青年的志气、骨气和底气》《推进落实立德树人根本任务》《深刻把握共青团百年征程的四条宝贵经验》《大力增强教育服务创新发展能力》等一系列理论宣传文章，逐步提升了学校在理论界的影响力和知名度。

三、着力创新工作方式方法，强化理论宣传教育吸引力传播力

理论宣传教育不能一份通稿讲到底，需要创新方式，增强有效性。

1. 推动校媒一体融合传播。统筹整合学校各类新媒体阵地，精选优质网络理论宣传作品，全方位推送权威媒体、专家学者理论阐释文章，多角度宣传报道学校学习反响、贯彻举措和特色经验，积极推动形成正面主流舆论强势。

2. 用好重点报刊权威影响。用好报纸整版宣传优势，谋划推出系列理论研究阐释文章，形成规模性的舆论冲击力和影响力。学校先后策划在《中国社会科学报》整版刊发《中国共产党百年卓越的理论创新》《中国共产党百年创新的理论逻辑》《中国共产党百年创新的实践品格》《中国共产党百年创新的基本经验》4 篇系列文章，在《安徽日报》整版刊发《深刻理解历史性“庄严宣告”》《把命运牢牢掌握在自己手中》《以奋斗的青春开创美好未来》《弘扬伟大建党精神》4 篇系列文章，整体性提升理论宣传教育质量和水平。

3. 发挥中央网媒传播优势。聚焦理论学习关键词，及时发力，形成先发性的社会关注度和传播力。学校第一时间在人民网、光明网、中国网、中青网、中国社科网、学习强国等理论频道刊发、转发《走好新的赶考之路要坚持敢于斗争》《科学把握贯彻新发展理念的“三重维度”》《在党史学习教育中增强信仰信念信心》《新时代高

校善用“大思政课”亟待提升“三力”》《弘扬劳动精神重在造就时代新人》《弘扬脱贫攻坚精神要用心讲好脱贫故事》等网络文章 30 余篇。其中，《做有志气有骨气有底气的新时代青年》《发扬“三牛”精神培育时代新人》等多篇网文被中央和省级主流网媒大范围转载传播，单篇理论网络文章阅读量高达 110 万+，产生了广泛的社会影响，不断扩大了学校理论宣传的传播力和辐射面。

在新征程上，学校党委将深入学习贯彻习近平文化思想，全面落实党的二十大关于文化建设的战略部署，持续推动党的创新理论深化、内化和转化工作，不断开创学校理论宣传教育工作新格局。

（执笔人：叶　兵　钟　敏）

三个注重确保理论学习取得实效

南昌大学

党的十九大以来，南昌大学党委认真按照《中国共产党党委（党组）理论学习中心组学习规则》及中央、省委及教育部党组、省委教育工委等相关工作要求，坚持以问题为导向，以目标责任为引领，通过“三个注重”，认真组织开展校院两级党委理论学习中心组学习，全面提升理论学习的质量和成效，为学校朝着“走在前、勇争先、善作为”的工作目标迈进提供强大的思想保证、智力支持和创新动力。

一、工作思路：注重做好系统管理

做好顶层设计。先后出台“第一议题”政治学习制度、提升政治理论学习质量实施方案、校院两级党委理论学习中心组学习制度等，确保工作抓到实处。做好过程把控。通过领导巡学、下沉参学、交叉旁听，进一步压实基层党组织开展理论学习的政治自觉。做好检查考核。通过意识形态专项检查、省委巡视检查、思想政治考核等各种契机对全校理论学习情况进行督促指导，发现问题，解决问题，从而最终形成理论学习的闭环，推动全校政治理论学习规范化、科学化。

二、主要做法：注重强化学习引领

一是聚焦中心，学习教育“高站位”。突出重点学，着重学习习近平新时代中国特色社会主义思想，特别是习近平总书记关于教育的重要论述、习近平总书记考察江西重要讲话精神、党的二十大精神、《习近平谈治国理政》等，明确目标，把握大势。制订周密学习计划，举办高质量辅导报告，教育引导党员领导干部全面系统学、及时跟进学、联系实际学。坚持牢记嘱托学，将习近平总书记两次视察南昌大学重要讲话精神作为学校最宝贵政治资源，学校各级党组织、党员干部、师生员工分层分众开展“沿着总书记视察南昌大学足迹　重温重要讲话精神”主题党日活动，感恩奋进，不负使命。

二是示范引领，学习调研、理论宣讲“全覆盖”。用好调查研究。围绕事关学校发展全局和制约学校改革发展的重点和难点问题，学校理论学习中心组成员带头深入各二级单位师生当中，开展专题调研，形成有情况分析、有解决问题举措的高质量调研报告。抓好宣传宣讲。构建了贯穿学校各个层级的宣讲矩阵，打造了覆盖各类学生的宣讲队伍，形成了线上线下、多位一体、互为补充的理论培训格局。2023 年下半年，在学校开展“新征程、再出发”使命愿景大讨论之际，校党委理论学习中心组成员分别到所分管、联系单位做形势报告，进一步阐释大讨论的目标要求及学校面临的形势背景，引导广大干部、师生更好地学习领会习近平总书记对江西工作“走在前、勇争先、善作为”的定位要求，更好地聚焦服务国家战略和江西高质量发展需要。

三是创新方式，学习服务“订单式”。首先，不断丰富学习形式。在坚持开展校院联学的基础上，聚焦国家需求和区域经济发展，开展校企联学、校地联学、校校联学，丰富学习内容，提升学习实效。创新开展与红谷滩区委，与南昌高新区、南昌航空大学等联学活动，机关基层党支部、教工党支部、学生党支部主动深入到地方、企业开展联学活动，搭建沟通桥梁，助力地方经济发展。其次，不断建设学习平台。在全校建立 7 个校级“新时代文明实践中心”，30 多个院级“新时代文明实践中心”。“新时代文明实践中心”建立“菜单式”学习项目，为师生提供“订单式”学习服务，满足师生学习所需。

三、实施效果：注重提升学习实效

一是注重理论阐释，形成学习成果。2019 年以来，学校理论学习中心组成员、理论专家不断强化理论阐释，形成了一批理论成果。学校领导先后在人民日报、学习强国、光明日报、中国教育报、江西日报等主流媒体上发表《“走在前、勇争先、善作为”感恩奋进千帆竞——学习宣传贯彻落实习近平总书记考察江西时重要讲话精神体会》《以综合实力和发展能级提升全面落实省会引领战略》《坚持党的领导为“双一流”建设导航》《历史的温度 信仰的力量》《为什么“稻渔工程”团队出自南昌大学》《思政课建设要有格局 抓关键 出新招》《扬制度优势加快“双一流”建设》《做韧性十足的时代新人》《激发高校思想政治工作生机活力》等各类理论文章40余篇。中央教育工作领导小组《教育工作情况》、教育部简报先后刊发《南昌大学强化“三个全覆盖” 着力做好毕业生就业工作》《南昌大学“四堂联动”提升思政工作实效》《南昌大学深入贯彻落实全国教育大会精神》《南昌大学打造数字化平台 着力构建立体思政课堂体系》等多篇经验材料。

二是坚持问题导向，破解发展难点。学校大力弘扬理论联系实际学风，围绕新时代高等教育发展中学校所处的历史方位和立德树人根本任务等开展学习研讨，将党的创新理论作为完善学校治理体系、提升学校治理能力的根本遵循，制定出台学校“十四五”规划等相关文件及《世界一流大学行动计划》《关于深入贯彻省委十五届四次全会精神服务支撑江西打造“三大高地” 实施“五大战略”的若干意见》，动员全校上下统一思想和行动，学习贯彻党的二十大报告中“教育、科技、人才”三位一体战略部署，全面落实江西省委十五届四次全会决策部署，奋力创建“江西底色、中国特色”世界一流大学。

四、经验启示

一是领导高度重视。校党委理论学习中心组成员带头学习、带头践行，做到先学一步、学深一层。通过领导带头宣讲、带头领学、带头调研，率先垂范，产生示范效应，形成了领导带头学、一级抓一级、层层抓落实的良好机制。

二是强化制度保障。建立领导巡学、下沉参学、交叉旁听、成果转化，以及学习情况报送等制度和机制，明确学习内容、学习方式、学习标准、领导示范、学习纪律等，让理论学习每个环节都有章可循、有据可依，确保学习效果。

三是做到学用结合。将理论学习与百余年办学历程的丰富历史经验、30 年新南昌大学的生动实践、世界一流大学建设的奋斗目标紧密结合，让党的创新理论入心见行，让党员干部做到善思善用。

（执笔人：饶　勇　廖元新　邱晓怡）

坚持三个聚焦
以中心组理论学习滋硕立德树人

广西财经学院

一、工作思路

理论学习是党永葆生机活力的法宝。广西财经学院党委高度重视领导干部的学习，坚持“第一议题”学习制度，围绕高校党委理论学习中心组在全面从严治党中处于什么样的地位、应该发挥什么样的作用、如何抓实学习促进工作等问题，坚持“三个聚焦”，按照“一定位、两贯通、三结合”的思路，积极探索提升学校党委理论学习中心组学习质量和成效的方法和途径，为学校写好新时代教育事业奋进之笔提供坚实思想支撑。

二、主要做法

1. 聚焦政治性，以全面从严治党要求强化思想政治建设

一是有计划、有总结。年初，结合上级部门要求，制订下发学校理论学习计划，确定校院二级党组织理论学习中心组学习重点，每年安排 8～10 次理论学习。年末，根据全年学习情况汇编学习主题、学习发言、学习体会等资料。二是有资料、有经费。学校每年安排经费 10 余万元专项用于理论学习研究工作。确保每次学习均能根据主题精心编印校内理论学习资料，并推荐参考书目，近三年共编印校内理论学习资料 20 余部 300 万字 6 000 余册，购买各类资料近千册，向中心组学习参会人员和各二级党组织、基层党支部印发约 5 000 余册。三是有体悟、有成果。根据学习内容，精心安排学校班子成员、与会人员结合学习体悟和工作实际作中心发言。与会人员认真准备、从严治学，做到发言有思考、讨论有交锋、体会有文章。

此外，每年学校还开展党建与思想政治工作课题研究，引导广大教职工结合理论学习内容和新形势新要求开展理论研究，推出学习成果。

2. 聚焦示范性，贯通校院两级中心组打造新时代学习平台

一是建立规范化学习制度。学校党委坚持不懈加强新时代党的创新理论武装，先后制定“第一议题”制度、校院两级理论学习中心组学习规则、中心组学习列席旁听制度等三项制度，形成领导带头、上下联动、层层跟进、全员学习的良好局面。二是建立集中学习研讨制度。党委书记认真把关学习计划、主持学习活动，撰写发言材料。每学期集中学习研讨时间不少于 4 次，每次不少于两个小时。校级领导干部每人每年至少要撰写一篇理论联系实际的论文和调研报告，并在中心组研讨学习时作中心发言；处级干部要结合学习收获作主题发言。三是建立考核档案制度。考核档案包括学习计划、学习通知、学习资料、考勤记录、个人学习笔记、集体研讨学习发言记录、考试考核情况和成员学习成果，做好会议文件和资料的收集、整理、归档工作。各二级党组织的理论学习情况，列入二级党组织和各部门年终考核体系，与各项业务工作同部署、同考核。

3. 聚焦实践性，以抓铁有痕精神推动立德树人提质增效

一是坚持把理论学习与加强党的自身建设相结合。以学习贯彻习近平新时代中国特色社会主义思想为重点，通过基层党组织“创优争星”活动、教师党支部书记“双带头人”工程等，干部职工思想水平、理论修养和工作能力不断提升，为推动立德树人各项工作任务落实落细提供坚强政治保障。二是坚持把理论学习与学校改革发展结合。学校紧紧围绕立德树人根本任务和“办什么样的财经学院和怎么建设财经学院”两个根本性问题，有针对性地安排学习研讨，干部队伍学理论用理论的能力与水平不断提高，所学所得及时运用到实践中、贯彻到具体工作中，学校“三步走”发展战略得到广大师生员工高度认同，推动了学校科学发展和跨越式发展。三是坚持把理论学习与服务广西经济社会发展相结合。充分发挥学校服务广西经济社

会发展的职能，打造新型财经智库，围绕财经领域重大理论和现实问题开展理论研究、阐释、宣讲等工作，服务广西经济社会发展。

三、实施效果

一是提高了领导干部综合能力和自主学习能力。学校党委坚持不懈用习近平新时代中国特色社会主义思想武装头脑，提升了党员领导干部的理论水平、政策水平和工作能力。近三年，学校党委理论学习中心组成员 1 人获首届广西高校党务工作者基本功大赛教师组一等奖，2 人获评自治区党委教育工委优秀党务工作者，1 人获评自治区党委教育工委优秀共产党员。

二是助力两级党员领导干部政治理论学习效果综合考评。通过“三项制度”，有效激发了党员领导干部干事创业的内生动力，学校学习贯彻习近平新时代中国特色社会主义思想主题教育读书班创新做法获自治区《学习贯彻习近平新时代中国特色社会主义思想主题教育工作简报》推介，4 篇理论文章入选 2022 年度广西高校党委理论学习中心组优秀学习品牌和优秀理论（调研）文章，理论学习中心组学习质量和学习成效不断凸显。

三是不断提升立德树人水平，加快建设特色鲜明的高水平广西财经大学。近三年，党委理论学习中心组成员先后在人民日报、广西日报等主流媒体发表理论性文章 40 余篇，获国家社科基金高校思想政治理论课研究专项立项 2 项、自治区党建与思想政治研究课题立项 31 项，为广西发展建言献策；学校获批 2020 年新增硕士学位授予单位，同时获批金融硕士、税务硕士和会计硕士等三个硕士学位授权点，学校办学实现历史性重大突破，为建设特色鲜明的高水平财经大学奠定了坚实基础；逐步建成一批有较高研究水平的智库平台，先后拥有自治区重点实验室、自治区级智库、广西高校重点实验室，人文社会科学重点研究基地等 12 个，《陆海经济一体化与我国南海权益维护研究》等一批涉及新时代海洋强国建设、南向通道建设的国家、自治区重大研究专项获得立项，多篇资政报告获自治区主要领导重要批示；国家统计局与广西壮族自治区人民政府共建的中国—东盟统计学院落户广西财经学院，学校拥有了服务构建更为紧密的中国—东盟命运共同体、“一带一路”建设的“国字头”平台。

四、经验启示

党委理论学习中心组学习制度是党中央高度重视的一项重要制度，是不断加强党的建设的重要举措，是新时代领导干部学习理论的一种重要形式。广西财经学院党委通过聚焦政治性，以全面从严治党要求强化思想政治建设；聚焦示范性，贯通校院两级中心组打造新时代学习平台；聚焦实践性，以抓铁有痕精神推动立德树人提质增效不断强化中心组学习实效性。

（执笔人：梁方正　罗明惠　李文亮）

全面推进落实意识形态专项督查常态长效

重庆大学

党的二十大报告强调，要牢牢掌握党对意识形态工作领导权，全面落实意识形态工作责任制。重庆大学党委牢牢把握意识形态工作领导权，强化职能部门和二级党组织的责任担当、阵地管理、督查督办，压实压紧基层党组织主体责任，实现任务落实不马虎、阵地管理不懈怠、责任担当不含糊，全面推进落实意识形态专项督查常态化长效化。

一、主要做法

1. 完善常态化督查督办机制

学校党委修订印发《意识形态工作督查办法》，明确规定督查对象、督查内容、督查程序，督查方式确定为面上督查和重点督查，意识形态工作领导小组会研究、研判、部署督查工作。党委宣传部牵头梳理，厘清意识形态工作领导小组成员单位和二级党组织意识形态工作责任清单，将其纳入专项督查的全过程全环节。全面督查九方面的二级党组织意识形态工作责任落实情况及九大类思想文化阵地规范管理情况。组织开展学校意识形态工作研判会，26 个职能部门结合责任清单适时分析、同步督办，宣传、统战、学工、教工、保卫等职能部门针对自身领域加强会商，提出督办举措。

2. 统筹开展面上督查

党委宣传部牵头组建督查工作组，制定年度意识形态自查自评工作方案。督查工作组及时查阅二级党组织年度自查自评材料和总结报告，面上督查二级党组织一体推进中央巡视和校内巡视整改、落实意识形态工作责任等方面的情况。党委常委会审议专项督查报告，通报发现的共性问题。加强统筹联动，开展二级党组织书记抓基层党建工作述职评议考核，将“贯彻落实《中国共产党宣传工作条例》，落实意识形态工作责任制”等加强政治建设督查情况，作为二级党组织意识形态工作年度考核的重要依据。

3. 落实落细重点督查

重点督查采取实地督查和巡视督查两种方式。党委宣传部组建工作专班，不定期深入新闻学院、法学院等多个二级党组织和职能部门，重点督查中央巡视专项检查及学校党委巡视发现问题整改举措落实情况、贯彻落实意识形态工作责任制情况。通过查阅《重庆大学落实意识形态工作责任制情况记录本》等相关资料，深入座谈交流，针对师生理论武装、师德师风建设、哲社类论坛活动、新闻报道“三审三校”等方面再强调再要求，认真听取意见建议，针对性破解工作难点和问题。常态化开展校内巡视督查，根据学校党委巡视工作规划，2021 年以来，学校党委对 29 个二级党组织开展常规巡视，在巡视干部培训会上专题解读意识形态专项督查要点，重点监督检查被巡视二级党组织意识形态阵地管理等方面的情况，指出短板弱项，明确整改要求。有关职能部门坚持与被巡视的二级党组织同步整改、同步推进，巩固巡视督查成果。

二、实施效果

1. 构建起横到边、纵到底、全覆盖的督查督办机制

学校党委健全完善“党委统一领导、党政齐抓共管、宣传部门统筹协调、职能部门分工负责、二级单位具体落实”的意识形态专项督查工作机制，统筹开展面上督查和重点督查（巡视督查、实地督查），纵深推进落地落实，上下左右联动真改实改，二级党组织将中央巡视与校内巡视发现的问题一体整改、一起推进，不折不扣贯彻落实好巡视整改各项任务举措。学校党委印发《进一

步推动二级党组织落实意识形态工作“三早”要求的具体安排》，推动职能部门和二级党组织建立健全本业务领域、本单位意识形态领域风险隐患防范化解常态化机制，做到“早发现”“早处置”“早报告”。

2. 构建起意识形态工作“三级责任”体系

修订出台《学校贯彻落实〈党委（党组）意识形态工作责任制实施办法〉的细则》《网络意识形态工作责任制实施细则》，健全完善“校党委—二级党组织—师生党支部”三级责任体系，明确基层党组织意识形态工作职责，厘清意识形态工作责任清单。各职能部门发挥各业务领域分类牵头作用，结合基层党组织实际部署意识形态领域重点工作，把握深层次共性问题，推动监督、整改、治理有机贯通。二级党组织对照意识形态责任清单，常态开展理论学习中心组专题学习和师生员工理论武装，制定有关思想文化阵地管理办法举措，加强对讲座论坛、新闻宣传阵地等严格审核审查，严把政治关，主动申报学校设立的网络思政实践项目 23 项，切实增强意识形态工作敏锐性和鉴别力。强化师生党支部维护主流意识形态的工作责任和统一思想、凝聚人心职责，严格支部“三会一课”常态学习，按照“双带头人”标准选配教学科研单位的教师党支部书记，充分发挥教师党支部书记“头雁作用”。《重庆大学党委守好意识形态工作责任田》于 2022 年被中央宣传部工作动态单独采用。

三、经验启示

1. 认真学习、深刻领悟习近平总书记关于意识形态工作的重要论述是做好意识形态工作的根本遵循

习近平总书记作出“意识形态工作事关党的前途命运，事关国家长治久安，事关民族凝聚力和向心力，是一项极端重要的工作”等重要指示，阐述了宣传思想文化工作的政治属性和根本要求。学校党委深刻认识到只有以高度的政治责任感和使命感，认真学习领会习近平

总书记重要讲话重要指示批示的丰富内涵、精神实质和实践要求，深刻领悟“两个确立”的决定性意义，不断增强“四个意识”、坚定“四个自信”、做到“两个维护”，才能把握好宣传思想文化工作的正确方向，推动党中央关于意识形态工作的决策部署在学校落实落地。

2. 落实意识形态工作责任制、强化组织领导，是牢牢掌握意识形态工作领导权的重要保证

党的二十大报告指出，建设具有强大凝聚力和引领力的社会主义意识形态，要牢牢掌握党对意识形态工作领导权，全面落实意识形态工作责任制。学校党委深刻认识到只有全面贯彻党的二十大精神，坚持以习近平新时代中国特色社会主义思想为指导，以“时时放心不下”的责任感，压紧压实意识形态工作政治责任、领导责任，健全意识形态工作“校党委—二级党组织—师生党支部”三级责任体系，才能在世界百年未有之大变局中育先机、开新局，牢牢掌握意识形态工作领导权管理权话语权，切实承担起举旗帜、聚民心、育新人、兴文化、展形象的使命任务。

（执笔人：胡学斌　周　辉　彭述娟　何　欢）

突出四性 推进党委理论学习中心组学习高质量开展

西南大学

西南大学将党委理论学习中心组学习作为坚持和加强党的全面领导的重要内容，作为打造新时代“红岩先锋”变革性组织的重要载体，作为加强领导班子思想政治建设和提高办学治校能力的重要抓手，以深学笃用习近平新时代中国特色社会主义思想和党的二十大精神为主线，以制度化规范化科学化建设为重点，注重在“四性”上下功夫，不断为学校事业发展提供理论支撑和思想保障。

一、提高政治站位，聚焦学习主题，在突出政治性上下功夫

1. 把握政治方向

学校始终把党委理论学习中心组学习作为思想建党的重要途径，把学习贯彻习近平新时代中国特色社会主义思想和党的二十大精神，以及高等教育改革发展形势任务作为重点内容，认真学深悟透。党委常委会定期研究部署中心组学习工作，确保有制度安排、有研究部署、有考核落实。

2. 层层落实责任

学校党委书记作为第一责任人亲自抓，分管副书记作为直接责任人协助抓，确保学习安排“五个纳入”，即纳入党政工作要点，纳入重要议事日程，纳入党建工作与事业发展融合考核，纳入党委巡察，纳入意识形态工作专项检查。设立党委理论学习中心组办公室，挂靠党委宣传部，做好学习安排和管理服务工作。建立巡听旁听制度，每年开展全覆盖巡听旁听，做好学习指导，压紧压实责任。

3. 突出鲜明主题

学校党委理论学习中心组始终聚焦党的理论创新成果，深刻认识“两个确立”的决定性意义，不断增强“四个意识”，坚定“四个自信”，做到“两个维护”。近 5 年来，围绕学习贯彻习近平新时代中国特色社会主义思想、党的二十大精神等内容，开展集中学习和专题调研 45 次，帮助中心组在思想上政治上行动上同党中央保持高度一致。

二、完善顶层设计，健全工作体系，在注重规范性上下功夫

1. 完善规章制度

修订《中共西南大学委员会理论学习中心组学习实施细则》，明确校院两级党委理论学习中心组学习的内容与形式、时间与要求、管理与考核等。坚持每年印发《党委理论学习中心组学习安排意见》，制定“八有”操作指南，做到年初有计划、会前有方案、学中有研讨、会后有宣传、向上有报告、向下有通报、年终有总结、学习有保障，确保校院两级党委理论学习中心组学习规范化。

2. 健全工作机制

严格落实“第一议题”制度，校院两级党委理论学习中心组学习会原则上第一个议题为学习习近平新时代中国特色社会主义思想。建立学习选题制度，学校党委理论学习中心组学习方案报书记审定，二级党组织理论学习中心组学习前报计划。施行检查考核制度，定期对二级党组织理论学习中心组学习情况进行专项检查，结果作为每年党建工作与事业发展融合考核重要依据。

3. 强化条件保障

每年划拨 20 余万元专项经费，用于邀请专家辅导、参观学习、考察调研、资料订阅等。根据形势需要，坚持编印《中心组学习参阅》并定期发放。同时采取面上报道与深度报道相结合的形式，在

校园网主页、含弘新闻网、校报等平台开辟专栏，反映学习情况，营造良好主流舆论氛围。

三、创新学习形式，拓展学习渠道，在增强针对性上下功夫

1. 集体学习和个人自学相结合

坚持每月开展 1 次集中学习，通过专家报告、研讨交流、考察调研等形式，增强理论学习的系统性、深入性，帮助中心组成员提高思想认识，深化学习思考。协同党委组织部订购“中国教育网络学院”在线学习课程，购买发放系列研读书籍和学习资料开展自学，进一步拓宽学习渠道，丰富学习形式。

2. 领导领学和成员讲学相结合

学校中心组成员充分发挥“关键少数”表率作用，带头做到学原著、学原文、学讲话。在每次学习中根据主题和内容，结合分管领域工作和学校实际带头解读文件精神、带头畅谈学习体会。同时注重发挥学校中心组成员中专家学者多的优势，安排专题讲学，拓展学习深度、广度，提高学习引领性、示范性。

3. 专题研讨和学术交流相结合

围绕重大部署和重点工作，如聚焦《深化新时代教育评价改革总体方案》开展专题学习研讨，书记、校长带头发言、带头谈贯彻思路，提升了学习成效。围绕重大理论和实践问题，举办“学习贯彻习近平新时代中国特色社会主义思想”“庆祝改革开放 40 周年”理论研讨会，汇编优秀理论阐释文章。结集出版《奋斗之路》《实践之果》等多部理论研究文集。

四、坚持学以致用，突出问题导向，在增强实效性上下功夫

1. 注重紧跟形势任务

紧密结合习近平总书记关于教育、科技、人才工作的重要论述，

深入学习贯彻党的二十大、庆祝中国共产党成立 100 周年大会等会议精神。及时邀请教育部、重庆市有关部门领导或专家学者就重大理论热点、难点问题作专题讲解，明晰党中央决策部署和教育部任务安排，讲清学校面临的形势任务。

2. 注重结合调查研究

始终坚持把学习与调研相结合，出台《党委理论学习中心组和校领导班子成员调查研究工作方案》，有针对性地开展调研并撰写报告。结合学习贯彻习近平新时代中国特色社会主义思想主题教育安排，牢记习近平总书记殷殷嘱托，沿着习近平总书记重要考察足迹，组织校中心组成员赴重庆果园港、京东方、两江新区协同创新区开展调研学习。

3. 注重推动工作发展

始终坚持以学习促发展的理念，中心组成员先后围绕习近平新时代中国特色社会主义思想、中共党史等进行专题研讨和调研，在《党建》《国家教育行政学院学报》《光明日报》等平台公开发表《中国共产党领导高等教育百年发展的历史演进与经验启示》《深刻认识"两个确立"的四重逻辑必然性》等署名文章，切实把学习成果转化为推动发展的思路举措。

接下来，学校将进一步强化理论武装，组织开展好党委理论学习中心组学习，推动形成一套可复制、可推广的有效经验，力争成为高校学习贯彻习近平新时代中国特色社会主义思想的"示范组"和"模范班"。

（执笔人：李荣华　蒋　寒　毛王芳）

加强政治引领 强化制度创新
推动高校宣传工作走深走实

西北农林科技大学

为进一步贯彻落实习近平总书记在全国宣传思想工作会议上的重要讲话精神，自觉承担起“举旗帜、聚民心、育新人、兴文化、展形象”的使命任务，西北农林科技大学出台《学生政治理论学习与集体活动制度》(以下简称《制度》)，在全国率先制度化推动大学生政治理论学习，为做好新形势下大学生思想政治引领工作提供了重要保障。

一、工作思路

围绕立德树人根本任务（一本），以加强青年学生的政治引领、强化思政工作的制度创新为着力点（两点），充分发挥党团组织的保障作用和班团组织的独特优势，利用刚性制度规定软性德育指标，利用明确要求规范学生学习习惯，利用具体准则规范学生集体行为（三利用），将一条制度红线贯穿学生思想政治教育全过程，推动实现培养德智体美劳全面发展的社会主义建设者和接班人的教育目标。

二、主要做法

《制度》的主要内容为，围绕党政方针及学校阶段性工作，每学期制订学生政治理论学习计划（可调整），每周固定时间（周三第 9、10 节课）组织学生集体开展政治理论学习，将学习效果应用于学生素质能力测评、升学就业、评奖推优等工作中。具体做法为：加强组织管理，凸显校院党委的领导作用及逐级落实责任的特点；加强计划指导，增强学习活动的计划性、科学性和严肃性；加强实施落实，提升学生参与学习活动的获得感和价值感；加强宣传总结，形成浓厚的宣传氛围和强大的舆论引导，实现工作闭环。

三、实施效果

该项工作彰显出“先（出台一项制度）、新（达成一则共识）、活（激发一个组织）、全（形成一套体系）、硬（完成一次考核）”的特点，填补了学生政治理论学习和集体活动实践的制度空白，达成了“学总比不学强，抓总比不抓有效果”的思想共识，发挥了共青团组织政治性、先进性和群众性作用，构建了一套科学完整的学习活动内容体系，考核了工作成效，推动了宣传思想工作和“大思政”教育的制度创新。主要表现为：对落实立德树人根本任务，教育引导学生争做德智体美劳全面发展的社会主义建设者和接班人有效果；对进一步提高学生的理论水平、思想觉悟和政治素养，推进学生政治理论学习制度化、规范化、常态化，增强学生的集体意识，提升基层班团组织活力有效果；对宣传习近平新时代中国特色社会主义思想，开拓新的宣传思想工作途径有效果。

四、经验启示

1. 坚持落实党的教育方针，把立德树人贯穿高校宣传工作全过程

全面贯彻党的教育方针是开展、研究、创新高校宣传思想工作的逻辑起点。《制度》的出台是落实立德树人的重要举措，旨在引导学生涵育“践行社会主义核心价值观、共筑中国梦、培养爱国主义精神、秉承民族传统、恪守礼节礼仪”等品德，通过主题鲜明的教育活动促进学生全面发展。学校主动将实际工作摆进党的教育工作的大智慧大决策大格局中，不自设重点、不自定方向，在贯彻落实党中央决策部署、重要会议和文件精神过程中研究启发工作并实现工作创新。

2. 坚持发挥党团组织优势，聚焦高校宣传思想工作主责主业

党组织强大的领导力和团组织广泛的组织力是推动高校宣传工作的重要保障。学校党委将落实《制度》作为加强高校宣传思想工作和学生思想政治教育的一项重要任务，列入学校年度工作计划，划拨专项经费支持该项工作。《制度》规定以团支部为抓手，便于发挥共青团组织严密、管理机制健全、覆盖面广泛、活动丰富多彩等优势开展工作，对年龄不符、政治面貌非党员或团员的学生，以班团一体、科研团队等形式将其纳入政治理论学习和集体活动范畴。

3. 坚持关键领域问题攻关，持续推进宣传思想工作制度创新

高校宣传思想工作和学生思想政治教育的关键问题是如何坚持马克思主义在意识形态领域的指导地位，以及全面提升学生的综合素质。《制度》有效解决德育考核模糊、政治理论学习虚散和意识形态教育软弱等问题，引导学生将理论学习固化成为良好习惯。新冠感染防疫期间，学校采用线上战“疫”云课的形式进行政治理论学习，参与理论学习的人数平均每场达万余人次，学生自觉参与理论学习已初见成效，取得创新宣传思想工作思路、扎实推进思政教育制度创新的阶段性成果。

4. 坚持推进育人组织协同，健全宣传思想工作保障体系

构建协同育人体系是持续推进三全育人综合改革的内在诉求，统筹育人元素，坚持成效考核是保障工作取得实效的有力举措。学校建立起校院党委联动、相关部门协同，权责清晰、分工合理的工作机制，为《制度》的落实建立了一支特别能战斗的队伍。学校将落实《制度》作为明晰的育人主线，逐渐衍生出青年讲师团、信仰公开课、战“疫”云团课、红色情景教室、凤岗听书等多个工作品牌。学校建立完善的责任体系、标准体系和绩效体系，通过表彰奖励先进个人与集体，以及以考促学、以考促改、以考促建等形式，推动学生政治理论学习与集体活动扎实开展。

5. 坚持立足学校办学特色，着力培养又红又专全面人才

“培养什么人、怎样培养人、为谁培养人”是高校宣传思想工作和学生思想政治教育需要解决的根本问题。不同学校肩负着不同的时代责任和历史使命，高校宣传思想工作和学生思想政治教育要坚持一切从实际出发，根据学校的工作实际和历史传承建立特色学生思想政治引领工作体系。西北农林科技大学自觉践行习近平总书记给全国涉农高校书记校长和专家代表的回信精神，以强农兴农为己任，通过《制度》加强对学生爱国荣校和“三农”情怀的培养，引导学生在绿色的田野上放飞梦想，自觉为乡村振兴贡献才华与智慧，为服务国家战略需求、区域经济发展、农业农村现代化建设及农民生活水平提升作出积极贡献。

（执笔人：师燕妮　刘玉峰）

小书柜传播大思想

——用心打造新时代理论学习的“三只书柜”

金华职业技术学院

金华职业技术学院党委认真贯彻习近平新时代中国特色社会主义思想，把学习宣传落实党的二十大精神当成一项长期的首要政治任务和头等大事，确保学习领会到位、宣传解读到位、贯彻落实到位。聚焦如何秉承“学懂弄通做实”原则，生动有效传播习近平新时代中国特色社会主义思想，真正做到“学思践悟”有成效，学校党委结合“1+X”学习模式、“萤火虫图书漂流”“一万公里图书公益飞行”“流动书库真流动”“红色主题社会实践”“阿郎学堂开设”等活动形式，全力打造“信仰书柜”“共享书柜”和“素养书柜”，不断创新方法和载体，让信仰传播有力量，理论交流有驿站，素养提升有根基，扎实推进新时代理论学习的各项要求，将学习宣传贯彻习近平新时代中国特色社会主义思想和党的二十大精神不断引向深入。

第一只小书柜——“信仰书柜”：让信仰传播有力量

寻道，目的在于解惑，意义在于明理。为更好地以习近平新时代中国特色社会主义思想为指导，围绕立德树人根本任务，深入开展理想信念教育和社会主义核心价值观教育，坚定师生信仰，引领全体师生员工自觉运用“四个意识”导航、“四个自信”强基、“两个维护”铸魂，学校党委结合“学习强国”App，深入学习宣传贯彻党的二十大精神，建立学习机制和质量效果并重的考评体系。始终坚定马克思主义伟大信仰，以信仰为内核打造第一只书柜，开展“1+X”学习模式，引导师生争做马克思主义的坚守者、传播者。

“1”：建强马克思主义学院，利用多媒体、网络等现代教育技术，通过思政理论第一课堂向学生传播马克思主义信仰，结合浙江义乌籍《共产党宣言》翻译者陈望道的革命故事，对接嘉兴南湖革命纪念馆、“艾青故里”等共建特色思政教育基地，梳理形成校本化学习素材，主编出版《毛泽东思想和中国特色社会主义理论体系概论》理论专题与实践项目学习辅导书等。同时，将思政元素融入专业课程和教学全过程，推进“思政课程”向“课程思政”转变，形成一批示范性专业课程。

“X”：自主选择多个学习内容，完成每周学习课时量，形成考核机制，确保专题学习全面辐射，个性化学习全员参与。通过马院公众号每周精选一项专题学习内容，定时定量学习，组建师生思政理论宣讲队、开展红色主题文化展演，帮助大学生“扣好人生第一粒扣子”“迈好人生第一步”，摆正信仰寻道的方向；围绕师生双主体，依托学生社团与宣讲队伍，搭建师生“共学为人、共学做事”学习共同体，以“信仰书柜”里的学习素材为内容，定期组织读书会、金湖诗会、艺术展演、理论知识竞赛等各种形式的理论宣传，倡导师生“思想在一起、行动在一起、发展在一起”的良好氛围，让信仰的力量可以“带土移植”“有氧繁衍”；依托领导干部深入基层联系学生制度，做实“三有”品牌（“书记校长有课”“书记校长有约”“书记校长有访”），将“信仰书柜”里的信仰更有亲和力地传递到青年身边，拉近师者传道授业解惑的距离，打通思政工作“最后一公里”，实现精准思政。

第二只小书柜——“共享书柜”：让理论交流有驿站

阅读，是高校师生深入学习领会党的二十大精神，明确立德树人、载梦前行使命，坚定奋进新时代信心与决心的重要手段。为深入推动大思政教育，用理念感染人、用理想鼓舞人、用理论武装人，学校依托校园内公共区域的“半亩方塘”“鸟巢书屋”等读书角，学生宿舍的“鹿田书院”“红砖家园”“医路人家”“阿郎居里”等党建阵地，教师发展中心阅读区，各教学楼内的咖啡吧、阅览角等聚集地，打造第二只小书柜——“共享书柜”。

根据习近平总书记推荐给青年朋友们的书单，在学生宿舍依托公寓党建阵地，丰富宿舍的“共享书柜”，同时以党小组学习的形式，每周开展“一小时阅读”活动，学习时事政治和阅读理论书籍；每月开展党日活动，组织青年入党积极分子开展“好书推荐”、读后感分享和支部书记时政评论分享活动。在共同学习的过程中，让“共享书柜”里面的书传播党的“好声音”，诠释党的“好政策”，树立党的“好形象”，通过“共享”的过程，让学生加深对理论学习的重要意义、目标要求的理解。

目前学校已建或在建“共享书柜”70余处，已在40余个社区乡镇开展一小时图书阅读，分享阅读心得给身边的百姓；并远赴西藏拉萨、新疆乌鲁木齐、甘肃、四川等地开展图书漂流，营造共享阅读氛围，搭建文化互助交流平台。在校内外共建“共享书柜”62处，举办“萤火虫图书漂流”活动20场。以书柜为媒，让党的好政策、好思想、好形象以更生动自然的形式走进校园、走进教室、走进宿舍，让党的声音成为校园公共空间的最强音，不断加强学校思想政治教育的有效性。

第三只小书柜——“素养书柜”：让素养提升有根基

行走，在于感悟真理、内化知识。为进一步贯彻落实党的二十大精神与文化育人目标相统一的要求，学校把加强理论学习，提升理论水平渗透到文化校园建设的全方位、全维度，广泛凝聚和传承文化自信，学校结合地方优秀传统文化、红色革命文化开展丰富多彩的师生研学实践活动，塑造具有人文修养、民族根基、世界视野的时代新人。

围绕全面改革思想政治教育课堂学习、强化“三全育人”高效落实，营造更“有氧气”的环境，学校党委以庆祝中国共产党成立100周年等系列重大活动为契机，构建“红色100”研学路线，以项目化形式纳入创新课程，开展红色马拉松寻访接力诵读，组织师生深入嘉兴南湖、上海一大二大旧址、井冈山革命根据地、陈望道故居等红色教育基地，通过开展“信仰的味道”接力诵读、百人接力讲故事、百人寻访百名老党员、“红心传承”校企携手微公益等红色研学活动，让理论宣传完成“最后的一公里”步伐。

结合地方传统文化深入研学“信义和美、拼搏实干、共建图强”的新时代金华精神，并以调研报告的形式将研学成果带回学校完成课程考核，收到《寻迹我们的艾青》《品味信仰的味道》《党员访谈录》等案例20余个。筛选优秀案例，不仅以文件形式予以肯定，还收录到“素养书柜”，定期开展校园巡展和宣讲，感悟时代初心；创新开展“书记校长有课”，并纳入新生始业教育，形成常态化的素养学习计划。

（执笔人：李群力　卜晓斌　胡　彦　邱　苗）

引入源头活水
激发思想教育活力

根植文化沃土 培育时代新人

中国地质大学（北京）

中国地质大学（北京）在共和国百废待兴中诞生，一路追随党的步伐奋勇前行。地质工作是“侦察兵”“游击队”“开路先锋”，从地质科研服务抗战，到地质科学家毅然回归祖国怀抱，到摘掉“贫油”的帽子，再到助力国民经济发展，建设人与自然和谐共生的现代化，中国地质大学（北京）始终牢记为党育人、为国育才的初心使命，坚持用红色基因、文化血脉育人，深入学习贯彻习近平文化思想，勇担新时代新的文化使命，让地质报国精神薪火相传。

一、主要做法

1. 立足实践教学　打造“传家宝”一体化育人工程

学校自建校就承担着建设祖国的光荣使命。1954 年，学校选定周口店作为地质学子接受地质实践系统训练的野外课堂。特殊的地质地理环境，古地理与洞穴环境，丰厚的中华民族文化底蕴和地质资源，赋予了周口店教学实习基地“天然的地质百科全书”“摇篮”的美誉。学校注重将思政工作与多年积淀形成的红色基因和地质专业特色深度融合，坚持把“艰苦朴素　求真务实”的校训精神、“练思想、练作风、练本领”的“三练”精神和“以献身地质事业为荣、以找矿立功为荣、以艰苦奋斗为荣”的“三光荣”精神教育贯穿于整个实践教学过程。借用师生出野外必备的工具罗盘、地质锤、放大镜、草帽和记录本，实施富有学校特色的“传家宝”育人工程，形成以“地质传家宝”为特色的“三全育人”思想政治工作体系。

2. 结合学科特色　创新性提出“自然文化”育人理念

学校将高等教育发展与生态文明建设有机结合，创新性提出“立足地学、着眼生态、厚植文化、自然育人”的自然文化育人理念。

以习近平生态文明思想为指导，寻找人类与自然的和谐共生之道，以建立命运共同体为主线，提出了与生态文明相呼应、与自然科学相交融、与地球科学相衔接的全新文化形态——自然文化，系统阐述了人与自然、自然与文化、自然文化与生态文明的关系。创新性构建自然文化育人体系，为促进生态文明教育实践落地提供新方法，为培育高水平生态文明复合型时代新人提供“地大方案”。

3. 扎根地学文化　实施“北地”文化建设工程

学校围绕“新北地，新征程”七十周年校庆主题，以“校风、校园、校友”为重点，从精神文化、制度文化、行为文化和形象文化 4 个维度，北地历史、北地典籍、北地景观、北地文艺、北地标识 5 大任务，系统实施了北地文化建设工程。出版首套大型科技成果和文学作品丛书“中国地质大学庆祝建校 70 周年文丛”《院士文集》《教授自选集》《北地之虹》。组织首次校园景观命名和露天岩石标本布设，实施 3 条主要道路、4 个广场、6 个园林的景观命名，以及金石坪 15 件大型岩矿石标本的布设工作，赋予校园景观新的时代内涵。以“新、真、实”为基调，以全新的表现形式和丰富的声画语言高质量完成校庆宣传片的摄制，集中展现了学校的发展历史、办学成就和未来愿景。推出师生原创作品《大地情书》《地苑赤子》《北地之歌》《我爱你北地》《我的雄安我的梦》等，涵盖影视、歌曲、话剧等多个艺术门类。

4. 擦亮文化名片　点燃乡村振兴高质量发展新引擎

学校以青海省海东市化隆回族自治县甘都镇阿河滩村为试点，立足当地独特的自然生态环境、丰富的地学旅游资源和浓厚的民族民俗文化资源，成功打造出黄河沿岸、青海省和少数民族聚居区首个地质文化村“文化名片”，有力促进了化隆回族自治县全域旅游的持续发展和生态文明建设。

坚持党建引领，强化实践育人。学校师生团队充分利用当地的红色教育基地和地质文化村建设实践，开展形式多样且富有实效的支部党建活动和研学科普活动，以党建引领野外实践，上好野外实践这堂“行走的大思政课”。

二、工作成效

我校荣获“首都文明校园”称号，挂牌成为“海淀区新时代文明实践基地”。自然文化育人研究项目荣获北京高校党建和思政工作优秀成果奖、北京市高等教育教学成果奖特等奖。原创校庆微电影《大地情书》、原创话剧《地苑赤子》在国家科技电影展、北京市大学生戏剧节等平台斩获佳绩。组织出版了建校 70 年来的首套大型系统文丛：涵盖《院士文集》《二级教授自选集》等，共计 77 本书籍。

三、经验启示

培育精神家园，推动校园文化建设与一流学科建设的深度融合。学校坚持文化育人的核心理念，以“艰苦朴素”激励开拓进取的精神和奋发有为的状态，以“求真务实”营造追求真理和聚焦事业的氛围，将社会主义核心价值观体系融入大学教育的全员、全程、全方位，将具有鲜明特色的学校文化融入人才培养、学术研究、教学管理等学校发展建设的各环节。通过校史研究，弘扬地学精神，传承优良校训，振奋师生精神，奋力开启地球科学领域一流大学新征程。扶持优秀文化作品创作和研发等，塑造高影响力的校园文化品牌，打造有特色的文化育人体系。

增强文化滋养，推进校园文化建设与校园环境布设的深度融合。学校通过布设“地学特色文化墙”“金石坪大型岩矿石标本展示大道”“校史墙”等高品位的校园文化景观，打造专业、雅致、美观的校园育人环境，达到立德树人有道，春风化雨无声的育人效果。根据我校的学科和专业特色、历史传统和文化底蕴，塑造了集人文、艺术、科学教育为一体的校园环境，赋予校园景观新的时代内涵。

打造文化盛宴，推动校园文化建设与新媒体技术的深度融合。

通过构建全媒体传播格局，用好网络思想文化阵地，充分运用抖音、快手、B 站等新媒体平台奏响文化育人交响乐。以“校风、校园、校友”为重点，促进师生全员参与，彰显校风正、校园美、校友亲，展示新时代、新北地、新形象。在深入学习贯彻党的二十大精神等重要时间节点，进行多角度、全方位、立体化报道，保证了高质量、宽平台、广受众的特点，起到了展示北地风采、提升学校影响力的作用。

（执笔人：林善园　于海亮　刘晓鸿　唐　旭）

调制师生“营养早餐”
打通网络思政最后一公里

中央财经大学

习近平总书记在全国高校思想政治工作会议上强调：“推动思想政治工作传统优势同信息技术高度融合，增强时代感和吸引力。”中央财经大学在学校党委领导下，立足于新时代社会环境的变化，积极探索网络育人新模式，建构新时代高校网络思政育人新格局，进一步增强网络思政育人的感染力、亲和力和影响力，切实提升网络思政育人实效。

一、工作思路和主要做法

2020 年 1 月 29 日，为全力打赢疫情防控阻击战，“中央财经大学”微信公众号以学校吉祥物“财宝儿”为原型，策划推出“‘财宝儿’日记”系列漫画，传递战疫正能量，让身处各地的中财人师生云相聚，众志成城，共克时艰。从此“‘财宝儿’日记”风雨无阻，持续送达，成为师生每天不可或缺的一道“营养早餐”。

1. 部院联动，健全网络思政工作机制

组建团队，方向明确。面对不期而至的新型冠状病毒感染疫情，中央财经大学迅速成立战疫宣传教育组，在学校党委宣传部的统筹推动下，快速组建师生“‘财宝儿’日记”插画团队。团队以文化与传媒学院视觉传达设计专业本科生为主体，中央财经大学新闻通讯社美编团队为补充，由文化与传媒学院专任教师及宣传部专职干部担任指导教师。团队成员各司其职，形成网络育人工作合力。

师生参与，分工合作。指导教师负责日记的主题策划与宏观指导，坚持正确的政治方向和鲜明的引导主题。负责创作的学生利用课余时间进行创作，每幅画平均耗时 4～6 小时，经指导老师初审后再修改定稿。团队明确分工和把握进度，严格遵守规定的时间节点、画面画风要求，流水线式、多线程实施操作。团队指导老师按环节跟进，确保作品高效产出的同时，把关质量并保障库存量。

2. 贴近师生，葆有网络思政的亲和力

关注审美需求，提升师生的认同感。“‘财宝儿’日记”主题创作紧扣时点，设计构思新颖独特，形象憨态可掬，构图色彩明快。生龙活虎的“财宝儿”健康向上、活泼可爱，成为中财大青年的代言人，受到学生们的普遍认同。“‘财宝儿’日记”在延续“喜闻乐见、生动活泼”的设计风格的同时，严格保证“龙马”公仔的形象统一，在整体基调、用色、细节刻画等方面保证精致准确。

创新表达方式，确保参与的积极性。“‘财宝儿’日记”坚持传达的价值和理念与师生的成长发展需求相契合。创作团队注重师生体验，运用视觉传达的专业技能，用师生喜闻乐见的漫画方式表达观点和思想，着力引导师生树立健康的生活观念和积极的进取心态。以贴近师生“接地气”的视角，让学生的创作更加得心应手，也让“日记”更有趣味、更易引起共鸣，在吸引年轻人的更多关注的同时，也凝聚了更多的共识。

3. 思想引领，强化网络思政育人实效

与时俱进，因势而新。“‘财宝儿’日记”遵循思想政治工作规律，创作团队紧跟时事热点，每周召开选题会，围绕上级的最新部署安排及学校要求，紧紧抓住当下师生关注热点，策划传播主题和应用场景。创作重点从最初的科学防控疫情，到后来逐步融于学校重点工作，内容涵盖了教育教学、校园热点、疫情防控、乡村振兴、文化传承、节日节气、健康生活等多个主题情境，更好地呈现、丰富和引领了中财大师生校友的精神文化生活。

春风化雨、润物无声。“‘财宝儿’日记”遵循传播规律，借助新媒体技术，强化内容创作，依托微信、快手、抖音、B 站等新媒体平台，以通俗易懂的图漫第一时间向师生传达上级部署及学校要求。生动有趣的叙事方式、轻松活泼的语言风格、贴近实际的沉浸体验，将漫灌式的传播和滴灌式的疏导有机结合，获得师生的认同，不断“吸粉”，从而进一步增强了思想政治教育的实效性、时代感和吸引力。

二、实施效果和经验启示

截至 2023 年 11 月 5 日，“‘财宝儿’日记”已经推出 1 370 期。创作团队笔耕不辍，持续三年多用手中的画笔，有深度、有温度、有广度地讲述着中财大师生的故事。“‘财宝儿’日记”选题不但覆盖了疫情防控、脱贫攻坚、毕业关怀、入学迎新、热点时事、健康生活等多个情境，而且融入了节气、节日、地域风情等文化元素，在学校官方微信公众号、校报、官方微博、短视频平台、社交媒体等多个平台传播，形成了独具特色的思政教育传播矩阵，有力凝聚起师生成长发展、学校事业发展的精气神。多篇作品获得网络文化作品征集活动奖项，多次被教育部网站“战‘疫’动态”栏目、学习强国等平台转载，创作团队先后荣获“榜样中财”战疫先锋、“最美战疫团队”等荣誉称号。

作为推动思想政治工作传统优势同信息技术高度融合的积极尝试，“‘财宝儿’日记”取得了良好的传播效果和教育成效，其有益经验在于：一是定位准，作品贴近师生视角，关注受众需求，更易引起共鸣；二是形式新，运用漫画创新表达方式，使教育内容更加生动有趣，更易获得认同；三是时效强，选题紧跟时事热点和师生关切，更易引发关注；四是平台广，使用多种网络平台和社交媒体，更易扩散传播；五是影响大，通过每日更新，持续保持了传播的活跃度，以文化人、以美育人的实践更让思想政治工作“活”了起来。

（执笔人：雷洪峰　孙　颖　李　涓　张静逸）

五微一体网络思想政治教育创新实践

北京理工大学

习近平总书记深刻指出，做好高校思想政治工作，要因事而化、因时而进、因势而新。北京理工大学将互联网作为信息时代开展大学生思想政治工作的重要载体，推动网络信息技术和高校思想政治工作传统优势相结合，创新思想政治教育载体与表现形式，打造以“微党课”“微故事”“微心声”“微团队”“微阵地”为体系的“五微一体”“互联网+”思想政治教育新模式，有力回应互联网时代广大师生的精神文化需求。

一、工作思路

聚焦“让互联网‘最大变量’成为思想政治教育‘最大增量’”目标，通过传统思想政治教育内容元素有机融入新媒体载体平台手段，实现“三个活起来”——深挖时代感强的鲜活内容，形成现实问题与科学思想理论和正确价值观念的有效呼应，让教育内容活起来；利用大学生易于接受、喜闻乐见的“五微”载体，抓住青年学生的行为偏好，灵活机动开展即时教育，让教育方式活起来；促进人机互动、师生互动、生生互动，促进思想交流碰撞、师生相互启发，让教育主体活起来。

二、主要做法

1. 制作“微党课”，释放信仰能量。针对当前思想政治教育需要及社会热点话题，采用学生群体喜闻乐见的话语方式录制“微党课”视频，深入推进习近平新时代中国特色社会主义思想的研究阐释和网上传播，弘扬社会主义核心价值观。录制疫情防控、中国共产党精神谱系等系列公开课，引导学生在学习领悟中坚定理想信念，在奋发有为中践行初心使命。

2. 发布“微故事”，推进榜样育人、校史育人。注重挖掘师生身边的先进典型，通过网络文章、微视频、微电影等开展先进典型宣传。录制《我的入党故事》《在你身边》等优秀学生事迹微视频，发挥榜样示范、朋辈教育作用。组织创作发布《北理故事》《校史上的今天》等短小精悍的“微故事”，激励学生传承优良作风，投身科学研究和创新实践。

3. 征集“微心声”，传播向上心声。开展“青年微语”“你的微笑”“一封‘情书’”“师缘·时课”教师风采展示等活动，结合学生入学、毕业等教育节点，推出“大学，我想对你说”“鸿雁一鸣天高远，一封素笺寄离情”等网络征文活动，生动展示师生学习工作生活感悟。

4. 打造“微团队”，建设“玩转”新媒体队伍。加强新媒体团队建设，建成校院两级成熟的网络思想政治教育平台，建设以爱国主义教育为特色的“归来工作室”、以弘扬校史和军工文化为特色的“瞭望工作室”等为代表的网络工作室，组织师生开展网络作品创作。

5. 构筑“微阵地”，建设线上堡垒。建好用好“北理工思政理论网”，设置“微网互动”等环节，引导学生有序通过网络渠道发表意见。建强学校新媒体矩阵，通过“学习强国”App、“北京理工大学”“北理工微理论”微信公众平台等加强线上学习教育内容供给，拓展育人平台阵地。

三、实施效果

1. 育人实效有效提升。目前学校已建成校院两级思想引领类微信公众平台20余个，发展学生新媒体团队100余支，覆盖全体学生。以“五微一体”为载体的“互联网+”思想政治教育新模式的构建，使青年学生更加积极有效地参与思想引领活动，潜移默化地加强世界观、人生观、价值观锤炼，增强了思想政治工作的影响力和感召力，提升了教育实效。

2. 工作成果影响广泛。学校工作特色做法《拓展平台　丰富内容　建强队伍　北京理工大学构建“五微一体”网络育人新模式》被《高校思想政治工作简报》刊载。“延河星火 1 分钟”新媒体思想引领作品已推出 300 余期，点击量 40 余万，产生了较强的示范引领效应。

四、经验启示

1. 立足思想引领，遵循“内容为王”的建设规律吸引学生。坚持结合时代特点、体现学校特色、贴近师生实际，从学校办学历程、学院学科建设发展史、优秀校友师生典型、学校重大办学成果等学生的身边人、身边事出发，精选教育内容，将学生喜闻乐见、可感可亲的内容按照新媒体传播规律进行再造，并通过互动化、交互性的方式进行传播。

2. 把握服务切入，以网上网下深度融合牢牢黏住学生。坚持把解决思想问题同解决实际问题结合起来，充分运用新媒体手段关心人、帮助人、教育人、引导人。在各类网络思想政治教育平台中嵌入服务功能，提供学生在学习、生活、成长、发展等方面密切相关的动态信息，形成综合服务信息一站式集成平台，将思想引领工作与学生的学习生活紧密结合。

3. 激发内生动力，通过灵活多样的方式手段提升主客体之间互动。在网络平台上开放互动空间，让青年学生可以与教育者、其他受众进行互动。定期设置并发布讨论话题，定向引导学生围绕时事热点、社会问题、文化现象等展开讨论。综合运用在线调查、投票、直播连麦等方式，让学生成为网络思想政治教育的主体，激发其积极性主动性。

（执笔人：蔺　伟　奚英伦　季伟峰　纪惠文）

融合聚力绘就思政工作同心圆

国家开放大学

国家开放大学坚持以习近平新时代中国特色社会主义思想为指导，把立德树人作为中心环节，把思想政治工作摆在重要位置，发挥体系办学和信息技术优势，融合聚力，构建“大思政”工作格局，努力做到“三全育人”。

一、理论学习让党员“线上受教育、线下受感染”

学校将党的创新理论学习作为首要任务，围绕马克思主义基本原理，特别是习近平新时代中国特色社会主义思想，持续深入开展理论学习教育。

联学促学。发挥办学体系优势，组织校领导、处级干部、师生等不同类型代表集体研讨发言、参观见学，认真学习贯彻习近平总书记重要讲话精神，特别是习近平总书记关于教育的重要论述，引导党员、干部树牢“四个意识”，坚定“四个自信”，做到“两个维护”。

线上促学。鼓励党员使用教育部“应知应会”“学习强国”“支部工作”等 App 开展学习测评。引导支部利用微信群、企业微信、腾讯会议等平台组织支部活动。围绕重大专题学习，学校媒体平台及时推出专题网站、专题栏目，拍摄专题视频等。

活动促学。组织征文活动，举办学习习近平总书记关于教育的“九个坚持”青年公文写作大赛，共有 35 个部门 240 多名青年教职工参加。开展庆祝建党 100 周年办学体系爱国主义诗词诵读、爱党爱国歌曲大联唱、名师讲“四史”网络公开课等接力活动，引导党员干部听党话、跟党走。

二、大规模在线思政课筑牢育人主阵地

学校把思政课作为落实立德树人根本任务的关键课程，构建了以高质量思政课程为基石、课程思政内涵式发展为核心、“互联网+”信息技术为支撑的“大规模在线思政教育”新模式。

信息技术革新教学过程。组建由“马工程”专家领衔的专家团队、技术团队和教学设计团队，共同打造“大片式”微课程。组建由 300 余名体系责任教师组成的网络教学核心团队和近 5 000 名专兼职辅导教师组成的网络教学实施团队，负责教学资源、教学活动顶层设计和教学过程落实。课程将基于思政课教材理论逻辑体系转化成教学问题逻辑体系，设立专题式学习框架，细分专题知识点，制作近 400 个 5～10 分钟“大片式”微视频，将理论评述“化整为零”融入故事讲述，让书本文字“活”起来。打造“一平台三课堂”，一平台即融“导学测问拓”一体化运行的“一站式”学习平台，三课堂即制度化的翻转面授课堂、运用信息技术的云课堂及挖掘区域特色资源的实践课堂，线上线下相结合提供立体化教学支持。

“思政金课”推陈出新。微视频《中国精神》入选教育部主题出版物。《历史的选择——马克思主义与中国共产党的诞生》入选中宣部主题重点出版物。邀请中共中央党校（国家行政学院）教授沈传亮录制《习近平总书记“七一”重要讲话精神学习》等系列微视频。各专业以课程思政教学改革为抓手，利用直播教学和直播公开课，通过学生喜闻乐见的形式把思政元素巧妙融入课程。近两年，学校共 7 门课程获评国家级课程思政示范课、示范教学团队，14 位教师获评国家级课程思政教学名师。2018—2020 年度参与思政课学习学生累计 934.2 万人，学习行为发生累计 45.16 亿次。2021 年春季学期学生学习行为达 14 亿余次，满意度超 90%。

三、“红色”引领文化活动润心铸魂

学校注重文化育人，以“红色”作为鲜亮底色，丰富文化活动

形式，提高思政工作浸润效果。

深化主题学习。近 3 年在五四青年节开展办学体系青年大联学，围绕“同心抗疫”“党史学习教育”“乡村振兴”，引导办学体系开展大学习大讨论。校领导与办学体系约 500 万名学生相约开学季，围绕“爱国与成长”“创建世界一流开放大学”“擎旗奋进，争做自信自强的国开人”等主题讲授开学第一课。在微信公众号推出二十四节气、传统节假日等海报及微视频，讲述节日故事，弘扬传统文化。

用好“社会大课堂”。北京冬奥会期间，学校共有 10 名奥运城市志愿者参与城市志愿服务。面对新冠疫情，办学体系师生积极投入防疫抗疫工作，他们中有白衣为甲、逆行出征的医务工作者，有舍生忘死、奋战一线的医生护士，有坚守岗位、忠诚履职的村党总支书记、社区工作人员、公安民警，有顾全大局、真诚奉献的志愿者，多人被授予“全国优秀共产党员”“全国抗击新冠肺炎疫情先进个人”“新时代最可爱的人”“最美逆行者”“抗疫先锋”等国家级荣誉称号。

四、立体化宣传唱响立德树人主旋律

宣传工作坚持内外联动、上下协同，全媒体发声、全方位发力，有效起到举旗帜、聚民心、育新人、兴文化、展形象的作用，为学校事业发展营造了良好舆论氛围。

融合媒体优势，构建全媒体宣传体系。有效融合门户网站、“国开之声”微信公众号、视频号、中国电大报、学习强国号等，通过文字、图片、音频、视频等多种媒介形式，实现多形态呈现、多渠道传播。年均策划主题宣传 20 余次，立体、生动、全面地讲述学校探索转型发展，推动构建全民终身学习的学习型社会的丰富实践和取得的成就。

聚合多方力量，形成宽领域宣传格局。联动校内，及时全面报道学校重大政策、重要工作进展和成就，讲述“国开好老师”“师德标兵”等先进典型故事，弘扬奋进文化，激荡改革发展正能量，主题宣传更加走心入心。联动体系，开展“讲党史故事”“我为党读诗词”“我为党唱支歌”接力等活动，体系互学互促更加深入。联动教育部机关党委，及时报送工作经验和办学亮点，“下情上传”更加畅通。联动社会媒体，及时提供新闻线索，配合开展专题报道，学校品牌更加响亮。

国家开放大学将继续坚守为党育人、为国育才使命，围绕培养什么人、怎样培养人、为谁培养人这一根本问题，努力打造更多高质量思政“金课”，积极调动体系办学力量搭建思政工作“大平台”，通过实践育人、文化育人用好思政“大课堂”，引导广大师生切实增强“四个意识”，坚定“四个自信”，做到“两个维护”。

（执笔人：何　菁　晋洪宇）

善用大思政课 构筑育人新格局

上海交通大学

一、总体概况

“‘大思政课’我们要善用之，一定要跟现实结合起来”。这是习近平总书记在2021年两会期间看望政协委员，回应全国政协委员、时任上海交通大学校长林忠钦院士提出“向广大青年学子讲好抗疫这堂‘大思政课’”时作出的重要指示。为深入贯彻习近平总书记的重要指示精神，上海交通大学以思政课改革创新为核心，着力构建大学牵引、区域联动、大中小学贯通的“1+1+N”“大思政课”育人模式。以内容建设为基础，以机制联动为核心，以团队建设为关键，以数字赋能为支撑，全面推进“大思政课”建设的探索实践。

二、主要特点

1. 突出协同，拓展“大思政课”育人新供给

上海交通大学充分发挥思政课关键课程与多元主体的协同作用，将思政小课堂与社会大课堂充分结合，使党的创新理论入耳、入脑、入心。主要体现在三个“大”。一是共建共享“大平台”，全程贯通重深度。在教育部和上海市教卫党委、市教委指导下，与所在区域上海市闵行区深入推进“大思政课”建设整体试验区，充分集聚社会力量和科教资源，着力构建大学牵引、区域联动、大中小学贯通的“大思政课”育人试验示范区。二是打造育人“大师资”，全员育人增厚度。聘任20余位扎根一线的院士、科学家、二十大基层代表、劳动模范等担任“大思政课”兼职导师，构建大师资库。来自中共一大纪念馆、社区干部、环卫工人等基层一线的党的二十大代表来校开展“听党代表讲党课”“走近一线党代表”等主题党的

“大思政课”，教育学生扎根一线、成才报国。三是构建鲜活“大课堂”，全方位关注显亮度。引导学生走出校内“小课堂”，深入社区、基层等一线开展理论宣讲，“声入人心”学生理论宣讲团获评中宣部基层先进宣讲集体。

2. 突出创新，增强“大思政课”育人新动能

“大思政课”只有紧密贴合时代变化和实践发展，才能促进学生思想与时代脉搏同频共振。上海交大在增强“大思政课”育人动能上精心设计，紧扣育人目标，不断拓展新领域，强化育人效果。第一，让“大思政课”在“多层次思政育人共同体”中落地生根。在交大，校领导18年坚持为学生讲授“选择交大就选择了责任”开学第一课。学校还陆续推出“院士讲思政”“专业大咖讲思政”“行业精英讲思政”“大学生讲思政”等多种形式强国系列“大思政课”，思政课堂“走新”又“走心”。第二，让“大思政课”在“祖国最需要的地方”落实落细。学校联手极地中心，将实践必修课开到“雪龙号”上；携手中国商飞，将“大思政课”开到“大飞机”上；第五届“最美铁路人”先进事迹巡回报告团6名成员走上交大“大思政课”讲台，与师生分享铁路人执着坚守、精益求精、攻坚克难、为民服务的奋斗故事；环境学院孔海南教授团队更是把课堂从三尺讲台延伸到洱海治理一线，数十年如一日，引导学生坚持“把科研论文写在祖国大地上”；等等。

3. 突出浸润，打造“大思政课”育人新生态

把思想政治教育贯穿人才培养体系，润物无声地寓价值观引导于知识传授和能力培养之中，让“大思政课”在“五育融合”育人体系中彰显价值，是“大思政”建设的应有之义。上海交通大学通过“大思政课”深化“学在交大”教学综合改革，让学生实现最大程度的教育增值。通过学理深度阶梯式拓展，有效避免教学内容和教学方式的简单重复，构建层次分明、前后衔接、循序渐进、螺旋上升的课程体系。探索以体育人新形式，上海交通大学积极组织“同

上一堂奥运思政大课”主题活动，重磅推出“奥运中的交大人”“‘复兴号’上唱响冬奥之歌”等课程思政。精心打造美育矩阵，推出原创纪实大师剧《海棠花开》、原创校史舞台剧《积厚流光》、学生原创话剧《钱学森》《清贫的牡丹》，编演交大版《长征组歌》，让“大学生”演身边的“大先生”。系统推进劳动教育，积极联动校内外资源，开辟校外生产性劳动场所，加强劳动教育实践阵地建设，建设“宿舍–园区–校区–校外”四级劳动基地，开设厨艺学堂、农作学堂等八大劳动课堂。2022 年，“以‘五育融合’为发力点培育时代新人的探索与实践”荣获上海市教学成果奖特等奖。

三、传播效果

上海交通大学“大思政课”建设的相关新闻得到了人民日报、光明日报、新华社、央视新闻等多家中央及沪上主流媒体的广泛报道。相关媒体以《上海深入推进“大思政课”建设整体试验区（上海交大–闵行区）》《“雪龙 2”号首次开展科教融合教学航次》《“大学生”演“大先生”用原创剧美育当代新人》等为题，通过视频、图片、文字等融媒体方式，专题聚焦交大“大思政”建设。网民纷纷点赞表示“有深度、有温度、有高度”，“这样的思政课，赞！”。

四、经验启示

善用“大思政课”，讲好“大思政课”，上海交通大学坚持系统思维，做强顶层设计和整体规划，增强校内外、各部门单位的联动协同，构筑具有交大特色的育人新格局。通过突出实践教学的科学性和系统性，激发学生的主体性和创造性，不断彰显大师资体系新优势、拓展社会大课堂新供给、创新课程思政建设新赛道、打造思想政治工作新生态，最终实现立德树人新成效。

（执笔人：张思思　胡　昊　张　濠）

创新榜样宣传教育
高起点构筑育人同心圆

华东理工大学

近年来，华东理工大学坚持以社会主义核心价值观为“圆心”，对榜样宣传教育工作的方法、内容、载体、机制等进行全面创新，选树、宣传、展示优秀师生典型，以近在身边、可学可比的校园人物为榜样，引领广大青年学生弘扬和践行社会主义核心价值观，不断提升涵育新时代一流人才的工作实效。

一、工作思路

榜样是有形的正能量，也是鲜活的价值观。针对价值多元化时代给榜样教育带来的挑战，华东理工大学顺应融媒传播规律，借助榜样的人格化形象，以浸润式话语表达，对社会主义核心价值观进行正确解码、创新编码，激发学子的主体觉醒，提升榜样教育从情感认同、理性认知到行为实践的实际效果，为高校创新以文化人、以文育人工作提供了更多思路。

二、主要做法

华东理工大学对榜样教育工作进行全面创新：构建了先进典型的协同发掘、融合传播、示范辐射三大机制，选树大批师生校友典型，持续创新话语体系，运用全媒体传播手段和节点式网络传播规律，积极营造以文化人、以文育人的良好氛围，为高校榜样宣传教育带来了崭新面貌。

1. 建立榜样选拔机制，以充分参与唤醒大学生接纳榜样教育的主体意识

为拓展典型选树的群众基础，学校坚持下好机制建设的“先手

棋”：用好政策“指挥棒”，修订信息宣传工作考核办法，建立工作激励和保障机制；推动校院联动、部门协同，强化对口联系机制、评奖评优推荐机制；面向全体师生，建立重大线索“绿色通道”机制和品牌项目培育机制。自上而下和自下而上结合，充分调动大学生参与榜样选拔和培育的积极性，唤醒其主体意识，为提升榜样教育效果奠定基础。

2. 深入挖掘榜样故事，以真人真事激发大学生见贤思齐的情感共鸣

榜样教育能被广泛接纳，往往在于其可亲可敬可学可比的特点。学校坚持将镜头聚焦一线，在选树的典型中，既有刘润辉、张震、冯净冰等立足教育教学科技创新一线作出突出贡献的优秀教师，也有罗粤、叶方圆等优秀学子，郑潘、王嘉宇等“就业先锋”，褚世旋、“合金墨水”项目本科生团队等“科创达人”，王桐予、韩宇辰等热心公益服务的学子典型，多层次展示华理人在教书育人、科技创新、励志成才、就业创业、服务社会等方面的突出表现，大大激发了学子的情感共鸣。

3. 搭建榜样传播载体，以全媒体手段涵育大学生践行核心价值观的文化生态

学校积极搭建榜样宣传平台，讲好暖故事、传播正能量。一是通过官微、校园网、校报等校内媒体，每年宣传报道 30 余位师生校友典型。二是积极向社会媒体推介，2023 年，在人民日报、中国青年报等媒体上推出关于华理校友吴国邦、青年教师张震等众多人物报道 150 余篇。三是编辑出版《解密榜样》书籍，目前已出版 2 辑，面向师生校友发行 2 000 余本。四是开展“温暖的力量”等线下分享活动，与新教工培训和新生入学教育相结合，让更多华理人品阅榜样故事。五是紧扣移动互联网时代全媒体出击、裂变式扩散的传播方式，拍摄制作《放牛娃跑成国际冠军》等精品视频，形成全媒体传播态势。

三、实施效果

华理榜样宣传教育工作的创新，不断促升立德树人的温度与效度，也助推学校社会影响力进一步提升。

一是榜样引领，助力形成以文化人以文育人新模式。近 5 年来，学校依托校园媒体报道和面向社会媒体的推送，每年宣传选树 30 余位师生典型，目前已积累了一个为数众多、类型丰富的榜样人物群体。以此为基础，着力打造华理“解密榜样”系列文化项目（产品），包括书籍、视频、分享会等，助力以文化人、以文育人良好氛围的形成。

二是榜样宣传，构建弘扬核心价值观的“同心圆”。校园榜样的故事，不仅能感动振奋身边人，也推动了构建弘扬社会主义核心价值观的“同心圆”。2023 年 6 月 6 日，人民日报客户端关于博士生杨孟平“读书是有用的”视频报道推出后，当日阅读量就突破了 130 万次。“点亮他人心中的太阳，读书有用，读书能改变命运。”“做大山深处的提灯人，照亮人生的前程！”1 500 余条网民评论纷纷表达着赞同和肯定。

三是榜样辐射，全方位提升学校社会影响力。广泛的校内选拔，充满温度的榜样故事，丰富的传播形式，推动榜样效应不断从校园辐射到社会：2 个教师团队获评全国“黄大年式”教师团队，1 位教师获评上海市教书育人楷模，1 位教师获上海市教书育人楷模提名奖，3 位教师（团队）入选上海市“为人为师为学”先进典型，3 人先后获评上海教育新闻年度人物，2 人获评中国大学生年度人物，2 人当选中国大学生自强之星。

四、经验启示

为实现榜样教育与社会主义核心价值观培育的有机结合，学校从机制体制、路径方式、载体生态等方面，着力探索全媒体背景下、多元价值观视域中的榜样宣传教育工作模式的创新。

一是创新机制体制，切实构建典型的协同发掘、融合传播、示范辐射机制，强化榜样人物的公信力、感召力和辐射力。以考核激励制度树导向，以对口联系机制、评奖评优推荐机制聚合力，以重大线索“绿色通道”机制、品牌项目培育机制广储备，推出了一批各具特色的优秀师生典型，进一步适应了学子对榜样学习的多元化需求。

二是创新宣传路径，以“三个结合”全方位、立体化、多渠道传播典型事迹，扩大榜样宣传的广度、温度和效度。坚持传统媒体与新媒体相结合，线上线下相结合，校园传播与辐射社会相结合，并结合上海教育年度新闻人物、上海市教书育人楷模、上海“为人为师为学”先进典型等评选，持之以恒推动榜样效应由校园走向社会。

三是创新载体内容，构建以文化人、以文育人的浸润式环境，共筑育人的“同心圆”。坚持榜样选择的主导性与丰富性的相统一，深入挖掘各类教职员工典型和学生典型，为大学生的追梦成长提供丰富的内容滋养。变传统的“独白式”灌输为互动体验交织的全方位浸润，让大学生学有楷模、做有标杆，让教育的力量滴水石穿。

（执笔人：夏江雯　房树芬　张　婷　李铁军）

构建大思政格局
着力提升三全育人质量

华东师范大学

华东师范大学坚持以习近平新时代中国特色社会主义思想为指导，贯彻落实党的二十大精神和全国高校思想政治工作会议精神，构建“大思政”格局，强化“六个协同”，统筹推进“三全育人”综合改革，不断加强党对高校的全面领导，坚持社会主义办学方向，为扎根中国大地建设世界一流大学提供根本保证。

一、强化“机制建设”与“文化营造”的协同，切实增强“三全育人”意识和能力

一是加强顶层设计。学校党委立足工作全局，加强“一盘棋”统筹谋划，成立思政工作领导小组，制定“三全育人”综合改革实施方案，明确任务清单和责任清单，突出制度牵引，出台《华东师范大学关于深化“三全育人”综合改革的实施方案》等系列文件，围绕“十育人”分别组建专项协作组，明确责任单位，细化职责分工，推动落实“时代新人铸魂工程”，逐步筑起支撑以卓越育人落实立德树人的“大思政”工作格局的“四梁八柱”。

二是营造校园文化氛围。依托学校文化建设专项基金，深入推进大学文化建设，开展社会主义核心价值观主题教育，打造师生综合素质类精品项目，举办传统节庆礼仪及教师节主题活动，加大教书育人典型宣传力度，深度开发校史文化资源，将中华优秀传统文化、革命文化、社会主义先进文化教育融入育人工作全链条，不断提升教师育人意识和能力。

二、强化“思政课程”与“课程思政”的协同，切实提高第一课堂教育教学质量

一是深化思政课教育教学改革。以国家精品课程建设和视频公开课程建设为抓手，完善思想政治理论课集体备课制度，推进“组合”式教学。实施思政课创优行动计划，持续建好“4+1”思政必修课，在各专业本科生中先试先行全覆盖开设“习近平新时代中国特色社会主义思想概论”课，重点建设“中国系列”思政选修课课程群。将思政课建设明确列入学校规划编制，与“双一流”建设同部署同规划、同要求同推进，集全校之力协同推进思政课建设。

二是健全“课程思政”长效机制。获批首批“教育部课程思政教学研究示范中心”，创新“课程思政”实施路径，形成集专题教学、实践教学、网络教学和研究型教学于一体的教学体系，推动课程思政覆盖学校整个课程体系、所有学生层次和全部教学单位。出版全国首本课程思政教学指南《生物学科课程思政教学指南》，让专业课程讲出“思政味”，培养学生的家国情怀、人文情怀和世界胸怀。

三、强化“实践课堂”与“网络课堂”的协同，切实增强学生思政教育实效

一是实现社会实践与课堂教学的无缝衔接。通过学生生活社区建设、师生共同体建设、博雅教育、朋辈教育、“互联网+思政”等途径，加强日常管理与教育引导。出台《关于进一步加强和改进实践育人工作的意见》，开设“社会实践：中国社会观察与体验”课程，推出学生社会实践护照制度，切实将思想政治工作和育人场域延伸到更广袤开阔的“社会大课堂”。除社会实践外，学校每年还组织多支跨学科跨年级跨地域的学生团队开展各类志愿服务，奔赴祖国最需要的基层一线。

二是推动学生网络思政平台建设。推进“ECNU 学工在线”等

新媒体阵地建设，成立“大学生网络文化研究中心”，推进“青年网络舆情与文化研究室”建设，出台《青年自媒体管理条例》，加强学生自媒体管理。以“爱课堂”网络思政工作网为平台，整合协同网络育人元素和校园育人资源，扎实推进网络思政工作。依托“智慧校园”，开发建设“乐学师大、乐动师大、乐活师大”信息系统平台，试点推行“第二课堂”成长记录单。

四、强化“教师德育”与“教师育德”的协同，切实增强教师思政工作效果

一是完善教师育德意识和能力建设机制。校党委书记、校长作为第一责任人牵头主抓教师思想政治工作和师德师风建设，每年为新进教师讲授入职“第一课”。落实“师德第一标准”，明确把思想政治与师德师风情况作为教师聘任、考核、晋升、人才计划申报、评奖评优等的首要标准。选聘“青年科学家班主任”“青年学者班主任”，组建“立德树人教师团队”，引导教师既善做“经师”，又乐做“人师”。

二是推进教师德育素养和育德能力培训体系建设。通过完善党校（高级研修学院）“4+10+X”培训模式，建立健全师德建设专家库，优化教师岗前培训和在职培训方案，深挖“身边的师德资源”，出版《师魂》《文脉》《丽娃记忆：华东师大口述实录》等系列图书，依托对口支援中西部等系列平台，引导教师增强对中国特色社会主义的思想认同、理论认同和情感认同。

五、强化“思政队伍”与“党务队伍”的协同，切实提升思政工作队伍水平

一是队伍构成多元。学校高度重视思想政治工作队伍建设，多措并举改善队伍结构。科学制定思政课专任教师准入标准，健全教师社会实践和校外挂职制度，通过双聘或特聘校外专家学者、完善

校内教师联聘制度、建立辅导员与思想政治理论课教师角色转换机制等多种途径，推动思想政治工作者的合作平台建设，发挥主体团队和协同团队的联动作用。

二是队伍发展多元。严把辅导员入口关，研制辅导员、党务工作者队伍专业化、职业化建设方案，畅通“双线”晋升渠道和激励机制，通过海外研修、挂职锻炼、技能大赛、专题培训、课题研究等多种方式，为思想政治工作队伍发展提供多重路径。

六、强化“学科建设”与“智库建设”的协同，切实增强马克思主义理论学科引领作用

一是立足学科发展。发挥学校建设全国重点马院、上海高校示范马院的突出优势，打造有综合实力、有鲜明特色的一流马克思主义理论学科，增设“党的建设”二级学科和博士点，新增“党内法规研究”研究方向，启动马克思主义理论本科专业招生，试点开展马克思主义理论学科本硕博一体化“高精尖”人才培养。

二是集聚智库力量。发挥马克思主义理论、历史学、政治学、教育学等多学科优势，夯实思政课建设理论根基，构建多学科聚力、跨学科协同、校内外联动推进思政课建设的学科布局和工作格局。通过组建“一带一路”与全球发展研究院、中华优秀传统文化传承创新研究院等，大力推进新型智库建设，形成一批包括马克思主义中国化通俗理论读物在内的高质量智库成果，为推进新时代党的理论创新成果的实践应用提供智力支持。

（执笔人：刘　麒　夏建国　万姗姗　孙　都）

以多语种讲述大学故事
用互联网传播中国声音

——建多语种外文门户网站群探索育人新模式

上海外国语大学

上海外国语大学围绕落实立德树人根本任务，统筹规划多语种门户网站建设，运用“互联网+思想政治教育”“讲好中国故事+思想政治教育”新思维，打造网络育人、实践育人、课程育人、学术育人融合一体的新平台，努力讲好中国故事。

一、工作背景

2014年，学校贯彻习近平总书记8·19讲话的重要精神，围绕“多语种+”和“互联网+”两大支撑点，紧密结合办学特色和人才培养目标，大胆尝试把“讲好中国故事”与“大学生思政教育”有机融合，在全国高校中率先打造多语种外文门户网站群。

全国高校思想政治工作会议召开以来，学校进一步发挥多语种网站作为“三个课堂”（第一课堂：课程、科研；第二课堂：网络；第三课堂：实践）融合平台的独特育人优势，整合各环节育人要素，提升网络育人内涵和育人实效。

二、工作思路

学校坚持办网以育人为宗旨，育人以办网为平台，将多语种外文网站建设与立德树人深入融合，确保育人方式的生动性和有效性，确保育人成果的长效性和持续性。

上外党委书记姜锋作为主要负责领导，反复强调办网的定位和工作理念要对接中央精神和国家需求。学校将外文网站定位为：一是促进中国文化传播与交流，弘扬中国优秀文化的窗口；二是增强中国话语国际传播力，成为影响国际主流传播的路径；三是促进中国高等教育走出去，成为提高影响力、认识度的渠道；四是营造高等教育改革新动态，优化宣传思想工作的阵地；五是学者发表观点与学术成果，提出新概念、新范畴的平台；六是学生专业学习与社会实践，提升专业实践能力的基地；七是教师课程教改与课外拓展，提升课堂教学效果的抓手；八是增强学校海外网络影响力，提高知名度、美誉度的载体。

三、具体举措

1. 多语种外文网站建设与立德树人深入融合，确保育人方式的生动性和有效性，确保育人成果的长效性和持续性

（1）以多语种外文网站建设提升网络育人内涵，建成立德树人重要载体。上外多语种外文网站所开设的语言版本涵盖了学校全部教学语种，通过多语种外文网站建设强化中外学生的语言专业实践和社会实践。通过教师引导学生深入观察身边的故事，用所学语言表达所见所闻，既丰富了网站内容，又拓展了课堂教学。积极策划多语种外文网站内容专题，通过文字、视频等形式促进中外文化交流，让更多的海外受众了解中国、认识中国。

（2）以多语种外文网站建设探索网络育人机制，推进教育综合改革。将多语种外文网站建设与《“中外时文选读”形势与政策》等思想政治理论课有机融合。让学生在大量中外文的媒体文本阅读中，通过中外比较进行价值观教育，开展理想信念教育。将网络育人教育的成果与学生德育评定、教师教学科研管理绩效考核相结合，探索网络育人评价体系和激励机制。聘请各语言专业主课中国教师担任网站主编，负责内容把关和审定发布；聘请外籍教师担任语言审校；聘请优秀师生担任副主编，负责组建学生采编团队。将多语种

外文网站建设纳入学校外国语言文学一流学科建设重要内容。

2. 瞄准“讲好中国故事、传播中国声音、阐释中国特色”的定位，努力提升国际传播的精准性和有效性

（1）中外学生以“原创作品”的方式共同讲述中国故事。鼓励中外学生用所学语言、母语讲述身边的故事，已发表数千余篇多语种作品。改变宏大叙事方式，采用全媒体方式表达。网站除文字之外，同时还发布学生的外文原创微视频、音频译配和朗诵、多语言可视化数据等，让中国故事表达更生动、更鲜活。

（2）智库专家引领，青年教师和研究生参与，以“专栏评论”的方式传播中国声音。上外党委高度重视把语言文化研究优势转化为咨政和传播优势。着力打造国际关系研究智库，在中东问题、乌克兰问题、南亚问题等热点和敏感问题上快速响应，及时向中央有关部门建言献策；充分整合区域国别研究和教育、管理、跨文化、新闻、法律等领域的智力资源，在多语种外文网站专设评论专栏，建立了一支强有力的专栏作者队伍，让世界更好、更快地了解中国声音。

四、工作成效

1. 网络文化建设彰显特色，以文化人初见成效

办网育人经验得到中央有关领导批示，入选教育部第二批高校网络文化建设专项试点单位，获教育部“礼敬中华优秀传统文化”评选示范项目，入选教育部全国高校名站名栏，获得上海市思想政治工作研究优秀成果奖、上海市“银鸽奖”和上海市优秀教学成果一等奖等奖项。

2. 多语种全媒体广覆盖，海外知名度不断提升

网站上线以来，多国驻华使领馆和相关外交机构、高校和教育机构通过其官方网站对上外多语种外文网站进行了报道。其中，乌兹别克斯坦外交部世界新闻通讯社（JAHON）、乌兹别克斯坦《人民言论报》摘编转载上外俄语网报道 60 余篇，超过对新华社、人民

日报等国内主流媒体的转载量。

五、经验启示

1. 办网与育人的深度融合是高校网络文化建设的根本遵循和发展动力

办网以育人为宗旨，要牢牢把握育人这一根本方向；办网要与育人工作深度融合，才能保证网络文化建设的有效性和长效性。通过办网整合各环节育人要素，育人成为外文网站内容生产和机制建设的一部分，办网成为育人工作的重要平台，两相促进，相得益彰。

2. 办网工作要发挥学校特色，对接中央精神，紧扣国家需求

网站积极对接中央“讲好中国故事，传播好中国声音”的重要精神，紧扣国家推动“中华文化走出去”的需求，发挥学校“多语种+”和跨文化研究领域的学科学术资源优势，逐渐探索出“以多语种讲述大学故事，用互联网传播中国声音”的办网和育人新模式。

3. 中国高校外文网站建设要注重规范与标准

网站发布了第一批中国高校专有名词译写规范，在外文网站内容更新上实行本地化译写与原创表达，努力为高校外文网站建设提供多方面可复制、可推广的经验，学校还将研发高校外文网站评估指标体系，为高校外文网站建设提供科学规划和参照依据，协同推进中国高等教育的全球化。

（执笔人：衣永刚　顾忆青　李　杉）

沉浸式思政大课的成功奥秘

东南大学

一、工作思路

高校思想政治工作直接关系到高校“培养什么人、怎样培养人、为谁培养人”这个根本问题，是落实立德树人根本任务、培养担当民族复兴大任的时代新人的重要保证，是永葆中国特色社会主义大学鲜亮政治底色、实现高等教育高质量发展的关键所在。东南大学坚持“以科学名世，以人才报国”的办学理念，始终与国家和民族同呼吸、共命运，在中华人民共和国的复兴路上，镌刻着东大人无限荣光的国家记忆。

作为首批国家级创新创业教育改革示范高校，教育部首批“三全育人”综合改革试点高校，东南大学准确把握高校思想政治工作的着力点，深入挖掘东大师生与祖国同频共振，与时代同向同行的动人故事，以学生喜闻乐见的形式开展思想政治教育，打造出一系列集思想性、理论性、针对性、亲和力于一体的“沉浸式”思政大课，让学生在思政大课的浸润中厚植家国情怀、涵养进取品格。

二、主要做法

2019 年，在新中国成立 70 周年之际，东南大学党委宣传部精心谋划、周密筹备，集结师生、校友等各方力量，寻访采集东大人在建设新中国历程中的相关成就、历史印记，精心打造了一堂由校友代表、教师和学生共同参与的大型主题思政课——“峥嵘七十载与国共奋进——东大人的国家记忆”。2020 年，学校又根据“抗疫与扶贫”等时代主题策划了“我们的 2020 · 东大人的国家记忆”系列活动。

两场思政大课深受师生欢迎，课堂上座无虚席，吸引众多媒体的广泛关注。课后，师生们纷纷表示："这样的思政课，值得上，还想上！"那么，一节思政课为何会如此吸引人？

1. 强大的教师阵容：让学生愿意听

2019 年的思政大课"峥嵘七十载　与国共奋进——东大人的国家记忆"共邀请了包括 6 位院士在内的 20 余位授课嘉宾，他们中不仅有德高望重的老教授，如时年 95 岁高龄的东南大学电气学院教授周鹗，94 岁高龄的东南大学物理学院教授恽瑛，87 岁高龄的中国当代艺术学学科的主要奠基人之一、东南大学艺术学院教授张道一，中国工程院院士、教育部原副部长、东南大学原校长韦钰；也有改革开放以来培养的中坚力量，如"普利兹克"建筑奖获得者王澍，东南大学经济管理学院名誉院长、东南大学文科资深教授、著名经济学家华生，港珠澳大桥岛隧工程总工程师林鸣，港珠澳大桥岛隧工程总设计师刘晓东，东南大学党委书记左惟；等等。

2020 年，一场突如其来的新冠感染疫情改变了人们的生活。东大师生和全国人民共同抗疫，用自己的努力、奋斗和付出，书写了澎湃感人的"东大人的国家记忆"。

这一年的思政大课嘉宾有东南大学附属中大医院重症医学团队代表，疫情期间在新疆雪山求学的大学生库乃·阿扎，从云南省楚雄第一中学考入东南大学机械工程学院的支教大学生李斯琪，中国大学生自强之星潘强，还有规划雄安新区、长三角"水乡客厅"等重要工程的段进院士团队代表，全国工程勘察设计大师、东南大学建筑学院 1964 届校友黄锡璆，东南大学电子科学与工程学院、微电子学院教授孙立涛；等等。

强大的思政课讲师阵容坐镇，吸引众多大学生的关注，这是思政大课成功的第一个密码。

2. 用讲故事的方法讲授思政课：让学生喜欢听

为筹备 2019 年的"峥嵘七十载　与国共奋进——东大人的国家记忆"思政大课，东南大学党委宣传部项目组成员跋涉数千公里，远赴海南、北京等地，对课程主讲人进行深度采访，拍摄了 15 部珍贵的视频资料，视频时长约 30 小时。海量素材的积累，为大课现场多角度、多手段展现讲课人风采做了充分的准备。

这场思政大课围绕"基石""星空""求索""初心与使命"4 个篇章逐一展开。分别讲述了南京长江大桥桥头堡设计者钟训正院士为国家建设铸就基石的故事；知乎创始人校友周源的创新创业故事；校友倪光南院士毅然回国开发联想式汉字系统的故事；恽瑛、周鹗及夫人、王慕臧几位老教授的奋斗往事，展现了东大人不断求索、忠诚报国的奋斗精神和爱国精神。东南大学党委书记左惟表示："东南大学在每一个社会历史发展的重要节点上都做出了自己重要的贡献。放眼未来，东南大学建设世界一流大学的征程必将伴随中国梦实现！"

2020 年的思政大课"我们的 2020 · 东大人的国家记忆"以"平凡、伟大、启航"为主题，讲述东大人面对席卷而至的世纪疫情和世界百年未有之大变局顽强拼搏的故事。第一章"抗疫 · 勇毅担当"，讲述东南大学师生校友勠力同心，为国家抗疫贡献力量的过程。第二章"初心 · 家国使命"，讲述的是东南大学 8 年来扶贫云南南华的感人故事。第三章"启航 · 逐梦未来"，展示东大人为科技进步、国家富强不断求索的精神。

在确保思想性的前提下，特别注重讲述的故事性，确保学生喜欢听，这是思政大课成功的第二个密码。

三、实施成效

思政大课受到媒体的广泛关注，人民日报、新华网、中国青年报、科技日报、中国社会科学网、中国科技网等数十家媒体刊登了相关报道。其中，新华网通过微信、微博等各种平台，采用新闻特写、纪录片、专题片等多种方式立体报道活动盛况。据新华网统计：仅 2019 年思政大课的网络直播浏览量就达到了 29.5 万，在微博秒拍平台浏览量 186.7 万，倪光南院士视频浏览量 20.4 万。

在思政课上，订阅号“东南大学”开通微信上墙功能，收到 572 位同学的 1 640 条消息。师生们在留言中表达了自己对母校的热爱，对思政课的喜爱，对杰出老师和校友的崇敬及如何担当新时代使命和责任的思考。

四、经验启示

以“东大人的国家记忆”为代表的系列思政课，通过兼具故事性和史实性的讲述方式，运用深受青年热爱的主流媒介，依靠充满时代性和亲和力的话语体系向 90 后、00 后学子展示了前辈学人的风采。强大的讲师阵容，精彩的故事讲述，多样的传播手段合力将这门思政大课的效应最大化，既激发了学生的爱国爱校热情，也展示了东大人与国共奋进的使命担当。学校将这节大课的视频精心剪辑，形成一个经典的可视性教材，力争让更多青年学子从中受到教育。

（执笔人：李小男　唐　瑭）

“宝哥”网络思政品牌培育与建设

江南大学

因应互联网时代高校思想政治教育新机遇新挑战，江南大学始终坚守立德树人的初心和使命，守正创新推动思政教育铸魂育人，创立于2015年9月的“宝哥”网络思政项目是其中的生动实践。经过8年建设探索，项目依从“交往理性”的话语原则，坚守“使用与满足”的传播策略，遵循“互联网思维”的时代逻辑，逐步建成了富有时代特征、彰显江南特色、符合学生需求，可示范、可引领、可辐射的网络思政育人品牌。项目成果《宝哥说思政》《时代精神与青年力量——一堂思政好课》由人民出版社出版，项目视频入选国家教育行政学院课程资源库，项目工作团队获评江苏省“工人先锋号”，“宝哥说”入选教育部高校思政工作精品项目。

一、工作思路

“宝哥”网络思政品牌贴近青年学生成长需求，深挖时事政治热点资源，构建完善的运作机制，将青年学生需要听、未听透的内容从课堂搬至舞台，形成课堂内外“联动效应”；它深化团队建设，一批批思政课教师、辅导员、学生倾情加入，一期期主题教育活动碰撞思想、启迪智慧、贡献光热，壮大思政人才“聚合效应”；它立足网络场域，聚焦青年网络化生存趋势，同步设置网络思政议程，在“碎片化”“多元化”“交互性”网络环境中增进思想政治教育话语的“整合性”“引领性”“交往力”，发挥思政话语引导“矩阵效应”。

二、主要做法

1. 编发网络微刊，建设“热点式”育人阵地

项目依托“江南学子”微信公众号定期发布网络微刊，共设四

个栏目："站而论道"记录现场演讲内容，"文心雕龙"深入解读话题观点，"机锋辩理"再现师生互动问答，"博海拾贝"相邀共同赏奇析疑。持续推出"大学路莫慌张""那湖·那船·1921""时说新语""承青年之约""命运与共 大道不孤单"等15期内容，并结集出版2本著作。

2. 打造"大**V**"形象，开辟新媒体社交阵地

项目负责人以"唐忠宝"实名开通新浪微博，关注时事热点，定期发表网络时评，与"团聚无锡""新浪无锡""无锡同城会""无锡24小时"等当地网络大V形成协同效应，有效发挥价值引领功能。学校与无锡团市委合作，成立《青年之声·宝哥来了》无锡青年思享汇，"线上+线下"与青年共话成长，引发广泛关注。

3. 撰写"亮剑"文章，捍卫"正能量"思想阵地

项目团队敢于发声，善于发声，利用学校新媒体矩阵持续发布网络思政评论文章，在重要网络媒体传播正能量，唱响主旋律，捍卫网络思政教育阵地。在光明网发布的《思政课要找准学生的兴趣点》和环球网发布的《高校当真讲不好马列？》均被广泛转载。

三、实施效果

1. 打造了一个具有示范价值的江南育人新品牌

项目聚焦习近平新时代中国特色社会主义思想，直面青年学生困惑与需求，设计20余个宣讲主题，"校内+校外"协同联动，既立足校内，还受邀走进东南大学、南开大学、南京航空航天大学、北京科技大学、西藏藏医药大学等百余所高校，以及中小学、企事业单位开展理论宣讲，累计受众达30万余人次。项目经验做法被教育部官网官微、光明日报、新华日报、江苏教育报等主流媒体报道，项目"作为开放的思政教育舞台，让'说教'变'说理'，'传递'变'对话'""惊艳了无数年轻的心"被点赞。

2. 探索了一条深化“三全育人”综合改革新路径

项目聚焦时代新人培育，持续拓展教育资源，将思想道德修养与法治课、形势与政策课、心理健康课、新生转型课、就业创业指导课等思政教育教学核心要素融入主题教育设计，搭建“大平台”，建好“大师资”，汇聚“大合力”。迄今为止，已有59位涵盖9大类别群体的专家走进项目，与学生面对面交流思想、分享感悟，既应对了当前思想政治教育的复杂性，也使各类教育力量相互借鉴、优势互补、共同成长，形成“三全育人”强大合力。

3. 创设了一套循环增益的“大思政课”教育新系统

项目设计“O2O+T2C”联动思政教育系统，紧扣从“线下（offline）教育”延伸至“线上（online）教育”、从“传递（transmit）价值”延伸至“交流（converse）思想”两个维度，通过氛围营造、主题讲演、读书沙龙、社会实践等环节，实现学生从“接受价值传递”到“主动交流反思”。项目建设既坚守传统思政教育场域，也顺应新媒体发展的时代潮流；既尊重新媒体传播规律，也照顾学生的媒介使用习惯；既注重教师的指导与引领，也鼓励学生的参与和对话，让思政教育“有意义”也“有意思”。

四、经验启示

1. 坚持思政教育的学生需求导向

高校思想政治教育工作面对的对象和参与的主体是大学生，必须把握学生需求，适合学生特点，融合学生力量。“宝哥”网络思政品牌运作秉持互联网思维和用户思维，将学生需要听、应该听，想听但听不到、听不透、听不懂的主题从课堂搬至网络，重视发挥学生力量，将教育内容选择主动权交给学生，话语表达方式也力求满足学生的个性化、创新性需求，深度挖掘时事政治热点资源，紧紧围绕大学生普遍关注的话题答疑解惑，助力青年学生成长成才。

2. 构建思政教育线上线下联动机制

“宝哥”网络思政品牌与“宝哥说”校园文化脱口秀相互融合，将传统现场讲演、读书交流会、主题沙龙等特色活动，与尊重信息传播规律、学生信息媒介使用习惯相结合，开辟新媒体教育阵地，定期发布电子微刊并编辑出版，开设微信公众号、“唐忠宝”新浪微博号、撰发评论文章，形成思政教育线上线下“合围态势”，有效提升网络育人能力。

3. 整合高校思政资源拓展思政平台

“宝哥”网络思政品牌促进高校思政队伍赋能提升，整合多方力量，既应对了思政教育活动的复杂性，也使得各方相互协作，优势互补，共同成长，成为全员参与思政育人大平台。思政专家走近了教育对象，辅导员加深了思政教育理论和知识学习，专业课教师了解、关注并主动参与思政工作，而学生则达到了教育与自我教育的统一。

（执笔人：唐忠宝　李佳敏　徐　璐）

让有信仰的青年讲信仰

——大思政工作格局下用党的创新理论铸魂育人的朋辈路径

华中科技大学

党的二十大胜利召开后，华中科技大学充分发挥朋辈育人优势，以研究生红色理论学讲团为载体，组织青年群体进党班团等集体开展理论宣讲，在全校范围内掀起理论学习的热潮，让红色理论在师生群体中入脑入心，取得了良好的宣传教育效果。红色理论学讲团在党的十九大召开前成立，经过六年的发展积淀，正日益成为华中科技大学党旗领航和朋辈思政的品牌，在宣传习近平新时代中国特色社会主义思想、推进党史学习教育常态化等方面发挥着重要作用。

一、工作思路

习近平新时代中国特色社会主义思想是马克思主义中国化的最新成果，是21世纪的马克思主义。如何深入学习贯彻好、宣传好习近平新时代中国特色社会主义思想，用习近平新时代中国特色社会主义思想铸魂育人，事关高校立德树人根本任务和党和国家事业后继有人根本大计。

作为“三全育人”体系中的主体能动要素，“全员育人”是实现立德树人中心工作的基础和保障。要学习贯彻好、宣传好习近平新时代中国特色社会主义思想，必须充分调动主体能动要素，形成思政育人合力，努力推动教育成效走深走实。

华中科技大学一直有着“党旗领航”的优良传统，在党建工作中涌现了一批信念坚、政治强、本领高、作风硬的红色楷模。这些榜样在学生群体中有着较强的影响力和朋辈示范效应，充分发挥他们的朋辈优势，有利于形成“头雁领航、群雁齐飞”的思想政治工作格局。通过选树优秀青年组建学生理论学讲团，让“有信仰的青年讲信仰”，用广大青年学生喜欢的、听得懂的方式，把党的创新理论讲清楚、讲到青年心坎里去。既发挥好有信仰青年在学习宣传贯彻习近平新时代中国特色社会主义思想中的朋辈育人作用，筑牢思政育人基本盘，同时又让青年在“学”与“讲”的双重锻炼中铸就更深层、更坚定的理想信念根基，打造红色标杆，全力培育担当民族复兴大任的时代新人。

二、主要做法

1. 选树青年典型，建强宣讲方阵

以信仰传递信仰，宣讲才会更有力量。学讲团始终坚持高标准，严把入口关，经二级单位党组织推荐、笔试面试选拔，选树信念坚、政治强、本领高、作风硬的青年学生加入学讲团。

学讲团所有讲师均为中共党员，以近 30 个院系研究生骨干为主体，成员中 2/3 以上为党支部书记、德育助理、红色楷模，校级荣誉获得者占比 95%。这批青年始终走在学习宣传贯彻党的二十大精神的最前沿，共同见证了新中国成立七十周年盛典和中国共产党的百年华诞，深度融入党史学习教育工作大局，在服务华科大立德树人的生动实践中绽放了青春绚丽之花。在学讲团的服务带动下，校内朋辈育人项目不断涌现，一大批华科大青年投身朋辈宣讲行列，让党旗在学生群体中高高飘扬。

2. 扎牢宣讲根基，锤炼宣讲本领

“学”是“讲”的基础，“只有学得扎实才能讲得精彩”。学讲团将扎实理论学习作为理论宣讲的立身之本，依托“专家导学+集体研学+专题自学+实践助学+联讲互学”的全流程学习培训体系，将习近平新时代中国特色社会主义思想作为学习宣讲“第一议题”，高效学、及时学、深度学，始终走在青年理论学习和思想引领前列。先学再讲、以学促讲的"学讲"机制，为讲好每一堂微党课打下了坚实基础。

在喜迎党的二十大胜利召开之际，学讲团积极开展一系列有特色、见深度的活动，如举办"荆楚青年讲·奋进新征程"全国高校联合宣讲，与清华大学等 8 所高校共同举办"这十年·青年讲"全国宣讲联赛，组织《习近平谈治国理政》（第四卷）专题学习辅导和备课……立足中国特色社会主义新时代，着重讲好党的百年奋斗历程和新时代伟大成就，以实际行动献礼新征程。

3. 强化政治担当，紧抓课程建设

课程质量是"学讲生命线"。学讲团始终以高度的责任感和使命感严把课程质量关。在学校党委宣传部、党委学生工作部、马克思主义学院等共同指导下，学讲团以"选题—备课—试讲—磨课—评审"五步骤为抓手，专家老师三轮把关，狠抓课程质量建设，坚持课程成熟一个上线一个、讲师合格一个推出一个，确保每门课程备得好，每次出讲有成效。

六年来，学讲团系统性谋划课程清单，筹备了 140 余堂微党课，包括二十大系列课程 60 余门，党史学习教育专题课程 50 余门，习近平总书记考察武汉重要讲话精神 4 门等。

4. "用青年话语、发时代新声"

"用青年话语、发时代新声"，就是要立足青年视角，用青年人的话语，把党的创新理论讲给青年人听、讲给百姓群众听。学讲团积极把青年学生的学习生活实践与党的创新理论相结合，积极从同学们的专业出发进行微党课选题，把华科大青年自身的故事搬上讲台，以小见大讲好党的创新理论，讲好习近平新时代中国特色社会主义思想的理论魅力，努力推动党的创新理论更加接地气、更加引人共鸣。

开展学习贯彻习近平新时代中国特色社会主义思想主题教育以来，团队深入校内各学生集体开展理论宣讲 1 200 余场，环境学院的学生讲师通过校园河流的治理变迁生动阐述中国式现代化的生态意蕴；人文学院的学生讲师以“中国话”为切入口深刻讲述“七个着力”，通过青年视角的朋辈宣讲增强华科大青年对习近平新时代中国特色社会主义思想的政治认同、思想认同、理论认同和情感认同。面向校外，主动深入“理论热点面对面”华中科技大学合作基地、社区、机关、企业、青年之家、中小学等开展常态化宣讲250余场，主动将理论送到群众家门口，助力新时代文明实践。目前，学讲团平均每月开展理论宣讲100余场，努力以青年之声凝聚推进中国式现代化的思想伟力。

三、工作成效

六年来，学讲团累计开展宣讲3 600余场，在校内外掀起了理论学习的“红色热潮”，使“学理论、讲信仰”在华科大学子间蔚然成风。华中科技大学研究生红色理论学讲团也日益成为华中科技大学党旗领航和朋辈思政的品牌，在宣传习近平新时代中国特色社会主义思想、推进党史学习教育常态化等方面发挥着重要作用。相关工作受到了新华社、人民网、中国教育电视台、全国高校思政工作网、长江日报等媒体以及教育部和湖北省党史学习教育简报的推荐报道，被湖北省社科联、极目新闻《大学之道》节目组选作典型案例故事拍摄纪录片，累计浏览量百万余人次。团队当选全国高校青年宣讲联盟首届执委会成员单位，获评“湖北省基层理论宣讲先进集体”，工作案例入选《第五届高校宣传工作创新案例》、湖北省《党史学习教育典型案例》。

同时，经过学讲团“学”和“讲”的双重淬炼，学生讲师们在宣讲中实现了育人和育己的有机结合。学讲团不仅让有信仰的学生讲信仰，更让讲信仰的学生信仰越讲越坚定，找准了人生的航向，94%以上的同学在毕业后走向了立德树人、基层治理和国家战略行业，继续在服务党和国家事业发展中续写新的“学讲”篇章。

四、经验启示

1. 朋辈理论宣讲成为思政工作的重要一环

青年讲给青年听，从同学们的专业背景以及学习、生活、实践出发，用青年人的视角和话语来诠释党的创新理论，在青年学生群体中更容易引发共鸣，能够形成对专家宣讲的有效补充，也能在朋辈群体中树立起够得着的榜样，是实现用习近平新时代中国特色社会主义思想铸魂育人的可行路径。

2. 提升朋辈理论宣讲有效性要坚持“学”“讲”结合

朋辈讲师要想讲得精彩，必须扎牢自身学习根基，学深悟透理论要点后，在宣讲中才能收放自如，才能够起到较好的朋辈示范效应，才能够实现育己育人的有机统一。每周一次的集体理论学习，每月一次的新课备课研讨，扎实的学习和磨课是学讲团课程深受校内外党团组织喜爱的密码。

3. 组织育人是提升朋辈理论宣讲成效的关键

学校上下协同形成组织育人合力，是学讲团取得较好宣讲和育人成效的关键。高校要搭建好朋辈理论宣讲和育人平台，必须切实围绕立德树人中心任务，调动“全员育人”能动要素，构建大思政工作格局，推动学习宣传习近平新时代中国特色社会主义思想取得更大成效。

经过六年积淀，华中科技大学研究生红色理论学讲团以青年话语讲述时代新声，以朋辈经验传承红色精神，以理论宣讲带动学习热潮，在全校范围内取得良好成效，充分说明以青年为主体的红色理论学讲团是高校铸魂育人的可行路径。

（执笔人：马胤任　陈银冰　崔美娇）

构建校园文化活动宣传报道的三品三全模式

华中农业大学

近年来，华中农业大学坚持以一流文化引领一流大学建设，围绕“三全育人、五育融通、师生融乐、全面发展”的育人理念，构建了包含迎新季、毕业季、狮山读书节、狮山艺术节、狮山欢乐节在内的“两季三节”校园文化活动生态。围绕这些活动，学校积极探索形成了全媒体覆盖、全方位展示、全过程跟进的宣传工作模式，推出了一批具有育人品性、学术品貌、文化品位的新闻报道，为落实立德树人根本任务营造了良好的舆论和文化氛围。

一、工作思路

坚守一个“品”字，塑造格调高雅、卓尔不凡的宣传工作主基调。

把握育人品性。紧紧围绕立德树人根本任务，将价值引领贯穿宣传工作始终。迎新季重在唤醒学生的独立意识，帮助学生树立为中华复兴而读书的远大志向，引导教师强化为中华复兴而育人的价值理念。毕业季注重涵育学生的家国情怀，引导学生与祖国同行，为人民奉献，心怀“国之大者”，葆有雄心壮志，争作国家战略科技力量的排头兵，矢志到祖国和人民需要的地方建功立业。

凸显学术品貌。遵循华中农大“育人为本，崇尚学术”的优良传统，彰显校园文化活动的学术性和书卷气。迎新季注重展示“大鱼前导、小鱼尾随”的生动场景，意在逐步将本科生领进学术殿堂，将研究生带到科技和产业前沿。毕业季关注毕业答辩的“答”与“辩”，突出师生治学论道的学术精神，关注师生取得的重要科研进展、解决“卡脖子”产业技术问题，以及把论文写在祖国大地上的生动实践。

讲究文化品位。按照以文化人，以美育人的新时代美育工作要求，营造更人文、更开放、更自在的育人氛围，引领学生提高审美和人文素养。狮山读书节的宣传注重引导学生在阅读经典中与先贤对话，突出阅读点亮智慧，读书慰藉心灵。狮山艺术节关注形式多样的艺术活动，突出文学启迪思想，艺术温润心灵。狮山欢乐节聚焦原创性、互动性的特色活动，突出促进师生融乐，激活校园创意，体验生活美学的理念。

二、主要做法

围绕一个“全”字，提前策划，一体推进，精准投送，全媒传播。

全媒体覆盖。一是搭建融媒体矩阵，壮大宣传阵地。学校较早开始组建融媒体中心，目前形成了新闻网站、校报、广播台、微信公众号、微博、视频号、抖音号、快手号、小红书、B站、中国大学生在线等平台融合发声的媒体矩阵。二是组建队伍全要素生产优质新闻内容。学校党委宣传部下设文字、照片、视频、美工等团队，组建了全校新媒体联盟，形成了“狮山流量池”，围绕“两季三节”活动紧密配合，精心创作，形成题裁丰富、形式多样的高质量原创内容。三是把握不同媒体受众特征分众传播。学校新闻网站、广播台及时发布文化活动消息通讯稿，校报深度总结凝练文化活动育人特色，面向校内师生形成“两季三节”的浓郁氛围；微博微信作为宣传“前哨”，发布重要图文视频内容，向校友和社会公众传递校园讯息；视频号发布“两季三节”系列短视频，向全社会宣传展示学校校园文化活动的生动场景。

全方位展示。一是既关注台前也关注幕后，营造全员育人氛围。例如，针对毕业季的系列报道，既有毕业典礼仪式上的特写，也有幕后管理服务工作者共同上好毕业育人大课的聚焦，还推出了食堂大姐、校园保卫等服务人员的专访。二是既有宏大叙事也有动人细节，点面结合全面展示活动风貌。例如，毕业典礼有对仪式整体盛况的描写，也有“父女同一专业毕业”“师生含泪难舍难分”等动人的细节，力求新闻作品“见人见事见精神、有血有肉有思想”。三是既注重对内宣传也注重对外宣传，形成内外联动局面。每逢“两季三节”重要活动，学校会邀请中央驻鄂媒体、湖北主要媒体来校采访报道，不断提升活动的社会影响力、传播力。

全过程跟进。一是开设专版专栏开展系列报道。每年，学校都会在报纸、校园新闻网上开设诸如“迎新季”“毕业季”“读书节”“艺术节”“欢乐节”等专版专栏，围绕同一主题开展多篇幅、多角度的系列报道。二是从策划到结束开展连载式报道。针对每项活动持续跟进，跟踪报道。例如，针对狮山欢乐节的报道，从 11 月初召开新闻发布会开始就启动专项报道，过程中的招投标进展、筹备工作、各项子活动都会在专栏里连载式刊出，一直持续到次年 1 月初，形成全景式连续报道。三是善用直播等方式沉浸式报道。例如，疫情期间，通过直播方式，带领师生校友云赏狮山春，每年的毕业季系列活动也会以直播形式向全社会展示。

三、实施效果

近年来，学校的“两季三节”文化活动宣传工作取得了丰硕的成果。一是推出了系列“爆款”。例如食堂大姐毕业典礼致辞“再忙也要记得好好吃饭”的相关报道受到全网广泛关注；每年的毕业季轰轰烈烈的农机装备巡游都会登上热搜，收获几亿浏览量，引来中央电视台主动寻求合作。二是形成了固化成果。每年以“两季三节”系列新闻报道为主要内容，形成了年度文化建设白皮书，成为学校文化建设工作的重要纪实文献。三是有效提升了学校的知名度和美誉度。相关活动收获了所有中央媒体、湖北地方主要媒体的关注与报道，在湖北高校和社会各界反响热烈。四是坚定了师生文化自信。师生精神风貌明显改善，“三全育人、五育融通、师生融乐、全面发展”理念的各项实践蔚然成风。

四、经验启示

一是要坚持价值引领。高等教育的根本任务是立德树人，高校的一切工作都应该体现育人属性。校园文化活动的宣传既要反映生动的活动场景，更要挖掘其中的育人深意，坚持把价值引领贯穿宣传工作的始终。

二是要加强内容生产。媒体形态日新月异，但优质内容生产永远是工作重心。建强宣传工作队伍，邀请专业媒体机构人士开展培训，提升创作能力，保证源源不断的优质内容供给。

三是要注重全媒运营。健全媒体矩阵，建强网络宣传阵地。把握不同媒体受众特征，强化议题设置和传播策略选择，做到分众传播，精准投送。

（执笔人：晏华华　蒋朝常）

创新思政工作体系 构建三全育人格局

河南师范大学

河南师范大学高度重视思想政治工作，着力推进“一个计划、两类课程、三级平台和四大品牌”建设，将思想政治工作纳入办学治校各领域，融入教学科研各环节，逐步形成了全员、全方位、全过程育人的思想政治工作新格局。

一、以“双提”计划为纲，加强顶层设计

学校通过专题辅导报告、党委理论学习中心组学习、“第一议题”等多种形式，提升政治站位，深化思想认识。召开思想政治工作座谈会、推进会、研讨会等一系列会议专题研究部署思想政治工作。出台《思想政治工作“双提”计划实施方案》及其配套文件对学校思想政治工作进行顶层设计和系统规划。“双提”计划围绕提高思想认识等“四梁”，聚焦理论武装等“八柱”，着力于聚焦内涵建设，提高思想政治工作质量；围绕方法创新，提升思想政治工作效果。近年来，该计划统筹推进，逐步实施，学校思想政治工作成效显著，先后被评为河南省“三全育人”综合改革试点高校、河南省高校“大美学工”十佳优秀学生工作先进单位。

二、以“两类课程”为本，推进教学改革

将思政小课堂链接社会大课堂。学校高度重视马克思主义学院建设，校党委常委会每学期专题研究学院建设问题。学院创新思想政治理论课教学方式，挂牌 9 个实践教学基地，探索形成的“四位一体”立体化实践教学模式，被人民日报、中国教育报等媒体广泛报道。成立“红孩子学校”红色故事巡讲团，形成了以思政课教师培育大学生、大学生影响少年儿童的思政教育“双向”育人“代际

链条”，获评2023年全国高校思想政治工作精品项目，活动事迹受到学习强国、光明日报等多家主流媒体相继报道。

把思政元素有效嵌入专业课教学。积极推动以“课程思政”为目标的教学改革。举办“课程思政”教学比赛，深入挖掘各门课程的育人功能，建立“课程思政”教学案例库，打造将思想政治教育融入专业课程的精品项目，在全校范围内予以推广。将课程育人作为教师思想政治教育的重要环节，通过周二下午理论学习、开展专题培训、演讲比赛、道德讲堂等多种方式加强师德师风建设。

三、以“三级平台”为基，拓展育人渠道

着力国家级平台建设。2018年，学校成功获批“全国高校思想政治理论课教师研修基地”“全国高校思想政治工作队伍培训研修中心”“共青团中央中国特色社会主义理论体系研究中心研究基地”，截至目前，为全国近300所高校培训思想政治工作人员4 000人（不含学生处的）。

支持省级平台发展。学校拥有“河南省中国特色社会主义理论体系研究中心”“青少年问题研究中心”“中原非物质文化遗产保护研究中心”“中国共产党革命精神与中原红色文化资源研究中心”等多个省级科研平台，多年来，致力于中国特色社会主义理论研究、思想政治教育理论创新、中原文化传承弘扬，为服务地方经济文化发展做出突出贡献，为思想政治工作提供理论指导。

注重校级平台培育。依托“未来学院”，创办“青马工程班”“未来名师班”和“创新创业英才班”，育人效果良好，成功入选首批全国高校思想政治工作实践育人精品项目。依托大学生心理健康教育中心，连续17年举办大学生心理健康宣传月活动，学校被评为河南省高校心理健康教育示范性单位。依托“大学生习近平新时代中国特色社会主义思想研习会”，实行“1+50”理论学习伙伴计划，党的创新理论在学生中入脑入心、落地生根。

四、以“四大品牌”为径，创新工作方式

党的建设全面加强。通过邀请地方、企业、兄弟院校和校内各级党组织书记每月举办 1～2 期“书记论坛”，搭建党性锻炼、理论提升、思想碰撞、激发活力的党建工作新平台。开展“五星级党组织”创建和“五星级党员”创评活动，对基层党组织和党员实行星级评定、分类指导、量化考核、动态管理，激励大家比学赶超、对标争先，2 个支部入选第三批“全国党建工作样板支部”培育创建单位。推进党支部全部建在处室、教研室、年级，成立“学生公寓党建工作室”、学生党员生产实习流动党支部，实现党组织有效全覆盖。

社会实践成效显著。学校实行第二课堂成绩单制度，着力于构建“基地化建设、项目化管理、课程化推进”的实践育人体系。组织学生利用寒暑假开展社会实践，每年参与学生数万人，学校连续多年荣获暑期“三下乡”社会实践全国优秀单位。依托“河南省志愿者培训基地”和“河南省公益广告创作基地”，创新性开展精神文明创建活动，学校连续 3 届获评全国文明单位。不断提高创新创业教育水平，近年来，入选小平科技创新团队 1 个，获得中国青少年科技创新奖 1 人，“挑战杯”全国大学生课外学术科技作品竞赛国家级二等奖 2 项、三等奖 4 项，“挑战杯”全国大学生创业计划竞赛国家级银奖 1 项、铜奖 1 项，全国大学生数学建模竞赛国家一等奖 4 项、二等奖 17 项。

文化活动润物无声。开展“阅享经典，书香师大”读书活动，全校师生爱书尚学氛围浓厚，该项目入选“河南省高校思想政治工作精品项目”；开展“十大育人楷模”和“榜样师大”评选活动，引导师生见贤思齐，比学赶帮；连续 30 年开展“大学生基本技能竞赛”和“五四青年歌会”等活动，引领学生锤炼过硬本领，担当时代责任；深入开展无手机课堂活动，“学在师大”的品牌越擦越亮。

网络空间风清气正。建好相关网站、新媒体工作平台，推动网络思政工作改革创新，学校官方微信、微博多次荣获十佳新媒体平台等奖项，多个网络工作品牌获得河南省网络文化精品项目。“漫画中华”项目团队创作的母亲节、心理健康日、高考、军训四部主题作品被共青团中央微信刊发，阅读量均超 10 万+，创作的《“漫”说红旗渠》《走，去广阔天地上课！》等被省教育厅、学习强国 App 转发推送。学校入选河南省网络文化建设首批试点高校，获批河南省高校网络思政分中心建设单位、河南省教育融媒体建设试点单位、河南省高校融媒体育人试点培育单位，2 位教师获批成立河南省高校网络教育名师工作室。

面对新形势新任务，高校思想政治工作只能加强不能削弱，只能前进不能停滞，只能积极作为不能被动应付。走进新时代，河南师范大学将始终不忘“精育良才、教育报国”之初心，牢记思想政治工作之使命，积极探索新思路、新途径和新举措，不断推动学校思想政治工作再上新台阶。

（执笔人：肖亮亮　张　迪）

四位一体 三圈深融
构建网络思想政治教育新平台

南宁师范大学

一、工作思路

南宁师范大学紧紧围绕立德树人根本任务，通过建设融媒体中心，打造了“融入一朵云、形成一盘棋、组建一矩阵、织就一张网”“四位一体”的融媒体格局，构建了“中心圈、共建圈、协同圈”“三圈深融”的传播体系，不仅有效提升校园新闻舆论的传播力、引导力、影响力、公信力，更推动了融媒体与思想政治教育的结合，使网络思想政治教育工作有力度、有温度、有深度。

二、主要做法

1. 融入“一朵云”，树立共融共通的网络思想政治教育新思想

建立由校级平台（学校官方媒体、学校网络中心、学校后勤等相关职能部门、校级层面学生组织平台），院级平台（各学院官方、团学组织、其他功能性平台），其他自建型平台（学生社团协会、班集体平台）多级平台融入融媒体中心成为共融共通的“南师云”。

2. 形成“一盘棋”，构建网上网下协同联动的交互新模式

建立了全校共享、全员参与、全领域覆盖的立体式宣传网，形成全校“新闻宣传+文化建设+校园服务”一盘棋，构建高校“大宣传”格局。中心集纳了文化展示平台、校友联络平台、师生交流互动平台、教学后勤服务平台等内容，实现宣传、教学、服务各项基本职能与师生、社会的良性互动。

3. 组建“一矩阵”，优化了调度灵活、内容优质的采编新体系

建设以南宁师范大学官方网站为主的全媒矩阵，促进校级、院级、班级各级，以及各种媒体的大融合，实现有限资源最大化，形成了“百花齐放”“百家争鸣”的良好局面，扩大新媒体方阵在高校青年师生中的影响力。

4. 织就“一张网”，培育了学网、懂网、用网的网络思想政治教育新队伍

充分发挥学校人才、学科优势，整合网站、电视台、报纸“三位一体”媒体，以“1（融媒体中心）+54（全校所有单位）+N（全校所有学生）”的架构，织成全校融媒体“一张网”，为学校各项事业发展团结各方力量。

三、实施效果

1. 以中心圈为轴心，亲近时代，提升舆论引导的传播力。打造“一报一网两微一抖”的中心圈，包括南宁师范大学报、南宁师范大学网站、官方微信、官方微博、官方抖音，辐射今日头条、B 站、QQ 空间等校级媒体。

一是紧扣时政热点，引导学生将自身需求与国家、时代要求紧密相连。紧扣党史学习教育、建党 100 周年等热点，开辟“云上”学党史平台，开展“云讲述”“云朗诵”“云展播”“云学习”。在庆祝新中国成立 70 周年活动中，融媒体中心设置了“青春告白祖国”这一议题，获得人民日报、中国青年报、中国日报等多家媒体报道，抖音点赞数超过 8 万，最高热度达 819.6 万。

二是紧扣校园热点，引导学生爱校荣校兴校的家国情怀。关注开学、毕业、招生等特殊时间节点，制作学生喜闻乐见的内容，与此同时，在重大活动开通直播平台，如线上毕业典礼，直播吸引了 2.2 万名观众在线观看，共获 322 万点赞数，5.4 万条弹幕。

三是紧扣以文育人，引导学生树立文化自觉、文化自信。倾心

打造一批校园网络精品力作，制作了52集《广西特色文化》动画片，入选广西当代文学艺术创作工程三年规划项目，在微博、抖音等多平台播放，单集播放量超200万。

2. 以共建圈为磁场，提升服务学生的公信力。共建易班、南师新青年、“信马的力量”等单位、学院、班级、社团等平台，通过个性化推动，实现网络思政工作从宏观群体走向微观个体。

一是易班建设服务全体学生。通过易班搭建起校内在线思政学习测试平台、在线远程思政教学平台、在线榜样示范引领平台、主题教育在线活动平台、朋辈教育交流平台，实现了易班在全校班级的全覆盖，累计注册认证人数超47 000余人。

二是易班平台打造全方位服务。打造了“情易（忆）师大”毕业生系列、“易班·新学期优秀习惯养成计划”“和美壮乡韵·浓情感党恩”民族文化系列、易班校园定向越野等多项品牌校园文化活动。

三是易班课程建设服务教学全过程。在易班平台搭建爱国爱校教育、党史学习教育、国家安全教育等各类的优质教育课程，进一步提升同学们的综合能力素养。学校易班优课建设始终保持全国高校排名前10%。

3. 以协同圈为辐射，提升对外宣传的影响力。与人民网广西频道、中国大学生在线南宁师范大学校园号等平台结成“报道联盟”，推出一批“有品质、有温度、传得开、叫得响”的新媒体力作，树立学校新形象。同时联手直播平台提升社会服务能力。融媒体中心成功搭建以公益助农为目标的实践平台“农鲜口袋”，与广西商务厅、广西博物馆等单位合作，赴广西宁明县桐棉镇、三江侗族自治县、隆林县开展了多场脱贫攻坚大型公益直播活动，用实际行动助力乡村振兴。

四、经验启示

1. 内容为王，不断提升网络思想政治教育的吸引力。要紧紧抓住网络思想政治教育“吸引”这一本质特征和根本要求，通过设置议题，从大处着眼，从小处着手，不仅找准了引导青年大学生关注国家政治、经济、文化重大问题的切入点，更找准了这些问题与学生切身利益、个人发展相关的结合点。在形式上，综合运用文字、图片、音频、视频等方式，以较强的视觉冲击力、思想感染力，增强网络思想政治教育的魅力。

2. 以生为本，不断增强网络思想政治教育感召力。坚持“以用户即以师生为中心”，提升师生的参与感，增强思想政治教育的时代性和感召力。中心通过微信、微博、直播等不同形式，构建了师生之间、学生与社会之间的共同话题，有效地增强了学生的参与感、获得感，有力促进了学生参与的积极主动性，形成良性循环。

3. 塑造品牌，不断提升网络思想政治教育影响力。始终坚持新闻宣传的主流价值引导，将新技术与学生思想政治工作融合，增强新时代思想政治教育的影响力、感染力和传播力。目前，新媒体矩阵的全平台粉丝数达 50 万，获评“抖音 2019 年度最具影响力高校”（全国仅有 9 所高校入选），入选教育部中国大学生在线 2021 年度全国校园新媒体互动百强名单。

（执笔人：龙妮娜　李　静）

教育新闻宣传工作队伍守正创新的四个遵循

西南大学

风好正是扬帆时，新闻宣传聚合力。西南大学一直以来高度重视教育新闻宣传工作，在学校党委坚强领导下，形成了“尽善尽美策划选题、全心全意沟通媒体、用力用情讲好故事、有声有色开展活动、且行且思总结凝练”的工作思路，构建了学校“上下齐心、交融协同、各尽所能、各展所长”的工作格局，夯实了“两网两台十一端”的媒体矩阵，打造了一支“召之即来、来之能战、战之能胜”的新闻通讯员队伍。做好教育新闻宣传工作，关键在人，如何让这支队伍守正创新、充满活力，贯穿队伍建设始终的是“知情意行”四个遵循，提高认知、连通情感、锤炼意志、自觉行动，实现队伍的持续成长、接续奋斗。

提高认知，把稳理论导航的指南针。认知是个体认识客观世界的系统过程，也是开展一切工作的逻辑起点，认知到不到位、深不深入直接决定了新闻宣传的层次与水平。习近平总书记关于新闻宣传工作的一系列重要论述是我们做好新时代教育新闻宣传工作的科学指南，引导新闻宣传工作队伍自觉用习近平新时代中国特色社会主义思想导航定向，才能建立正确的认知框架与知识体系。一是学习交流培训，打造学习型工作队伍。充分利用学校中心组学习、干部培训会、新闻通讯员“妙笔班”、媒介素养论坛沙龙等学习教育形式分层分类为工作队伍“充电蓄力”，全覆盖订阅党报党刊和理论读物帮助工作队伍“开卷有益”，定期派出师生新闻通讯员赴媒体单位、兄弟高校、企业公司考察学习，“见贤思齐”。二是申报课题项目，打造研究型工作队伍。协同联动学校科研部门，指导广大新闻通讯员结合本身专业领域，聚焦教育新闻宣传工作前沿问题，积极申报国家级、重庆市级和校级各类研究课题，在项目攻关中健全完善新闻宣传人才队伍的培育建设，驱动学校教育新闻宣传工作内涵式发展。

连通情感，汇聚校园内外的同心圆。情感是个体面对世界的愿望和需要而形成的心理活动，饱含情感的新闻宣传才能真正实现凝聚人心、汇聚力量，教育新闻宣传是传播党的方针政策、建设一流大学文化、培育师生社会主义核心价值观、展示学校良好形象、培养学生审美表达能力、推动学校与社会各界交流合作的重要渠道和平台，实现情感共鸣才能让工作队伍心往一块想、劲往一处使。一是校内师生工作队伍形成合力。构建校园新闻宣传命运共同体，培育网络宣传员和网络评论员工作队伍，不断创作生产能引起师生情感共鸣的媒体产品和文化作品，持续强化工作队伍对于教育新闻宣传的价值认同与情感认同。二是校外媒体工作队伍发挥效力。坚持与媒体记者团队作战、同心同行，通过召开新闻发布会、媒体通气会等形式及时准确公布学校最新发展进程，提前报送特色活动、科研成果的新闻通稿，邀约记者来校集体采访，构建高校与媒体协作共生的教育新闻宣传朋友圈。

锤炼意志，构筑成长成才的闭合环。意志是个体克服各种困难、实现目的的品质，是坚持不懈、砥砺前行的内生动力。对位新时代的新要求、教育高质量发展的新目标、媒体融合发展的新境遇，教育新闻宣传面对着一系列新挑战，更需要工作队伍坚定意志、迎难而上。一是完善管理办法，制度管人。修订《西南大学新闻宣传管理办法》，制定《西南大学新闻宣传工作流程》《西南大学新闻宣传内容规范》等一系列文件制度，持续加强网站、校报、微博、微信等各平台内容管理，严格落实“三审三校”制度，做好导向把关，用严格要求与规范管理助力工作队伍成长。二是培育模范典型，朋辈育人。教师层面评选优秀新闻通讯员，通过不定期工作汇报展示本单位新闻宣传的好思路、好做法，实现先进带动后进，力争齐头并进，学生层面培育建设教育部青春缙云网络文化和西南大学融媒体中心运营团队，形成点亮一盏灯、照亮一大片的示范效应。

主动行动，争做形象维护的发声器。行动是一切成功的开始，也是解决一切问题的根本，新闻宣传工作队伍就是要主动作为、靠前行动，需要强化“唯快不破”的行动力与执行力。一是谋划在前，选题策划有思路。新闻宣传工作队伍主动思考、自觉报备，根据不同新闻选题形成“学校–部门–学院”的新闻工作小组，与媒体记者沟通并不断完善选题，之后再正式开展工作内容，“让新闻飞一会儿”以实现新闻宣传效果的最优化，共同发出好声音、传递正能量。二是迅速反应，扬正抑负有对策。开展网络安全自查自纠工作，制定重要节点《网络安全保障工作方案》，学校舆情工作队伍 24 小时不间断进行“人工+智能”网络安全监控，建立每日零报告制度，做好重要节点舆情保障工作。在遇到舆情事件后，第一时间集中研判、第一时间妥善处置、第一时间公开回复，以至简应对至繁，确保校园舆论环境稳定健康，维护学校社会良好形象。

（执笔人：廖晓衡　韩　笑　雷四维）

坚持三个结合 打造示范基地

昆明理工大学

昆明理工大学紧紧围绕学习宣传贯彻习近平新时代中国特色社会主义思想这一条主线，全面学习贯彻党的二十大精神，牢牢抓住校院两级组织这两个关键，统筹抓好线上与线下、校内与校外、理论与实践“三个结合”，融入各项工作，持续不断地推进用党的创新理论武装头脑、指导实践、推动工作，努力创建云南省“学习宣传贯彻习近平新时代中国特色社会主义思想示范基地”，取得了一些经验和成效。

一、线下与线上相结合，构筑理论学习高地

1. 以校、院两级党委中心组学习为龙头扎实开展理论学习

坚持校院两级党委中心组学习制度，把学习习近平新时代中国特色社会主义思想作为中心组学习的首要任务，总结形成了“四抓四促”党委中心组学习经验。“四抓四促”包括：抓制度建设，促规范学习；抓关键少数，促示范学习；抓载体创新，促学习实效；抓联系实际，促工作发展。抓好校院两级党员干部教育培训，构建起了“两类三层”的教育培训体系，即在教工和学生两类人员中，分别对中层干部、党务干部、教工党员，学生党员、发展对象、入党积极分子，进行针对性系统性的教育培训。深化思政课教学改革，充分发挥主渠道主阵地作用，推动习近平新时代中国特色社会主义思想进教材、进课堂、进头脑，思政课“六位一体”教学支撑体系入选教育部“思政课教学方法改革项目择优推广计划”“思想道德修养与法律基础”课程成为云南省面向全国的第一门思想政治理论课慕课课程。2019 年以来，思政课教师获得省级、国家级教学比赛奖共计 22 项。

2. 以"一网两微三平台"校媒联盟构建网上思想引领的示范阵地

"一网"指校园网，"两微"指官方微信、微视频，"三平台"包括昆工新闻中心、青年新媒体中心和"青年之声"互动平台。依托"一网两微三平台"，在网上宣传阐释好习近平新时代中国特色社会主义思想，学校官方网站进入"百度新闻源网站"名单，微信公众号粉丝超过 10 万名，视频号推出"格物""大美昆工"等一批原创短视频，传播积极正向符合时代特色的网络内容，引领青年思想。

二、校内与校外相结合，推动党的创新理论深入人心

1. 深入开展校内宣传、宣讲

成立学校"学习贯彻党的二十大精神专题宣讲团"，依托"万名党员进党校"等平台，协同校院两级青年讲师团、青马宣讲团等力量，深入开展校园宣讲。组织开展"百场形势政策报告会""党的二十大知识竞赛""云岭师生说"理论宣讲比赛等活动，以讲座、报告会、讲坛等形式，促进师生员工对习近平新时代中国特色社会主义思想的认识和理解。2023 年，学校选送的作品《弘扬伟大建党精神走好新时代赶考路》在省委教育工委"云岭师生说"理论宣讲比赛中获得语言类（教师组）一等奖。

2. 注重发挥高校对社会的辐射带动作用

搭建服务社会的宣传、宣讲机制，组建了"优秀博硕士研究生宣讲团"，面向校内外开展"中国梦""科技创新"等主题宣讲，近三年在校内外开展 120 余场宣讲活动。开展"红土青听"活动，校内外 100 余名师生共同开展青年思政教育，第一期辐射全省 5 万余名学生。建立了由优秀中青年教师组成的"博士科技宣讲团"，围绕云南物流发展、基于互联网大数据的云南物流业、轨道交通发展，长期面向机关、学校、企业开展宣讲服务。

三、实践与理论相结合，推动各项工作发展取得新成效

1. 融入科学研究，深化理论阐释

学校马克思主义学院入选首批云南省重点马克思主义学院建设行列，涌现出以中央“马克思主义理论研究和建设工程”首席专家王展飞同志为代表的一批优秀思政课教师。深化理论阐释，围绕学习贯彻习近平新时代中国特色社会主义思想这一主题，2019 年以来出版著作 15 部，获省部级以上科研项目立项 18 项，在《人民日报》《光明日报》等主流媒体公开发表理论文章 60 余篇。学校马克思主义学院成立首批“铸牢中华民族共同体意识研究基地”、云南省统战理论与政策研究基地、中国兴边富民战略研究院云南分院。

2. 融入“第二课堂”，发挥育人作用

不断完善“四类三层两级”的培养体系和“五维课程”体系，深入实施“青马工程”。2022 年 5 月，云南省委领导到校调研期间，参加了学校“青马工程”菁英班主题团日活动。积极开展“三下乡”志愿者服务，为广大青年践行社会主义核心价值观、服务人民、奉献社会搭建平台，连续六年荣获全国大中专学生志愿者暑期“三下乡”社会实践活动“优秀单位”称号。组织开展“挑战杯”竞赛，课外学术科技作品竞赛荣获国家级奖项 23 项，省级奖励 30 项，2023 年荣获“挑战杯”全国大学生课外学术科技作品竞赛特等奖 1 项；在第十三届大学生创业计划竞赛中获得金奖 1 项，铜奖 6 项。完善就业服务体系，促进毕业生高质量充分就业。学校被评为教育部首批深化创新创业教育改革示范高校、全国高校实践育人创新创业基地和全国创新创业典型经验高校。

3. 服务国家战略，助力乡村振兴

充分发挥人才智力优势，积极参与脱贫攻坚和乡村振兴，推进党员干部与宣威羊场镇、西双版纳傣族自治州勐腊县“直过民族”、

怒江傈僳族自治州泸水市、德宏傣族景颇族自治州梁河县等帮扶点对口帮扶、结对帮扶。以订单农业方式在羊场镇建设“羊场无公害蔬菜及部分农副产品供应基地”，开展“无公害蔬菜进校园”活动。

经过扎实不懈努力，学校理论武装工作成效明显，学校党委管党治党、办学治校能力得到了进一步增强，各级党员干部的政治素质、工作能力得到了进一步提升，立德树人工作成效进一步彰显。2018 年学校入选云南省“学习宣传贯彻习近平新时代中国特色社会主义思想示范基地”建设单位。2021—2023 年，学校涌现出“全国优秀共青团员”“中国青年五四奖章”“强国青年科学家”等先进个人，起到了良好的示范引领作用。

（执笔人：王仁强　李红凯）

强化信息技术赋能
构建三维协同网络育人格局

西安电子科技大学

一、工作思路

西安电子科技大学全面贯彻党的教育方针，落实立德树人根本任务，坚持不懈用习近平新时代中国特色社会主义思想铸魂育人，积极推动思想政治工作传统优势同信息技术深度融合，以网络思政的创新发展增强思政教育的时代感和吸引力、科学性和实效性，着力构建“三维协同”网络育人格局——运用新媒体技术创新育人模式、运用大数据技术提升育人实效、营造健康文明的网络育人环境，推动显性教育与隐性教育相统一、“大水漫灌”和“精准滴灌”相统一，着力培养又红又专的“信息尖兵、强国先锋”。

二、主要做法

1. 运用新媒体技术创新育人模式

一是推进理论学习教育数字化。结合学习贯彻习近平新时代中国特色社会主义思想主题教育，举办覆盖近万名师生的线上知识竞赛；打造思政微课堂、课间微思政、网络微宣讲、示范微党课等“浸润课堂”，开展“田埂上的直播党课”等沉浸式主题教育，建设思政课虚拟仿真体验教学中心，连续4年打造全国高校党组织示范微党课。

二是推进红色育人数字化。建设红色文化网络资源库，在丰富拓展博物馆、校史馆育人功能基础上打造数字展馆、开发数字文物，将校史校情教育纳入新生入学前置慕课课程，利用AI技术生成百米党史知识图谱、开展校史老旧影像画质色彩修复，形成“红色电波的时代光影”“红色校史剧本+”等创新路径。

三是推进校园融媒体建设。以“三微一站一抖”为中心拓展融媒体矩阵，搭建采编审发一体的融媒体平台；紧扣中心工作、聚焦师生校友，讲好新时代西电故事，形成“我的西电故事”“萤火微光”“青年力量”等网络思政精品栏目；积极培育网络育人示范项目、研究课题，连续 8 年开展校园新媒体评优表彰。

四是推进日常网络思政教育。创新典礼育人，综合运用“4K+5G”全息穿越异地同场技术、“AR+VR”技术等，将开学典礼、毕业典礼升级为沉浸式思政大课；制作校史故事微视频，利用 MR 全息技术构建交互式沉浸式三维虚拟现场，把师生带入长征路上办学等历史场景；成立大学生宣讲团，把宣讲教育延伸到网络空间。

2. 运用大数据技术提升育人实效

一是助力学生个性化成长。通过物联感知的各类场景和移动端小程序等全方位积累学生成长全周期数据，实现成长数据在链上记录；探索建立学生综合性成长电子档案与电子能力证书，为学生成长画像，支持全过程纵向评价和德智体美劳全要素横向评价。“信息化支撑学生综合素质评价”获批全国教育信息化教学应用实践共同体项目。

二是助力学生精准教育、管理和服务。精准开展学业预警帮扶，通过数据挖掘和分析算法对学生进行全面分析；精准识别异常状况，对学生课业和长期缺勤等情况进行大数据实时监测；精准实现就业供需匹配，利用人工智能算法对企业画像和学生画像融合匹配，提供靶向就业指导；精准进行资助服务，通过餐厅刷卡数据分析学生消费水平，精准识别经济困难学生，“隐形”发放用餐补贴、冬寒羽绒服、一元爱心餐等。

三是助力全员全过程全方位育人。依托“社区党建之家”智能平台，实现申请入党、推优入党、积极分子、发展对象、预备党员、正式党员等全链条跟踪记录，学生党员与党支部书记、培养联系人、辅导员等全维度互动；依托劳动教育智能平台，实现劳动课程信息数据采集、分类统计、学时换算的全链条应用展示；建立思政课教师、辅导员集体备课机制，重点开展学生网络行为特点、信息技术赋能思政教育的有效路径等研究。

3. 营造健康文明的网络育人环境

一是强化网络意识形态安全。严格落实讲座论坛“一会一报”、校内宣传阵地管理，实行新闻信息发布“三审三校”机制，完善校园融媒体平台及学校站群稿前校对功能。加强风险监测预警和分析研判，完善网络舆情突发事件应急应对处置机制，依托1234师生服务热线平台及时反馈、解决师生意见诉求。

二是强化网络育人综合保障。不断提升师生网络文明素养，常态化开展网络安全宣传教育，持续举办新舆工作坊，开展领导干部媒介素养提升专项工作。优化校园网络安全保障，强化网络安全攻防演练。

三、实施效果

1. 创作了一批有时代热度、思想深度、情感温度的作品

多部作品在全国大学生网络文化节和网络教育优秀作品推选展示活动中获奖，《新学期，和西电一起“狂飙”》等入选全国高校思政网思政热文专栏，《手绘校史——毛泽东与西电的故事》等3项作品入选全国高校庆祝中国共产党成立100周年原创精品推广行动。

2. 打造了一批多点发力、同“屏”共振、交互融合的平台

官方融媒体平台粉丝数超百万、年均阅读量超1亿，多次跻身中国青年报全国周榜十强，获评新华号最具影响力高校全国百强等。学校获批教育部首批大学生网络文化工作室，西电官微、西电青年入围全国首批高校思政类公众号重点建设名单，西电青年入选全国高校共青团新媒体示范工作室。

3. 培育了一支政治强、情怀深、能力强的育人力量

夏永林教授入选教育部高校网络教育名师，“老夏说课”成为

全国知名思政类微信公众号。6 人（集体）荣获陕西（校园）好网民。获批陕西高校网络思政研究课题与实践项目 13 项，居全省高校前列。

四、经验启示

一是优化内容供给，丰富网络育人素材库。遵循育人规律和传播规律，准确把握分众化、差异化传播趋势，以重大节日和事件为契机，持续打造主题鲜明、思想深刻、生动活泼、师生喜闻乐见的网络文化作品。

二是信息技术赋能，增强网络育人针对性。借助信息技术的非线性、交互式、扁平化特点，构建更加贴近学生的话语体系、资源体系和管理服务体系，不断增强思政教育内容的时代感、传播的代入感、体验的沉浸感。

三是加强协同联动，构建网络育人同心圆。巩固发展学校党委统一领导、宣传部统筹协调、相关职能部处密切协同、学院书院深度参与、社会媒体广泛联动的网络育人大格局，有效形成网络育人合力。

（执笔人：贾　凯　王　格　席　慧）

传承行业精神 服务国家战略

——打造“12345”网络育人新模式

长安大学

长安大学以习近平新时代中国特色社会主义思想为指导，围绕立德树人根本任务，将“党史+校史+行业发展史”相结合，把家国情怀、行业精神融入网络育人实践，着力培育积极健康、向上向善的网络文化，形成了以网络文明滋养人心、涵育德行的良好局面。

一、工作思路及主要做法

学校坚持“一项根本任务”、遵循“两个巩固”、讲好“三个历史”、提升“四个力量”、强化“五项保障”，打造“12345”网络育人新模式。产出了一批优秀的网络文化作品、科普作品和新闻作品。

1. 坚持“一项根本任务”，唱响网络育人主旋律。学校坚持立德树人这一根本任务，讲好学校与党同心、与国同戚的兴学振邦史，薪火相传、立德铸魂的尊师育才史，自强不息、勇攀高峰的攻坚创新史，将与国同行的家国情怀、科技报国的行业精神融入网络育人实践。

2. 遵循“两个巩固”，筑牢网络育人思想根基。学校遵循巩固马克思主义在意识形态领域的指导地位、巩固全党全国人民团结奋斗的共同思想基础，先后出台十余项网络育人相关制度文件，从体制机制完善、队伍配齐建强、组织条件保障等方面进行顶层设计，实现全员全程全方位参与的网络育人工作格局，汇聚多元多维、立体融合育人合力。

3. 讲好“三个历史”，实现特色文化涵养带动。一是讲好百年党史。创新理论传播形式、健全理论宣讲体系。制作《党史大家说》《百年党史青年说》等红色微党课；打造“红色记忆”“党史故事汇”

“致敬大先生”等特色品牌。二是传承校史精神。丰富校史校训在新时代的理想信念价值、凝聚激励价值、情操陶冶价值。展示学校70余年来在人才培养、科学研究、社会服务、文化传承和国际交流合作方面的贡献及成果。三是挖掘行业发展史。实施公路交通文化品牌建设工程、提升工程、传播工程。提炼公路交通、城乡建设、国土资源三大行业长期形成的“朴素坚韧、追求卓越”的行业文化内涵和“攻坚克难、精益求精”的交通运输学科文化特质，重点开展以“两路精神”为代表的行业红色文化资源研究，丰富“两路精神”时代价值。

4. 提升“四个力量”，弘扬网上网下正能量。唱响网络文化主旋律，提升网络育人组织力、引领力、向心力、品牌力“四个力量”，产出大批接地气、冒热气、聚人气的优质网络文化产品。先后打造出《港珠澳大桥通车！长安大学人助力超级工程！》《2020开年登央视，全球长大人唱响〈我的祖国〉》《为世界之巅！2020珠峰高程测量再现长大力量！》等阅读量10万+的优质网络文化作品。连续七年举办网络文化节，鼓励师生创作形式多样、格调高雅的网络文化作品，多部作品在国家、省部级评选中获奖。开展校园十佳网站、十佳新媒体平台评选，发布校园网络传播力榜单，学校网络文化建设呈现繁荣发展的良好态势。

5. 建强“五个保障”，深化网络思政守正创新。学校建成党委统一领导、宣传部组织协调、党政工团共同参与的大宣传格局，为加强网络育人提供组织保障；建齐配强宣传思想文化工作干部，培养适应融媒体环境的专业采编队伍，为加强网络育人提供队伍保障；出台建立健全宣传思想文化工作的相关制度文件，压紧压实网络意识形态工作责任，为加强网络育人提供制度保障；建好学校公共数据平台，确保校园网络及信息系统安全稳定运行，为加强网络育人提供技术保障；学校划拨网络文化运行经费，为加强网络育人提供经费保障。

二、实施效果

1. 构建全媒体大宣传格局，校园网络文化健康有序发展。学校坚持党的领导“总覆盖”、育人力量“大协同”、推进机制“全贯通”、建设要素“深融合”，各媒体平台实现“一次采集、多元生产、多渠道传播”的工作格局。围绕师生关心关注的热点、难点、焦点问题，深度进行阐释和热点宣传，汇聚起多元多维、立体融合的网络育人合力，不断提升宣传思想文化工作成效。

2. 打造精品网络文化成果，学校社会影响力和美誉度进一步提升。挖掘学校文化底色和专业特色，为用户奉献有温度、有深度，切实感染人、吸引人、打动人的优秀网络作品。推出“航拍长大”“运动长大”“创新长大”等主题，以“内宣鼓舞士气，外宣扩大影响”的目标，为提升学校的美誉度和社会影响力做出重要贡献。

3. 树立特色亮点品牌形象，师生爱党爱国爱校情怀进一步激发。培育“文化里坊”“行走课堂”等“一院一品”特色亮点项目，依托专业认知教育、新生入学教育等，大力开展“智慧交通”“百年交通”教育，充分激发学生爱党爱国爱校情怀。

4. 组建素质过硬的网络宣传工作队伍，培育时代新人的行动力更加坚定。建立宣传部联系二级单位制度，重点做好新闻宣传选题策划、舆情应对舆论引导等方面业务培训。发挥学校新媒体联盟作用，建成“新媒体工作坊”工作品牌，主动占领网络这个战略“新阵地”。

三、经验启示

1. 构建一套完善的网络育人制度体系，促成学校网络平台互联互通融合发展。学校传统媒体与新媒体平台沟通协调、同频共振、优势互补，着力融合一批形式丰富、具有吸引力和黏着度的校园新型主流媒体，扩大网络阵地的育人覆盖面和社会服务面，真正掌握高校网络文化育人工作的主动权。

2. 打造一套上下联动的网络育人工作模式，推进新时代学校网络文化繁荣发展。打造平台共建、内容共享，官方平台联动全校媒体矩阵的“大宣传”工作模式，鼓励引导广大师生积极参与优秀网络文化作品创作生产、丰富网络文化产品的供给，推动学校网络文化繁荣发展。

3. 形成一套以行业特色为依托的网络育人典型案例，具备推广复制价值。依据学校行业特色和优势学科，挖掘专业课程中蕴含的思政元素，打造特色网络育人品牌，实现“思政课程”“课程思政”和“行业思政”的有机融合，努力营造文明健康、积极向上的网络文化氛围，具备向高校特别是行业特色高校推广复制的价值。

（执笔人：郗　波　王　翀　刘　伟　黄天怡）

拥抱融媒时代
提升新闻宣传品质

用融媒体打造一堂毕业季大思政课

北京大学

毕业季是培植毕业生家国情怀和理想抱负的重要节点，是高校向全社会宣传立德树人成果、展现师生精神面貌的重大机遇。疫情形势下，2022 年的毕业季显得有些特殊，北京大学党委宣传部和融媒体中心精心策划、高度投入，把挑战变成机遇，化信息传播为价值传递，用融媒体在社会上唱响了昂扬向上的主旋律。

整合调动融媒体宣传矩阵，高速传递毕业季新闻讯息，精心策划打造典礼亮点，多方转播，全面提升曝光度……一系列宣传传播空前地激发了毕业生及校友的情感认同，引发社会公众对北大毕业季的广泛关注，其中，北大官微毕业季推送累计阅读量超 70 万，系列短视频全网观看量破 10 亿次，一条条走心的网友评论如潮涌来。

把握好毕业季的传播放大效应，我们发现，可以将其打造成一堂“大思政课”。在线上线下的宣传过程中扣准情感共鸣，以传导正向价值观，方能将重要时点化作铸魂育人的扩声筒，实现有思想、有力度、有价值的高校宣传。

一、立体营造氛围，凝聚共识共鸣

北大党委宣传部发挥校园融媒体优势，持续烘托毕业季氛围，为毕业生获取相关信息、抒发毕业情感、展现校园记忆提供平台窗口，在共鸣中凝聚共识。

立足官方定位，渲染浓厚校园氛围。北大宣传部主动发挥官方信息平台的作用，第一时间准确发布毕业季各重要事项的相关通知。北大宣传部 6 月初便在校园及网络阵地共同营造毕业氛围。线上，北大官网首页先后发布五张毕业季相关大图。线下，宣传部在各校门、地标建筑、主干道等处悬挂横幅寄语毕业生，传达国家领导人的殷殷嘱托、阐释北大人的家国精神。并组织摄影师在校内多个地点、院系拍摄毕业花絮，在图片网发布组图。

策划独家专栏内容，持续引导毕业情感和爱校情怀。校内各媒体格外重视毕业季相关宣传工作，推出系列独家策划，开辟了毕业季内容专栏、专题、专文，引导毕业生抒发情怀。官方微信推出系列推送，联动各学校单位，先后推出北大学生线上毕业答辩、领取校友卡、毕业歌曲歌词征集、大学堂牌匾打卡、家乡话告别母校、毕业夜奔、职场第一课等多条内容，推送累计阅读量超过 70 万，微博相关内容阅读量达到 1.2 亿次。新闻网撰写通讯《"一塔湖图"总故乡——2022 届毕业生的燕园独家记忆》，并建立"2022 毕业季"专题，收录学校及各院系毕业典礼报道、毕业寄语等各类内容 43 篇。校刊推出"毕业生故事"栏目，开展"我的毕业论文后记"征文，选登投稿文章。音视频办公室精心制作毕业典礼的开场视频宣传片，采访、提炼感人故事，典礼当天视频一经发布，收获校内外一致好评。

二、图文影音共造云上典礼，信息沉浸强化情感参与

面对疫情形势变化，北大宣传部于毕业典礼宣传中主动而为，积极调动图文影音资源，为身处校内外的 2022 届毕业生与社会公众献上一场难忘沉浸的"云上"毕业典礼。

预备多重保障，全程高度投入。北大宣传部提前成立专门工作小组，制定多套全媒体工作方案。在典礼场地改为户外后，第一时间调整方案，协调摄录团队持续跟进典礼筹备流程，对接统筹 60 余人现场专业团队，分工明确、有条不紊地开展工作。最终，为毕业典礼整理留存了大量珍贵的文字、视频、图片等资料。

图、文、影、音全媒体直播，打造沉浸式云上毕业典礼。北大宣传部对接学校计算中心等部门，在毕业典礼上提供场内信号以进行现场导播，官方微博团队现场办公，进行了典礼同步的图文直播；

清晨 6 点便于天台架设机位拍摄毕业生入场，并第一时间发布延时视频；随后陆续在微博平台发布图文内容，团队根据具体情况实时跟进，调整文案、选图，向广大网友生动准确地呈现了典礼全程，实时上传的高清现场图片浏览量达万余次。

三、全渠道深度传播，持续传递北大家国情怀

北大宣传部发挥融媒体中心矩阵优势，充分突出北大亮点、持续引发关注热潮，汇聚并展现北大学子的理想抱负和家国情怀。

校内融媒体矩阵平台全面传播、各有侧重。毕业典礼结束后，北大官微随即推出微信图文，阅读量迅速突破 20 万。新闻网第一时间发布综合报道。北大国际新媒体六大平台累计发布毕业季相关内容 103 条，总展示量 168 万次。主旋律平台官方号如教育号、澎湃号、头条号、人民号、强国号、新华号等纷纷发布相关报道，多数在头版或显要位置得到推送轮播。

北大还充分把握短视频这一当下流行的媒体形式，根据不同短视频平台的内容风格精准定位，获得了亮眼的传播效果。据不完全统计，北京大学 2022 届毕业典礼相关视频全网观看量达十亿以上，北大的新媒体矩阵各账号相关视频总播放量超 1.3 亿次。

把握主流媒体宣传导向，向全社会传递正能量。北大宣传部利用长期积累的媒体资源，提前联络各主流媒体，并于第一时间将典礼现场的图文素材，发送给因疫情防控而无法到场的媒体同仁，最大限度地调动了社会公众对北大毕业季的关注。人民日报、光明日报、中新社、新华社等主流媒体发布了超百条北大毕业季相关新闻，全网转载、发帖突破 2 300 万条。

为做好价值引领、打造内容亮点，宣传部还对接航天部门，特别邀请了特级航天员、北大在读博士生王亚平在毕业典礼上视频赠言寄语学子。此视频是王亚平返回地面后、同步国家新闻发布会的首次露面，一小时内获得 26 家主流媒体微博转载，登上热搜榜，相

关片段总观看量达 3 000 万次，并被新华网、人民网、中纪委网站等主流媒体专题报道，形成亮点传播。

一场毕业季传播，北京大学用心用情策划宣传内容，创新激活融媒体传播渠道，不仅使宣传工作服务好学校工作和师生生活，更利用关键节点于情感共鸣中融入价值引领，凝心聚魂，打造浸润式“大思政”育人生态，这一做法有待深入挖掘，沉淀思考。

（执笔人：郭俊玲　王钰琳）

探索高校融媒发展清华路径

清华大学

清华大学高度重视媒体融合发展工作，自 2019 年 9 月学校获批成为教育部首批融媒体建设试点单位以来，秉持“媒体融通天下，教育塑造未来”的理念，将融媒体建设列入校级重点工作，不断强化“大宣传”工作格局，推进融媒体建设工作，为探索高校融媒体改革发展的“清华路径”，迈出了更加坚实有力的步伐。

一、工作思路：以改革激发内生动力，强化“大宣传”工作格局

媒体融合，“融合”为要义，“改革”为路径。2019 年，融媒体建设被列入校级重点工作。以学校综合改革启动为契机，清华大学集中加强顶层设计，完善制度体系，调整内设机构，全校融媒体建设工作从理念形成到制度建设，形成全校“一盘棋”的发展共识，明确“三个系统”“四项融合”“五大生态圈”为主体内容的融媒体顶层设计，确保融媒体建设有制可依、有规可守、有章可循。

其中，“四项融合”是清华大学融媒体建设工作的指导思想，即以机制融合为纲、人员融合为本、平台融合为基、内容融合为果，重整机构、优化流程。“五大生态圈”是清华大学融媒体建设的目标路径：校园媒体矩阵、全校媒体资源、上级部门系统、社会媒体数据系统、全球传播体系，同频共振，融合互通。“三个系统”即评价系统、育人系统和服务系统，体现了清华大学融媒体建设服务学校中心工作的重要价值。

二、主要做法：以融合助推创新发展，探索融媒体工作新体系

1. 打造样板案例，构建“1+X”融媒体分中心

为进一步强化学校“大宣传”工作格局，充分发挥融媒体建设的“窗口效应”，清华大学融媒体分中心的建立工作正有条不紊地推进中。在深入调研的基础上，初步确立构建“1+X”的高校融媒体分中心架构，实现平台、实战、渠道赋能，提供政策、人员、资源支持，形成持续工作合力和传播强度，打造融媒体分中心的样板案例。

2. 自主开发融媒体系统，实现六大系统“一网可达”

融媒体系统的设计及应用是融合思维最直观的体现和最直接的实现工具。清华大学融媒体系统主要设计思路体现为：① 尊重融媒体传播规律，按照融媒体新闻业务生产流程进行一体化设计开发。② 适应高校实际应用场景，且需适当兼具新闻业务及行政管理的双重属性及需求。③ 打造立体传播格局，打通传统媒体与新媒体的操作后台，实现深度融合。

清华大学融媒体系统分为新闻业务指挥调度、融媒生产、融媒发布、媒体资源、传播分析、综合管理六大子系统。目前，指挥调度系统、融媒生产系统、融媒发布系统、媒体资源系统及其移动端已面向全校投入使用，传播分析、综合管理子系统正在建设过程中。

3. 打造融媒体专业队伍，加强基层单位宣传指导

以推进融媒体建设为抓手，清华大学加强对全校宣传工作队伍的业务指导和培训，持续通过“拓新计划”系列讲座、融媒体工作坊、媒介素养提升实训班、全球传播能力提升计划等多样化形式，支持和推动基层单位新闻宣传能力的进一步提升。

三、实施效果：全媒并举，亮点频出，融媒生产质效同升

1. 融媒创新，高质量做好清华 110 周年校庆宣传工作

2021 年是清华大学建校 110 周年，宣传部紧扣校庆主题，持续宣传报道学校贯彻落实习近平总书记来校考察时重要讲话精神的举措成效。牵头组织多项原创内容的策划推广，新媒体总阅读量超过 35 亿；自主策划 12 场“清华进行时”校庆直播，校庆日当天连续直播 15 小时，观看量超 4 400 万，综合运用 VR、多链路等技术，实现 12 地交互连线，面向世界更好地传播清华声音。

2. 和声共振，集中力量打造建党百年重大活动宣传工作

2021 年是中国共产党成立 100 周年，在建党百年宣传工作中，宣传部启动“党在清华园”主题宣传，以清华大学党史学习教育暨建党百年专题网站、校报《新清华》建党百年专刊、新媒体矩阵为平台，推出《基层党建巡礼》系列、青年教师入党故事系列深度报道。加强与主流媒体合作，提升社会影响力。制作并发布“党在清华园”百集党建微纪录片，生动展现清华党组织的光荣历史、革命传统、红色文化、党建成就，向中国共产党百年华诞献礼。

3. 转变文风，推动内容生产供给侧改革

宣传部通过实施文风改进年，以内容建设为根本导向，以融媒体系统为平台，进一步放大学校宣传合力。以 2020 年开始的“春泥计划”为例，提倡“春泥”精神，组织社会媒体、学校记者、院系宣传工作人员到宁夏固原、内蒙古阿尔山等地进行“浸润式”深度采访，生动讲述新时代的清华故事。

四、经验启示

1. 提高政治站位，统筹推进，凝聚融合宣传合力

融媒体建设关键在于整合校内外各种宣传资源，充分利用重大节点事件，走好群众路线，形成宣传思想工作的强大合力，为推动学校

高质量内涵式发展提供思想保证、舆论支持、精神动力和文化条件。

2. 坚持改革创新，精益求精，提升融合创新思维

融媒体系统建设以来，新闻产出数量和效率均提升一倍以上。融媒体建设的核心要义在于不断提升媒体融合思维，进一步激发全校各单位及媒体矩阵的活力，让宣传思想工作深入人心。

3. 强化旗帜意识，服务国家，探索融合赋能发展

清华大学融媒体建设始终坚持服务国家战略，努力把大学拥有的丰富学术资源、文化资源、高层次人才资源、国际伙伴网络资源与社会共享。以教育服务社会为例，仅 2020 年融媒体各平台进行相关通识课程及讲座直播近 600 场，近 2 亿人次观看。

4. 坚持多维创新，着眼未来，推动融合纵深发展

充分利用 AI、大数据等新兴技术，不断提升智能新闻采编系统、全媒体内容生态系统、多元化信息指挥中心等业务系统活力，实现内容生产流程的融合重塑，以“智”为核心提升平台赋能机制，以“融”为理念推动媒体融合不断向纵深发展。

当前，清华大学融媒体建设仍然处在探索阶段。面向未来，清华大学还将在加强新兴技术创新融合、探索校园融媒发展规律等方面不断深入，切实推动学校宣传思想工作高质量发展再上新台阶。

（执笔人：高　原　戚天雷）

用融媒体思维推动“曲周精神”深入人心

中国农业大学

在中宣部关于中国农业大学扎根河北曲周46周年服务乡村振兴先进事迹宣传报道工作中，学校高度重视，整合资源，全面发力，打造立体传播格局。中国农业大学的“曲周精神”深入人心，在全国引起广泛关注和强烈反响。

一、主要做法

1. 系统谋划，精心组织大宣传

学校党委常委会先后4次研究，校领导班子召开2次专题工作会，印发了《中共中国农业大学委员会关于传承“曲周精神”服务乡村振兴的决定》，制定了《中国农业大学扎根河北曲周服务乡村振兴宣传报道工作方案》，成立了以书记、校长为组长的工作领导小组，迅速组成材料准备、协调联络、宣传教育、资料收集与展览、文艺演出等5个专项工作小组，落实人员，明确职责，形成一整套大宣传工作内容和进度安排，全力保障宣传报道工作顺利开展。

2. 整合资源，打造融媒体格局

学校把传承弘扬“曲周精神”作为迎接新中国成立70周年和“不忘初心、牢记使命”主题教育的重要内容，全方位、立体化、多维度加强宣传报道。

（1）全媒体迅速发声。在中央主流媒体集中宣传报道推出之后，学校通过官网、公众号、企业号、微博、校报、校园橱窗、电视台等形式第一时间转发相关报道，迅速掀起全校范围学习宣传“曲周精神”的热潮。

（2）建设专题网站。学校专门建设“中国农业大学曲周精神专题网”，放置在官网显要位置。网站设置中央精神、媒体关注、传承弘扬、网上展示、影像记忆、书籍专著等版块，及时转发媒体相关报道，实时更新校内学习动态。

（3）制作校报专刊。学校制作《传承〈曲周精神〉服务乡村振兴》校报专刊，向师生、校友和社会人士累计发放16 000余份，专刊还实现了线上阅览。

（4）举办主题展览。学校在东、西校区同步举办《使命与传承——中国农业大学“曲周精神”事迹展》，全景展现师生扎根曲周46年服务乡村振兴的奋斗历程，开展以来接待参观160余场次，展览还实现了官网线上同步参观。

（5）策划话剧展演。学校组织《稼穑之歌》《天绿》展演，以艺术语言讴歌农大人“爱国奋斗　科学报国”的感人事迹，引发强烈反响。《稼穑之歌》还荣获2019大学生戏剧节最高奖“金刺猬奖”。

3. 全面发力，迅速掀起学习热潮

学校通过开展多种形式的学习教育活动，广泛传承弘扬“曲周精神”，激励广大师生服务党和国家事业。

（1）党委理论学习中心组专门安排时间，集中学习研讨“弘扬‘曲周精神’服务乡村振兴　推动一流建设”。

（2）党支部通过“三会一课”、主题党日、组织生活会等方式，组织党员弘扬传承“曲周精神”，自觉服务乡村振兴。

（3）各单位把弘扬传承“曲周精神”纳入双周专题学习重要内容，组织专题学习交流。

（4）将传承“曲周精神”融入新教师入职教育，组织教师开展专题座谈会，加强师德师风建设。

（5）组织师生开展主题社会实践活动，引导师生把个人理想追求融入国家和民族事业。

（6）将“曲周精神”纳入“形势与政策”课程乡村振兴专题教学，激励广大学生为服务乡村振兴贡献青春力量。

二、实施效果

中央各大主流媒体集中报道推出后，全校师生、广大校友积极收听收看报道，迅速掀起多种形式学习弘扬践行“曲周精神”的热潮。师生、海内外校友和社会各界反响热烈。有关地方、部委对此次重大典型宣传给予高度关注，积极与学校联系沟通加强工作支持、推进务实合作。海内外校友纷纷为母校点赞，“为农大喝彩、为师生鼓掌”。兄弟高校纷纷致电我校表示，“这是教育战线的集体荣誉”。

1. 以思想政治工作为主线，将“曲周精神”作为加强学校思想政治工作的“生动教材”

学校紧紧围绕立德树人的根本任务，以此次重大典型宣传为契机，持续做好“曲周精神”相关资料的收集、整理和挖掘，深入阐释“曲周精神”的历史内涵和时代价值。将学习传承“曲周精神”作为立德树人的“生动教材”，纳入新生开学第一课、新教师入职教育和思想政治理论课教学内容；组织师生赴曲周开展社会实践；广泛开展演讲、征文、摄影比赛等多种形式的活动；鼓励师生创作诗歌、书画等文艺作品，动员社会力量拍摄“曲周精神”影视剧；推出系列文创产品；等等，将“曲周精神”作为学校重要的教育资源和宝贵的精神财富不断发扬光大。

2. 校内、校外媒体联动，线上、线下集中发力，多平台、多维度、多渠道加强宣传效果

在举国上下喜迎新中国成立70周年的重要时刻，中央主要媒体持续报道学校师生事迹，充分体现了党中央对高等农业教育事业的关心，对学校坚持立德树人根本任务、扎根中国大地办大学的肯定。学校集全校之力配合上级部门和媒体做好宣传报道工作，充分整合校内媒体资源，与校外主流媒体报道有效联动，打造立体化融媒体宣传格局，迅速实现全媒体发声。“曲周精神”校报专刊、主题展览、图书影像资源等全部实现了线上线下同步展示；同时，学校各单位

都组织师生收听收看主流媒体报道，开展参观“曲周精神”事迹展、曲周实验站等主题实践教育活动，通过线上线下相结合的方式深入学习“曲周精神”，备受鼓舞、倍加振奋，激发了初心弥坚、强农报国的精神动力。

（执笔人：于　哲　马文哲）

打造沉浸式融媒产品
助力100万+级校庆宣传

北京交通大学

校庆是依托学校重大活动进行全方位宣传，进一步弘扬学校精神、凝聚力量、展示形象，推进学校“双一流”建设的重要契机。北京交通大学建校125周年宣传工作在学校党委的统筹领导下，坚持内聚合力、外树形象，创新开展校庆宣传工作，打造沉浸式融媒产品，展示学校百年历史、办学特色成就和文化内涵，实现100万+级宣传声量，努力为把交大建设成为特色鲜明世界一流大学壮大正面舆论。

一、工作思路

1. 高度重视，融媒创新，扎实推进各项宣传活动

学校党委高度重视，提前一年策划形成总体方案，做好施工图，明确路线表，宣传方案不断细化，任务明确分工到人。校庆宣传工作在学校党委的统筹领导下，打造集时代性、特色性、互动性、可行性于一体的宣传报道，实现宣传效果的最大化和最优化。

2. 加强协作，统筹兼顾，推动宣传活动平稳有序开展

各媒体平台密切配合、通力合作，认真打造既符合校庆整体目标又体现自身特点的精品内容，实现校庆整体工作协同推进、连贯持续。各平台实行例会制，定期通报工作进展情况，协调解决相关问题，确保活动分阶段、有步骤顺利推进。

3. 统一思想，广泛宣传，营造喜迎校庆的良好氛围

借助校内外各种媒介广泛宣传交大，不断扩大学校的知名度和社会影响力，切实增强全体师生员工和广大校友的爱校荣校情怀。提升校庆宣传活动的开放性与参与度，形成各个部门、学院、师生

校友齐参与的大宣传格局，营造浓郁的校庆宣传氛围。

二、主要做法

1. 多维矩阵发力，打出媒体“组合拳”

建立校内外媒体联动、校内各单位联动机制。以服务125周年校庆、全面展示办学成就成果为契机，加强与校内各单位各学院沟通，加大对学校重大成果、重要经验、主题活动及师生典型的宣传力度。新闻网开设“交通大学125周年校庆”专栏；官方微信开设#125周年#话题标签，策划一批原创推送；官方微博开通相关话题，加强校际外联，商邀兄弟高校发布祝福微博；短视频平台进行大会直播，发掘创作短视频；电视台开设校庆电视新闻专题全面报道；校报开辟“我的交大”等专版专栏，做好编辑出版；广播站开辟“走进交大”“声传校史，情寄春秋”系列专题节目。推出形象宣传片《在路上》。创新发展大会当天10个直播平台百万+关注。人民日报、光明日报、中国教育报等国家重点媒体重点报道近百篇。

2. 多项技术协同，打造沉浸式阅读体验

此次校庆系列融媒作品采用SVG、HTML5等多项技术协同。在原创融媒手绘作品《你好，这是北京交大》中，共包含73幅手绘切片，35处动画/触发，全篇采用SVG代码技术，使大量图片加载速度快且高清，呈现震撼美观。创作团队前期开展广泛调研，最终选择手绘长图与视觉创意、互动体验穿插其中的形式，以一个交大人的视角讲述故事，将各年龄层交大人的共同记忆用视觉化的方式有趣、有梗地呈现，打造沉浸式阅读体验。此外，采用HTML5技术，刺激用户深度体验。设计校庆专属头像H5，将交大特色进行视觉设计转化，巧妙融入头像形式中，营造朋友圈场域舆论氛围；原创交大庆生接力H5，创新新媒体产品与传统推送互嵌模式，作品之间互相导流，拓展了“融媒体”的外延。

3. 多元艺术表达，挖掘交大师生校友情感共鸣点

校庆宣传系列在视觉表达上采用多种形式，实现内容的艺术转化。在《这组今昔照片对比，疯狂刷屏！校庆头像上线→》中，在搜集大量历史资料基础上，从上百张老照片中筛选出 22 张，进行现实解构、艺术拍摄，使得今昔对比照既有画面上的相似感，又有不同时代的特征感，达到“跨时空对话”效果。在《今夜，广州塔为交大点亮!》作品中，聚合多种形式，呈现广州塔为交大点亮那一刻的震撼和激动，唤起师生校友集体荣誉感。《你好，这是北京交大》在手绘设计上，融入交大特色梗、时下网络热梗，将众多交大事物凝练成符号，营造各种场景中情绪、氛围等抽象概念的视觉表达，使得不同年龄段的交大人都能在其中找到“当年的感觉”，回味无穷。

三、工作成效

1. 校庆宣传刷新纪录

官方微信校庆周排名全国高校第 1，视频号校庆周排名全国高校第 4。官微校庆日前后连续 3 天推文 10 万+，单篇最高阅读 51 万+，总阅读量 132 万+，在看量与点赞量 5.6 万+。微博校庆话题阅读量达 1 500 万，增幅达 50%。融媒作品获高校思政类公众号重点建设项目“十佳”原创内容等荣誉。

2. 重点报道成倍增长

光明日报、中国交通报、北京日报、北京晚报等重点媒体发表整版报道 30 篇次，人民日报、光明日报、科技日报等媒体发表头版头条、头版、头条报道 84 篇次，深度报道 225 篇次。

3. 师生校友好评如潮

留言区精彩纷呈，仅官方微信平台就收获了 2000+走心留言，这些留言对于推送正文也是一个良好补充，更加丰富了融媒体互动性的内涵，是很好的 PUGC 实践。

四、经验启示

1. 思想引领，内容为王，在守正创新中讲好高校故事

习近平总书记在党的新闻舆论工作座谈会上指出："内容永远是根本，融合发展必须坚持内容为王，以内容优势赢得发展优势。"好的宣传内容是核心，好的内容是有生命力的，要加强策划，多方选角度，广集新闻源，把准内容要点；要从为党育人、为国育才，落实立德树人根本任务的高度，不断增强做好新形势下高校新闻宣传工作的使命感责任感。

2. 全面整合资源，推动形成上下贯通、协同联动的传播矩阵，提升融媒效力

重点把握三条媒体资源路径，校外主流媒体，加强沟通、交流，在内容策划等层面进行深入合作，打造有影响力的示范项目；校内各级媒体，加强宣传互动、新闻线索报送，形成"宣传大家、大家宣传"格局；校园官方媒体，充分整合报、网、微、端等各平台媒体资源，激发融媒势能。

3. 密切关注不断涌现的网络新应用新业态，用好信息技术革命成果

融媒时代，应以内容建设为核心，利用先进技术为支撑，强化技术赋能，推动各宣传载体间互联互通互动，着力建立全媒体传播体系。

（执笔人：袁　芳　龚家琦　韩　榕　何　菲）

综合运用影画声 探索红色创意传播新路径

华北电力大学

华北电力大学综合利用影、画、声三种形式，对伟大建党精神和红色文化基因进行“再编码”，深入挖掘校史中的红色记忆，将党史与校情相联，通过“影”动人心系列视频，演绎红色经典；将党史与校史相融，通过“画”映人心校史条漫，赓续红色血脉；将党史与校风相通，“声”入人心星火之音，传递红色电波。借助“影画声”等艺术手段，生产了一批思想精深、艺术精湛、制作精良的新媒体作品，在育人形式的“变”与育人内核的“不变”中，构建网上网下一体，内宣外宣联动，大叙事与小情怀结合的红色创意传播新范式。

一、主要做法

1.“影”动人心：系列视频演绎红色经典

学校拍摄制作《矢志心向党　奋进新时代——“我和我的学校”红色记忆》微视频，把党史学习和校史挖掘结合起来，以青春的视角讲述了学校在党的领导下实现跨越式发展，为新中国能源电力事业做贡献的故事。

学校发起“唱支歌儿给党听”主题网络接力活动，以院系为单位组织学生唱响有代表性的革命歌曲，综合运用歌声、戏曲、器乐等多种形式打造创意视频，在网络平台进行集中评比展播。20 个由大学生自编、自演、自导、自拍的红歌短视频在校园新媒体矩阵中的 33 个平台以拉歌互动的形式推出，广受师生好评，多次获得学习强国首页推荐。

学校根据不同受众的特点，策划了适于分众传播、精准推送的各类短视频，推出了《南陈北李　相约建党》原创动画视频，其具象的视听语言和通俗的表达方式，使青年学生更容易接受和认同。学校还推出了“我的入党初心”系列访谈类短视频，通过采访退伍大学生士兵、离退休老同志、优秀校友等群体，讲述奋斗故事，重温入党初心，让党的故事传遍校园的每一个角落。

2.“画”映人心，校史条漫赓续红色血脉

学校推出了根据校友故事改编的《三代华电人　共叙华电情》原创条漫，讲述校友求学创业的故事，单篇阅读量单日突破 16 万+，在师生和校友中引发热烈反响。学校还制作了《华电时光机》创意交互 SVG 条漫，同时展现党史和校史两条时间线。师生可乘坐时光机，身临其境学党史，点击时光按钮重温同时段校史。在静态画面的基础上辅以 SVG 动画效果，丰富用户的视觉感受，通过“答题闯关”，增强受众参与感，让师生在情境式体验中坚定永远跟党走的深厚感情。

3.“声”入人心，星火之音传递红色电波

学校以师生为主体，邀请专家、校友等广泛参与，采用师生共读、情景式朗读等多种形式诵读红色诗歌、诵读红色家书、诵读新时代诗篇，制作推出“星火之音”系列音频，带领广大师生重温百年光荣历史，探寻党的红色精神密码。目前已上线 150 余个音频，各平台累计播放量超过 10 万。学校还把党史故事音频嵌入 23 处校园微景观之中，师生可以通过扫描微景观上的二维码，听取音频故事。学完所有故事的师生可获得“党史学习小达人”证书。

二、实施效果

学校综合利用短视频、动画短片、艺术设计、SVG 等进行校园红色创意传播，为党史学习教育营造了浓厚热烈的网络氛围，通过

“影画声”多种艺术手段实现了传播效果的叠加放大效应。

通过“内发力+外发声”，扩大了宣传效果，全校各级各类媒体平台制作短视频作品100余件，总观看/收听次数超过2 000万+，其中1部作品播放量超过100万，10余部作品点击量超过10万，多部作品获学习强国、新华每日电讯等媒体转载报道。

通过融合“正能量+软表达”，提高了作品的亲和度，把党史学习教育与师生的生活、感受结合起来，以接地气、讲故事的方式讲述个体奋斗圆梦的经历，诠释百年奋斗的宏大主题和辉煌成就，作品推出后在广大师生和校友群体中引起强烈反响。

通过兼具“观赏度+参与感”，实现了师生从看宣传、听宣传的被动宣传，到做宣传、参与宣传的主动宣传新局面，师生共同诵读、传唱经典、答题闯关等活动有效形成了网上网下的高度融合互动，提升了传播效度。

三、经验启示

1. 围绕重大主题，强化专题策划，坚持全校“一盘棋”

学校围绕关键时间节点、重大活动等进行专题策划，秉持“人人都是宣传员”的理念，健全上下贯通、内外统筹、网上网下联动的“大宣传”工作格局，形成全校“一盘棋”工作机制。围绕红色教育活动，协同各单位统筹开展专题策划，形成强大宣传合力。

2. 建制度、强队伍，夯实创意传播工作基础

制定新闻、新媒体等系列制度，为宣传思想工作提供制度保障。坚持专、兼结合，全力建强新闻宣传队伍，形成华电特有的“两支两专三社团”宣传工作队伍。培育建设19个“网络文化工作室”，推动网络思政工作走深走实。开展“新闻宣传先进单位”“新闻宣传先进个人”“十佳校园新媒体”“优秀学生记者”评选活动，发挥激励、引导和评价作用。举办“媒介素养提升工程”系列讲座，每年覆盖500余人次，有效提高全校宣传思想工作队伍的专业化能力。

3. 坚持育人为本、内容为王，抢占红色创意传播制高点

主动适应“互联网+”发展趋势，充分利用新兴传播技术，打造师生喜闻乐见、适合网络传播的内容精品，让正面主流声音牢牢占据舆论引导、思想引领的传播制高点。适应分众化、差异化传播趋势，增加音视频内容生产供给，多生产短、实、新的融媒体产品。落实立德树人根本任务，面向师生家长、面向社会公众，突出教育特色，讲好高校故事、传好高校声音、树好高校形象。

（执笔人：张顺涛　卜叶蕾　朱慧花　董艺双）

弘扬爱国光荣传统
奏响百年奋斗强音

东北大学

2023 年是东北大学建校 100 周年。东北大学坚持以习近平新时代中国特色社会主义思想为指导，深入学习贯彻习近平总书记给全体师生重要回信精神，遵循“把牢方向、深度策划、突出重点、全域覆盖”工作思路，坚持“传统”与“新兴”并重，“校内”与“校外”联动，“质量”与“流量”共赢工作目标，用心用情讲好百年东大爱国奋斗故事，全方位多维度立体化提升百年校庆融媒宣传影响力传播力。

深度选题策划，强化“内容引力”。以东大百年辉煌历史和精神文化谱系为融媒宣传主线，加强选题策划，擦亮东大百年爱国奋斗底色。以长线选题为贯穿，推出“百年东大 奋进长歌”和东北大学“百年百事”系列专题报道，以校庆倒计时 30 天连载方式，全面展现学校百年光辉历程。以重大选题为引领，联合主流媒体推出头版、整版、专题等形式报道，《科技日报》头版刊发《东北大学：矢志科技报国 百年正是芳华》，《中国教育报》第 4 版整版刊发《东北大学：坚守科技报国初心 勇担强国建设使命》，《新华每日电讯》第 8 版整版刊发《“爱国”两个字，这所大学书写了一百年》，《人民日报》第 2 版刊发《立德树人，恪守育人初心——写在东北大学建校一百周年之际》，《光明日报》第 6 版整版刊发《赓续百年荣光 矢志建设一流——东北大学建校一百周年》等，错落形成宣传波峰。以创新选题为突破，坚持“月月有计划、周周有重点、天天有作品”，既谋好“时”，又谋好“事”，打造校庆头像、专属表情、校庆壁纸、百年校史长卷等作品，全方位彰显百年校庆融媒作品的引领性和感染力。

聚焦校庆亮点，提升“形象魅力”。围绕“奋进百年 起航东大”校庆主题，聚焦“学术校庆”“文化校庆”，以有温度、有筋骨、有力量、有特色的融媒作品，展示百年东大风采，奏响时代奋斗强音。推出庆祝建校100周年国际形象宣传片，制作《百年风华》校庆特刊、专刊100版，打造《巍巍东大 百年树人》校史片，推送《百名东大人讲百年校史》系列短视频，生动展现百年东大辉煌成就。联合青塔教育新媒体，定制化推送百年校庆专题图文，单篇阅读量突破 10 万+；联合 Science 杂志制作刊发校庆专题图文《东北大学（NEU）：铸就百年学术辉煌》，覆盖学校主流学科门类，面向全球高校定制化推送2万封宣传邮件和35万次的Science官网旗标展示，扩大学校在全球范围内的学术影响力。

加强流量管理，扩大“互动张力”。充分发挥“教育政务新媒体星火计划”成员单位示范带动作用，强化教育融媒体互联互动、互融互通。联合清华大学、复旦大学等高校，围绕建校100周年在微博、短视频平台开展为百年校庆送祝福接力，参与高校104家，全网接力突破200万人次。持续加强融媒作品的产品化运营，把握作品传播规律，突出分众化营销，实时加强与网友粉丝的互动交流，精细化管理流量和用户，充分激发活跃用户的参与度、贡献度。百年校庆期间，策划推出校庆主题图文47条，摄制发布主题短视频144条，官方微信粉丝增量突破4万人，官方微博粉丝增量突破29万人，短视频平台粉丝增量11万人，各平台直播收看量超过450万人次，“同唱一首歌”、无人机直播、校庆晚会直播等融媒互动频频登上本地热搜排行。

激发矩阵效应，汇聚“传播合力”。适应分众化、差异化传播趋势，坚持传统媒体和新兴媒体同步联动、校内媒体和校外媒体同频呼应，充分发挥全媒体矩阵传播效能，快速形成内容传播的立体场域，着力在央级媒体上提升影响力，在地方媒体上提升美誉度，在新媒体上提升知晓度，不断扩大融媒覆盖圈层。校庆日前后，媒体累计报道 3 876 条，全面覆盖所有主流媒体和全国各地政务媒体。其中，央级媒体报道 161 条，省、市主流媒体报道 893 条，中央广播电视总台新闻联播报道 3 条，以新闻直播间、专题纪实报道、“9·18”纪念活动直播等形式累计报道 11 条。联合新浪微博设置“百年校庆海报”开屏页面，引导流量超 2.5 亿。其中，#东北大学 100 周年校庆#话题阅读量超 1 亿；#习近平总书记给东北大学全体师生回信#话题阅读量超 5 400 万；#东北大学#超话设置“许愿池”祝福特效功能，话题阅读量超过 8 800 万。官方微信、短视频平台运用 H5 特效、互动答题、粉丝福利、直播等形式营造校庆氛围，参与人数突破 950 万人次。

（执笔人：闫　研　史　鉴　杨　明　刘宇豪）

发挥融媒特点
探索思政教育“破圈”传播新模式

——以移动直播品牌《听 Ta 说》为例

同济大学

同济大学融媒体中心（以下简称中心）坚持落实立德树人根本任务，加强组织领导，注重协调联动，突出载体创新，打造了原创移动直播品牌《听 Ta 说》。《听 Ta 说》分为“传统文化”“科学素养”“人文情怀”“红色能量”等多个栏目，把常规的校园文化活动和空间“搬迁”到网络世界，在网络空间弘扬传统文化、革命文化、社会主义先进文化。《听 Ta 说》播出后，激发了广大青年爱党爱国的热情，凝聚了同舟共济的正能量，获得校内外关注和点赞。

一、创新党史学习教育，让课堂变得更有温度

在《听 Ta 说》“红色能量”栏目中，中心以学思践悟习近平新时代中国特色社会主义思想为主线，立足长三角的丰富红色资源，创新党史学习教育载体，通过优秀的专业老师沉浸式、体验式讲解，让师生于云端“亲临”各类场馆和场景中探究红色故事的来龙去脉，体验、感悟背后蕴藏的革命传统和时代精神，引导广大师生知史爱党、知史爱国、厚植教育报国情怀，努力成长为担当民族复兴大任的时代新人。中心与沪上红色场馆联合设计，策划形式多样、青年人喜闻乐见的学习方式，把党史学习教育贯穿系列主题活动的始终，共同打造全媒体时代的网络育人新模式。

首讲《回到起点》在中共一大会址纪念馆开播。当天，中共一大会址纪念馆主要负责人、学校优秀辅导员代表，以及马克思主义学院专业老师分别从不同的视角，讲述中国共产党走过的光辉历程，

重温共产党人的初心使命。《听 Ta 说》还结合各重要时间节点，先后在新渔阳里团中央旧址纪念馆、二大会址纪念馆、四大纪念馆等处，邀请场馆领导和相关专家进行直播讲解，还邀请到了遵义会议纪念馆、井冈山大学的相关专家为师生们在线讲解，每场都吸引十余万人次在“云端”观看互动。

各场馆负责人表示，相比往日人头攒动的纪念馆，线上直播不仅扩大了受众群，让更多网友走进中共一大会址，了解党的历史，更使他们的参观体验得以提升，更加真切地学习了解中国共产党波澜壮阔的历史，从而激励青年不忘初心、牢记使命，永远爱国奋斗。

二、个性定制内容，让知识变得更有趣味

当课堂遇到直播和短视频，抽象的知识变得更加生动有趣起来。在“传统文化”“科学素养”“人文情怀”等栏目中，有针对性、有计划性地邀请校内相关领域的大咖名家，化身“网红主播”精彩开讲。有中国赛道设计第一人姚启明博士讲述汽车运动的前世今生，有著名景观设计学者刘悦来教授揭秘来自一颗种子的力量，还有著名精神科医生赵旭东解读神奇的心身医学等。这一次次线上开课，让更多的人可以通过直播就能真切地领悟到学习的魅力。中心还邀请昆曲名家谷好好、京剧名角李佩红等大咖亮相节目，担当数期“网红主播”，为青年学生带来全新的传统文化艺术体验。

其中，同济大学宝石及工艺材料实验室主任周征宇副教授多次做客《听 Ta 说》直播栏目，在玉石博物馆开讲《中国玉石及玉文化鉴赏》课程，中国玉雕泰斗、中国工艺美术大师吴德昇曾作为嘉宾现场讲解玉雕艺术。30 多万人次在多个平台实时观看了节目，不仅深入了解了玉文化的传承与发展，更身临其境地观赏了玉雕工艺流程，这也为当代大学生树立文化自信提供了良好的范本。

直播在同济大学官方 B 站、抖音、快手、微博和人民日报客户端、新华网、央视频等各大校内外平台全平台推送，覆盖学生、老

师、校友和家长等不同人群，引发广大受众的热烈反响，使得各类知识的传播呈现出新的生机和活力。

三、完善沉浸体验，让学习变得更有意义

每一次开讲前，团队都会精心布置实景“课堂”，除了各大历史场馆，老师们纷纷将课堂放在赛车场、实验室、田野间、医院等地，通过细致入微、接地气地授课，让更多的人发现学习是一件有意义的事情。“讲得真好！”“感觉好像身临其境，太棒了！”“我们要不负青春韶华！”“志存高远，担负起时代使命！”等弹幕时常在直播屏幕上源源不断闪现。在线上，师生跟随移动镜头在线参观，聆听讲述，近距离地感受直播场景中的一件件珍贵的展品；在线下，校内外观众持续关注，不仅收看点赞，还可以实时提出很多互动问题，师生主播也会一一反馈，超越时空限制，实现线上线下的交互式学习。用青年群体更容易接受的方式和手段，拉近师生和这些单调的知识的距离。

在一次由环境科学与工程学院杨殿海教授开讲的课程中，杨教授云端揭秘科学的奥秘《污水如何变清泉》，同样他将课堂放在污水处理厂内，完整地讲解了“污水的产生、去向和再次利用”问题，让人们真正认识到计划用水的必要性、节约用水的重要性、浪费水的危害性、破坏水的危险性、缺水的严重性。课后，杨教授看到满屏都是“节约用水”“节约打卡”的弹幕，他连连点头欣慰地说道，“这堂课，值得了！”

《听 Ta 说》栏目目前已开讲 50 余场，共有近五百万人次通过各直播平台在线收看，取得如此成绩，主要有以下经验：一是在创新讲述形式上发力，用好线上线下红色资源，引导教育广大青年爱党爱国；二是在丰富学习内容上着力，在人文、科学和文化等栏目中，给予学生内容丰富、形式新颖的学习体验；三是打造沉浸式学习场域，超越时空界限，让知识更易被接受。

未来，同济大学融媒体中心将以习近平文化思想为指引，坚定文化自信，秉持开放包容，坚持守正创新，以厚植人文情怀、提升科学素养为目标，着力培育和践行社会主义核心价值观，着力提升新闻舆论传播力、引导力、影响力、公信力。《听 Ta 说》栏目将继续通过直播的形式深入挖掘丰富的历史、文化、科学等题材，以年轻人喜闻乐见的形式，用自己的视角、语言、体验和方式进行网络创作，特别是进一步引导师生深刻认识自身的时代使命和责任担当，以小我融入大我，砥砺奋进、报效祖国，为“两个一百年”奋斗目标和中华民族伟大复兴的中国梦贡献同济力量。

（执笔人：聂阳阳　喻　娟　莫文闻）

微视频助力网络思想政治教育高质量发展

东南大学

随着互联网技术的发展与普及，我国网民数量剧增。新媒体正影响着中国的传播生态和舆论格局，也给新时代的高校宣传思想工作带来了新的机遇和挑战。习近平总书记在全国高校思想政治工作会议上指出："要运用新媒体新技术使工作活起来，推动思想政治工作传统优势同信息技术高度融合，增强时代感和吸引力。"近年来，东南大学围绕学习宣传习近平新时代中国特色社会主义思想和党的十九大精神、围绕师生思想政治教育等主题，先后拍摄了系列宣传作品，引发关注，在校园内外产生了较好的示范作用。这一创新尝试是学校利用创新技术手段，增强宣传思想文化工作效果的积极探索，助力网络思想政治教育高质量发展。

一、探索微视频助力网络思想政治教育高质量发展的工作思路

微视频，通过短小、快速、共情的信息传递，体现了丰富的思想文化内涵，有效达到铸魂育人的目的。一是要瞄准重点，提前谋划。抓住重点热点问题，把握关键节点，提前谋划，与最新理论创新点、师生关切热点等问题相结合，把握视频拍摄周期，围绕创意提出、脚本写作、现场拍摄及后期制作等，做好时间计划与安排，以保证最终呈现。二是要群策群力，协同共进。视频拍摄是一项专业的技术团队工作，即便在面临专业人才配备不足的情况下，通过充分集聚多方力量，发挥并调动师生创造性、积极性，协同多项资源开展好工作。三是要突出特色，开拓创新。微视频作为宣传的重

要方式之一，需要极大的创造性，既要“蹭热度”，又要“树角度”，同时还要“有温度”。

二、微视频助力网络思想政治教育高质量发展的实施效果

东南大学以微视频助力网络思想政治教育高质量发展成效明显，推进思想政治教育以更加生动的方式为师生所接受，进一步落实培育时代新人的责任。

一是迎合青年需求喜好，有效激发思政学习热情。微视频有短小精悍、易于传播的特点，加上讲述故事的方式和视角，很大程度上克服了说教的刻板性，契合了当代大学生的个性和需求，能有效激发大学生的主体意识，展现学生群体多彩的精神和生活世界，有助于青年学生激发思政学习的热情。比如微视频《初心》，是学生自己讲述作为一名入党积极分子对自己入党“初心”的探寻，展现对事业追求、对学生温暖关爱、对工作孜孜不倦的党员典型，让学生们在追问初心中找到自己的信仰追求，具有较好的教育效果和春风化雨的熏陶，积极弘扬了社会主义核心价值观。

二是着眼细处透过微小，实现思政工作点滴渗透。微视频通过小处着眼，讲述身边的事情、身边的人物，通过共情实现思政工作润物无声。如东南大学策划拍摄的微电影《梦想的门槛》，讲述了家庭经济困难的学生跨过心理障碍，通过有温度的资助政策，获得了帮助和鼓励，最终勇敢追求梦想。影片通过一个温情的故事，展示了学校“金钥匙”工程。该片在校园展映时感动了众多的师生，并获得 2018 年江苏省资助微电影大赛一等奖。

三是挖掘传播榜样典型，树立正确思政教育观念。微视频通过对典型人物、典型事件的重塑，使得榜样的形象更加鲜明，力量更加强大。如在庆祝东南大学第 34 个教师节上，拍摄微电影《背影》，通过选取背影这一意象，贴合东南大学教师整体质朴低调的形象，

突出东大特色。片中通过展现4位不同年龄教师的风采，让学生和家长更加真切地了解东南大学教师的担当、奉献、传承的品质，也让教师自己对职业更加敬畏和尊重。

三、微视频助力网络思想政治教育高质量发展的路径方向

微视频为高校网络思想政治教育模式的创新提供了新的思路，为未来高校思想政治教育提供了更丰富的实践发展路径。

1. 激发创新意识，借助学生喜闻乐见的方式打造思政教育新形态。根据学生的接受习惯，了解学生获取外界信息的主要途径，以微视频的形式创新教育内容与形式，促使大学生对教育内容实现情感共鸣和价值认同，激发学生思政学习兴趣。学校每年都会举办微视频大赛，学生的参与度高、参与热情高涨，很多优秀的视频都离不开学生的创造和灵感，有效调动了学生参与思想政治教育的积极性，鼓励其主动投入思想政治教育学习中。

2. 强化协同联动，凝聚全校共识助推思想政治教育矩阵形成合力。以学校为中心，鼓励各学院、教师等主体积极探索短视频课程体系，动员各要素在思想政治教育方面保持协调，形成一股合力。以东南大学曾开展的“微课大赛”为例，教师通过微视频授课参与全校评比，学生自主选择观看，在提升思想政治教育短视频资源开发质量的同时，实现院校协同开展网络思政教育目的，构建高校思想政治教育矩阵，帮助学生坚持正确价值引领、树立共同理想信念。

3. 整合优质资源，发挥融媒新优势促进思政教育全方位传播。充分发挥新媒体技术优势，利用融媒体矩阵来传播微视频，实现传统的实体资源与网络虚拟资源的有效衔接，遵循因事而化、因时而进、因势而新的原则，为思想政治教育提供更广阔、更全方位的平台。如为了深入解读习近平总书记提出的“文化自信”，东南大学拍摄《文化自信从哪里来》微电影，通过讲述“郑和下西洋”故事，

号召青年学子在新时代宏伟目标的召唤下将文化传统发扬光大。该微电影在多平台上进行传播，最终入选由中央网信办移动局指导、半月谈新媒体中心联合打造的《理论达人解读十九大》系列微视频，点击量超过 10 万，被众多媒体转载，教育效果显著。

（执笔人：孙　艳）

构建两个重大机制 筑牢宣传思想高地

合肥工业大学

合肥工业大学党委始终坚持以习近平新时代中国特色社会主义思想为指导，坚定扛起“举旗帜、聚民心、育新人、兴文化、展形象”重要使命，着力构建重大理论宣传研究保障机制和重大新闻宣传选题工作运行机制，努力在凝聚全校师生思想共识、壮大新闻舆论、提升讲好工大故事的能力和水平等方面取得新成果，推动学校宣传思想工作再上新台阶。

一、重大理论宣传研究机制提升宣传阐释研究能力

为深入推动对习近平新时代中国特色社会主义思想的宣传阐释研究，充分调动学校社科理论及相关学科研究人员撰写和发表理论文章的主动性和创造性，打造精品力作，提升学校理论研究水平，学校构建起重大理论宣传运行保障机制。该机制重点以安徽省中国特色社会主义理论体系研究中心合肥工业大学研究基地为依托，以宣传研究阐释习近平新时代中国特色社会主义思想为重点，以发表中央重点党报党刊高水平理论文章为目标，建立起宣传部组织协调，各相关部门和重点学院协同推进，齐抓共管的联动工作机制。

该机制主要包括以下四个方面内容。一是建立科研激励机制。根据提升理论宣传工作水平的实际需求，学校加大支持力度，适时调整《合肥工业大学突出业绩奖励实施暂行办法》，对在指定报刊上发表理论文章的校内教职工兑现绩效奖励，有效吸引和激励更多的研究力量聚焦指定报刊持续开展研究工作。同时，设立重大理论宣传研究校级专项计划，支持一批专题理论研究。二是强化研究成果应用。将在指定报刊上发表的理论宣传研究成果纳入学校职称评聘指标范畴，根据个人贡献给予认定，充分调动起相关研究人员的积

极性，切实提高我校理论研究成果见报见刊率。三是明确年度目标任务。依托系（所）、科研团队，针对重大理论宣传择优组建专项研究团队，采取有效有力配套举措，给予必要的条件保障和政策支持，确保持续在指定报刊上发表高水平理论宣传研究成果。四是健全协调保障机制。学校组建专家咨询队伍，做好阶段性主题遴选工作，强化理论宣传教育研究的引导工作。学校主要领导带头撰写理论文章，学术带头人、社科理论研究骨干，以及党务管理人员、宣传思想工作人员等积极参与其中，不断壮大理论研究工作力量。

学校将理论宣传研究阐释工作纳入年度工作目标任务和“十四五”事业发展规划，统筹谋划，持续发力，形成重大理论宣传研究的长效运行和保障机制。组织理论宣传研究队伍深入学习宣传习近平新时代中国特色社会主义思想，尤其是及时跟进习近平总书记重要讲话重要指示批示精神开展理论宣传阐释工作，先后在光明日报、经济日报、中国教育报、安徽日报及中国社会科学网等媒体刊发系列理论研究文章。其中 1 篇文章被近 60 家中央和省级重点新闻网站等转载，取得了较好的社会反响。

二、重大新闻宣传选题运行机制讲好高等教育故事

聚焦学校中心工作和重点任务，统筹推进学校新闻宣传工作，建立学校重大新闻宣传选题工作运行机制，将笔触和镜头对准一线师生和各单位发展成就，切实讲好合工大故事、传播好合工大声音，全面提高学校新闻宣传质量和层次，营造良好的舆论氛围。

该机制主要包括以下五个方面内容。一是推出重点选题发布机制。根据学校总体工作安排和阶段性重点任务，学校每季度征集并研究确定一个或多个重大新闻宣传选题，通过校园网通知公告栏等渠道向各二级单位发布。二是建立新闻线索报送机制。各二级单位根据公布的选题，深入挖掘本单位的发展成就和新闻线索，并形成具有一定价值的综合性文字材料，连同辅助资料一并报送至党委宣

传部。三是健全择优统筹遴选机制。根据各单位报送材料，党委宣传部进行遴选，进一步挖掘新闻宣传线索或指导二级单位完善新闻宣传素材，形成高质量的新闻宣传题材，统筹校内外媒体进行统一宣传报道。四是完善服务保障机制。重视队伍建设，定期对各单位负责宣传工作的人员开展业务培训，通过集中交流、工作研讨等方式增强其新闻宣传的意识和能力。五是建立激励机制。对报送新闻线索效率高、质量好、采用多的单位（个人），对在中央和省级媒体刊载宣传学校办学成绩的集体（个人）适时进行表彰。

2020 年，学校在中央及省级主流媒体刊发重要稿件近 30 篇。中国教育报、中国青年报、科技日报、工人日报等中央媒体全方位报道我校定点帮扶成果。特别是面对新冠肺炎疫情阻击战，中央电视台新闻频道《朝闻天下》栏目以 3 分钟时长报道我校杨善林院士及其科研团队将科研成果应用于新冠肺炎抗疫一线的情况，杨善林院士被安徽省委宣传部列为重大典型，人民网、央广网等中央级媒体和安徽日报、安徽广播电视台等省级主流媒体对杨善林院士先进事迹团队等抗疫故事进行了集中宣传。杨善林院士登上央视《开讲啦》栏目，向全国观众讲述了高校科研人员的战“疫”故事。学校 75 周年校庆期间，中国教育报、中国青年报等主流媒体对学校人才培养新举措进行了广泛报道。《安徽日报》头版报道了学校服务地方经济社会发展和国家高端装备制造业的生动实践和取得的累累硕果。

通过整合校内外宣传思想工作力量，学校党委积极提高舆论宣传传播力、引导力、影响力和公信力，紧紧围绕习近平新时代中国特色社会主义思想学习宣传贯彻工作，紧紧围绕学校高质量内涵式发展和“双一流”建设工作，深入开展理论宣传研究阐释工作，深入挖掘宣传学校在党建思政工作、人才培养、科学研究、社会服务、文化传承与创新、国际合作交流、学校基础能力建设等方面的新举措新进展新成效，特别是在脱贫攻坚战和新冠疫情阻击战中涌现的先进典型和感人故事，建立健全校党委统一领导，宣传部门牵头协调，各部门共同参与的工作机制，实现了学校新闻舆论宣传工作的上下联动、协同运行、提质增效。

（执笔人：周　慧　叶　兵）

依托新媒体矩阵
探索构建海洋文化共同体

中国海洋大学

习近平总书记在中国海洋大学三亚海洋研究院考察时强调："建设海洋强国是实现中华民族伟大复兴的重大战略任务。"提升海洋软实力是建设海洋强国的必由之路，而海洋文化是海洋强国软实力的核心要素。在新媒体时代背景下，为了推动和深化海洋文化研究和宣传，增强全民海洋文化自信，中国海洋大学精心谋划，优化布局，打造了以学习强国号、中国教育发布号、官方微信、官方微博、视频号为主的新媒体矩阵，积极借助新媒体传播优势，依托新媒体矩阵，探索构建全国联动、共享、融合的海洋文化共同体——中国海洋文化新媒体联盟。

一、工作思路

深入学习领会习近平总书记关于建设海洋强国的重要论述，联合部分涉海高校和科研院所，成立中国海洋文化新媒体联盟。通过"蜂巢模式"，以传播海洋文化为"接口"，聚合各成员单位的"海味"资源，形成多元主体共同参与的海洋文化共同体，进行海洋文化的常态化传播与报道。联盟以制作系列海洋文化新媒体内容为抓手，依托各成员单位的新媒体平台，创建一个大众能够普遍参与的海洋文化双向沟通的空间，在世界海洋日等重要时间节点开展集中策划和联动宣传，面向社会讲好海洋故事、普及海洋知识、传播海洋文化，为海洋强国建设提供强有力的社会共识、舆论环境、思想基础和精神动力。

二、主要做法

1. 共建共管，探索新媒体建设新机制

中国海洋大学与自然资源部宣传教育中心牵头，联合上海海洋大学、广东海洋大学、大连海洋大学、浙江海洋大学、海南热带海洋学院等涉海高校，以及崂山实验室等科研院所共同发起成立中国海洋文化新媒体联盟。联盟紧紧围绕海洋强国建设和“一带一路”倡议的总体要求，探索建立“一核多元，共建共管”的新媒体联盟体系，通过强化联盟的组织核心作用，发挥平台联动优势，整合成员单位资源，建立联盟引领、成员共建的新媒体运营新机制。

2. 共商共议，找准协同联动契合点

联盟成员单位共同制定了《中国海洋文化新媒体联盟章程》，以章程的形式确立了联盟大会制度，规定联盟大会是联盟的最高决策机构，指导联盟开展工作，决定联盟重大事务。联盟实行理事会负责制，每年定期组织常务理事单位会员大会，围绕热点难点问题进行商议。通过共商共议，找准协同联动的切入点、契合点和着力点，从而形成工作合力，画出最大同心圆。

3. 共享共营，打造海洋文化宣传高地

以“统一配货和自主加工”的内容建设管理模式，建立线上共享共营机制。所谓“统一配货”，就是发挥中国海洋文化新媒体联盟的组织和平台优势，共同策划选题，依据不同主题，汇聚整合成员单位各类宣教和信息资源，进行打包供给。所谓“自主加工”，是指成员单位以个性化、定制化的方式，对“打包”内容进行精心精细加工，增强内容的吸引力、覆盖面、针对性和实效性。通过这种机制，将信息的供给侧和产品的需求侧进行有效对接，更加有利于打造优质精品内容。同时，开展海洋新媒体精英训练营和新媒体课题或项目研究，建立线下共享共营机制。通过线上线下联动，全方位打造海洋文化宣传高地，不断扩大海洋文化朋友圈。

4. 共宣共赢，品牌辐射提升聚合效应

建立中国海洋文化新媒体联盟是适应信息化时代的要求，也是汇集资源、聚合发声的方式和手段，同时也是做好思想政治教育工作的有力抓手。借助中国海洋文化新媒体联盟这一新媒体交流合作平台的优势，成员单位资源共享、转引互推，联动做好新媒体宣传和舆情应对，实现了联盟的共宣共赢。凝聚各成员单位力量，共同发力，构建海洋文化新媒体矩阵向大众科普海洋知识、宣传海洋文化、增强海洋意识，“共振式”地发出海洋“最强合音”，让中国海洋文化新媒体联盟的品牌聚合效应最大化。

三、实施效果

自成立以来，中国海洋文化新媒体联盟不断加大海洋文化推广和传播的力度与强度，在中国人民解放军海军建军节、6·8 世界海洋日暨全国海洋宣传日、全国土地日等重要时间节点，采用微博联动、微信图文、歌曲 MV 等形式，进行海洋文化的“集束传播”，塑造“蓝色国土”意识。2020 年，随着江苏海洋大学的加入，中国海洋文化新媒体联盟进一步发展壮大，目前已形成覆盖 7 个省市 380 余万人的海洋文化传播矩阵，实现了海洋文化的多形式呈现、多渠道供给和多平台传播。

四、经验启示

移动互联网的迅速发展带来了舆论环境、传播方式的深刻变化，新媒体得到了空前的发展。做强做大海洋文化传播，一方面要注重传播方式方法的创新，结合现代传播环境特点，充分利用新媒体即时性、互动性和数字化的优势，采用受众乐于接受和易于理解的话语体系、叙事体系，增强作品的传播力和共情力；另一方面要以开放协作方式，汇聚多方力量，集智众创，推动海洋文化共同体建设，构建起“一盘棋”“一张网”的海洋文化传播格局。在发挥集群效应的同时，联盟成员也要结合各自新媒体平台用户画像，采用贴近不同区域、不同受众的精准传播方式，推进海洋文化传播的区域化、分众化表达，增强传播的亲和力和实效性。

（执笔人：陈　鹭　刘　莅）

打造融合新引擎 激发育人新活力

武汉大学

武汉大学深入学习贯彻习近平总书记关于网络强国的重要讲话和重要指示批示精神，紧紧围绕立德树人根本任务，以融媒体中心建设为抓手，不断拓展网络育人融媒矩阵，倾心开辟全媒体网络传播和网络育人新格局。

一、在“融”字上下功夫，打造育人融媒新矩阵

1. 深度融合工作系统。作为教育部首批教育融媒体试点单位，学校持续投入450余万元，规划900平方米建设用房。“融”物理空间。报、网、广播、电视、新媒体等集中统一办公。“融”硬件配置。建成指挥调度及舆情监控可视化系统、4k超高清演播室、智慧校园广播系统等，提高融媒产品生产能力。“融”软件系统。设计开发包含策、采、编、发、评、审、舆情监测，以及云端存储等功能的软件系统。

2. 深度融合育人资源。“融”媒体矩阵。建立总粉丝数近两千万，传播力和影响力位居全国高校前列的融媒体矩阵。“融”平台智库。聚合教育部思政队伍研修中心、思想政治工作创新发展中心、师德师风建设基地和中宣部经济舆情研究基地等四个平台，瞄准“疑惑点”，引导“思考点”，触发“共情点”，以鲜活的新媒体形式，拓展育人新场域。

3. 深度融合运行机制。推动媒体融合、网络育人、思政研究三者相统一，实行总编负责制，下设5个主要部门，3个工作室，4个思政研究基地，26个校级宣传平台（包含海外传播平台），1个新媒体工作联盟。着力构建“共同策划、核心采集、资源共享、分类编辑、多种生成、多渠道推送、互动传播、舆情反馈”的信息生产

传播全链条运行机制。

二、在“+”字上做文章，锻造全网育人大思政

1. 打造融媒+理论宣讲。策划推出“融媒大讲堂”，以党史学习教育、学习宣传党的二十大精神为重点，博士生宣讲团、青年讲师团等珞珈宣讲体系，联合开展线上直播宣讲、鲲鹏云宣讲、联合宣讲、接力宣讲等，构建理论宣讲新格局。

2. 打造融媒+思政大课。近年来围绕“抗疫”“冬奥”“二十大”主题，与教育部微言教育平台联动、与数十所高校互动，掀起学习总书记回信精神大接龙活动。组织专家开展22期战疫公开课，疫情主题线上公开课，直播互动选课人数400万人次。制作“冬奥”主题视频，开展“冬奥”主题宣讲，宣传打造“最快的冰”。制作“学习宣传党的十九届六中全会精神”“学习二十大，武大在行动”院士、资深教授、青年人才系列宣讲课程，取得良好传播效果。

3. 打造融媒+育人品牌。联盟成员策划开展全年重要节日“升旗仪式”“十大珞珈风云学子”“风云学子云畅享”等大型网络直播活动，开展“珞珈红”网上党建系列活动等。学生工作部门层面成立多个辅导员网络工作室，打造融政策解读、理论宣讲、科研规划等于一体的“珞珈‘研’讲”网络教育平台，实施“研途有我”、研究生发展专项行动“云”计划活动等。学院层面搭建“门户网站+微信公众号+微博号+抖音号”融媒体宣传平台。

三、在“精”字上深策划，营造校园爆燃正能量

1. 精准把握主题节点。结合建党百年、抗疫医护赏樱专场等主题活动，以及毕业季、开学季、樱花季等时间节点，策划组织以抗疫英雄为主体的唱红歌《没有共产党就没有新中国》、暖心采访《樱为礼》、沉浸式表演等活动，央视新闻26次轮播该内容，相关话题位居微博热搜第二，登顶抖音热榜，在潜移默化中感染和教育青年

学生感恩党、感恩祖国、感恩新时代。

2. 精彩推出线上直播。围绕樱花季、毕业季、招生季、开学季等重大活动，自 2020 年 3 月起连续三年与新华社、央视等上千家媒体平台联合，采用 5G+4K+VR+AI、AI 无人直播车等高科技推出“云赏樱”网络直播活动，直播上线后浏览量每天达 1.8 亿，2022 年 3 月 18 日医护赏樱日主题活动全网浏览量近 3 亿。一场毕业典礼、两场开学典礼同步在央视新闻客户端、学习强国，以及官方微博、微信、抖音、快手等平台现场直播，连上热搜。7 月在官方抖音、快手和 B 站等平台开展招生直播讲座 30 余场，“院长喊你来武大”直播等，线上观看人数超过 200 万。

3. 精心打造融媒产品。创作推出李汉俊、陈潭秋、董必武、李达等中共一大代表中的武大人“党史人物系列”主题短视频，总播放量超百万。拍摄制作“黄大年式教师团队”“我心目中的好导师”等系列人物、团队故事片。策划开展《唱支山歌给党听》主题校园快闪活动。推出“我和我的学校”主题视频高校线上接力活动，制作《抗疫，樱花树下的接力》手绘长图，《在此》《越是艰险越向前》《情系江城心在珈》《珈的力量》等精品抗疫视频，创作《光》《樱花树下的家》等主题 MV，人物短片《扎根滇西银龄人》获得 2021 年全国教师风采短视频征集活动优秀作品，采用 H5、SVG 动画、小游戏等新形式丰富樱花季系列专题作品等，屡获大奖。

四、在“管”字上求实效，塑造清朗育人网空间

1. 管网机制适时完善。根据上级要求和管理实际，制定网络意识形态工作责任制实施办法，建立意识形态工作领导小组、网络安全和信息化领导小组，出台新媒体平台建设管理相关办法，建立健全每周研判机制、舆情通报反馈机制、舆情协同联动应急处置机制。建立网络工作队伍培训机制，每月推出一期“珞珈新舆工作坊”。

2. 管控应对持续增强。做好重大舆情事件的网络信息监测、预

警和处置工作，推出“珞珈回音壁”“珞珈直通车”等及时回应师生社会网络诉求，畅通督办反馈机制，规范处置反馈流程。连续荣获“教育部舆情工作机制优秀单位”称号。

3. 管理塑造文明网络。培育一批网络思政骨干，建立一支高素质网评员队伍，开展系列引导网络文明活动。制定优秀网络文化成果认定表彰相关办法，高规格表彰网络文章、优秀新媒体作品、优秀微课、优秀工作案例、优秀公众号、运维先进个人等。

总之，“融”是一个动态过程，育人是核心目标，宣传效应是重要手段，融媒体中心是宣传和育人“双效”载体。武汉大学融媒体中心将不断深化媒体深度融合，推进主力军进入主战场，不断建好建强融媒育人矩阵，不断做精做好全网思政育人，努力为强国建设、民族复兴添砖加瓦，贡献力量。

（执笔人：楚龙强）

以四融促四力 推进融媒体中心建设

华中师范大学

华中师范大学贯彻落实习近平总书记对宣传思想文化工作的重要指示，以获批教育部首批教育融媒体建设试点单位为契机，从融机制、融学科、融资源、融平台四个方面大力推进融媒体中心建设，以全新模式做好信息发布、政策解读、热点回应和舆论引导，切实提升学校新闻舆论“四力”。

一、工作思路

聚焦网络育人，实施“融媒+”战略。将融媒体中心（以下简称“中心”）建设纳入学校网络育人总体规划，以“育人”目标指引融媒体中心建设全过程。实施“融媒+育人”战略，联合相关学科共同开展育人实践，打造成为相关学科学生的融媒体实习实训基地及师生媒介素养培训中心。实施“融媒+思政”战略，将中心作为巩固网络思政阵地、培育网络思政产品、打造网络思政团队、创新网络思政机制的重要实践基地，实现思政引领网络化。实施“融媒+发布”战略，成为联通政府、学校、社会、师生多元主体的校园信息连接中心，实现校园资讯发布及舆论引导移动化，打造具有领先水平的校园融媒体平台矩阵。实施“融媒+舆情”战略，提升舆情发现和处置能力，实现舆情舆论工作一体化，打造适应5G生态的校园融媒体产品生产和舆论引导中心。实施“融媒+智库”战略，聚焦教师教育特色，聚合优势学科和专家学者，开展教育研究、融媒体研究，实现媒介研究深入化。

二、主要做法

1. 融机制，强化顶层设计

集聚全校之力，统筹推进中心建设。把学校的学术知识资源、教育智库成果、教育行业数据、教育信息资讯转化为巩固壮大教育主流舆论的综合优势。邀请国家数字化学习工程技术研究中心、教育大数据应用技术国家工程研究中心、人工智能教育学部、新闻传播学院、美术学院等学科专家深度参与建设方案设计和技术论证，确保方案的科学性、可行性、前瞻性。

2. 融学科，坚持育人导向

中心建设始终坚持育人导向，精简技术用房，压缩办公用房，预留培训观摩空间，满足学生实习实训需求。与新闻传播学院、人工智能教育学部共建大学生实习实训基地，吸纳学生进行专业实习。联合马克思主义学院、人工智能教育学部、新闻传播学院等共同建设融媒体实验室、数字融媒体研究中心、网络思政研究中心等科研平台，共同开展相关课题申报、师资培训和社会服务。

3. 融资源，再造生产流程

通过融媒体数据平台及融媒体资源管理平台建设，促进中心与全校各单位数据资源及媒体资源的汇聚共享、智能调用。通过智能媒体资源云服务，为中心及各单位新闻宣传工作提供公共素材及一站式新闻信息服务。通过融媒体新闻生产系统建设，构建 7 大业务模块，实现采编融合化、生产一体化、一站式资源管理、一键式平台发布，强化大数据监测及传播效果评估，优化新闻生产流程，提升生产效率。

4. 融平台，发力创新传播

将 5G、大数据分析、云计算、人工智能等前沿技术应用至新闻宣传和信息服务平台，按照“移动优先”建设思路，重点构建“一核多层”融媒体平台矩阵。通过成立校园融媒体联盟，举办融媒体年度评选、融媒体年度盛典等系列举措，促进学校各媒体平台实现资源共建、数据共享、选题共用，形成重大活动协调联动，重要节点同步发声的融合格局，不断增强融媒体创新传播合力。

三、实施效果

1.“一核多层”融媒体矩阵基本完善

中心以平台建设为抓手，汇聚广播、校报、新闻网等传统媒体的各项资源，建设纵向涵盖从学校官方媒体到个人自媒体、横向覆盖各个单位的矩阵平台。目前全校各级各类新媒体平台总数 300 余个，服务用户总数已超过 150 万，每年的传播阅读总量超过 1 亿次。2019 年来，学校官方微信推出阅读量 10 万+热文 25 篇，官方微博粉丝数从 20 万增长至 58 万左右，学校抖音号粉丝数增长至 50 多万。120 周年校庆期间，视频号、抖音、B 站等平台阅读量达 1 000 万以上。

2.“现象级”融媒体产品频频推出

按照“一次采集、多种生产、多元发布”的融合报道模式，围绕庆祝新中国成立 70 周年、庆祝中国共产党成立 100 周年、120 周年校庆等推出的重大选题报道，频频涌出“现象级”融媒体产品。2019 年，“青春为祖国歌唱”“时光书”两次登上央视《新闻联播》。2020 年，“桂子山夜话”等系列策划获教育部新闻办颁发的教育政务新媒体最佳战“疫”传播奖。2021 年，华师版《少年》在教育部“我和我的学校·红色记忆”微视频接力中大放异彩。2022 年，央视新闻频道报道学校教育数字化应用特色成果。2023 年，“录取通知书来了”“百廿华师故事”“华中师范大学形象宣介片”融媒报道广获好评。

3.“一专多能”融媒体团队日益成熟

整合宣传部原新闻中心、舆情与新媒体中心团队，实行扁平化管理，按照基本职能划分相应的部门和工作室，承担融合采编发全流程融媒体产品生产任务，按照“一专多能”融媒体记者的要求对融媒体中心团队进行业务培训，加强学习交流，不断增强媒体融合意识。团队新闻采编生产效率不断提升，各项媒介素养得到极大提高。

四、经验启示

1. 抓好统筹推进，确保中心建设圆满完成

学校将融媒体中心建设列入年度工作要点，成立建设专班，统筹协调推进各项建设进程。抽调专人负责，全程对接跟进，保障融媒体中心实体空间、硬件设备、软件系统建设齐头并进、按期完成。

2. 抓好全面融合，提升新闻舆论传播效力

构建“报、台、网、微、端”融合传播体系，全力推进团队融合，形成以报道任务为中心的新型采编队伍架构，提高工作效率。发力实践产品融合，适应移动传播趋势，强化短视频及移动社交平台为主的融合传播策划，不断提升新闻舆论传播效力。

3. 抓好机制改革，激发队伍创新创造活力

结合学校深化综合改革部署，积极推进实施新型用人机制、管理制度和激励机制。各团队负责人自主竞聘上岗，以重实绩、重实干的考核导向，激励队伍不断创新工作模式，形成人人“勇于任事，敢于干事，善于成事”的工作氛围。

（执笔人：钟文锐　马　俊　郝日虹　宋汉涛）

新建校区无名何以社会公众周知

——基于“媒体开放日”案例研究

中山大学

党的二十大报告提出，要加快建设教育强国、科技强国、人才强国，着力造就拔尖创新人才。近年来，各地各高校紧抓机遇，纷纷设立新校区，但新建校区普遍存在位置较偏、学生较少等现实情况，往往面临“无人知晓”的困境，如何让高校新建校区赢得社会的关注认同已成为一个共同难题。

中山大学深圳校区同样面临着这样的“无名”难题。自 2015 年获教育部批准建设以来，受多方因素影响，社会上鲜有对深圳校区定位的准确认识，校区知名度和影响力始终难以提升，成为严重影响校区进一步发展的痛点、堵点。在深入分析研究问题及其背景成因的基础上，中山大学党委宣传部主动出击，做到阵地前移、工作前置、力量下沉，把握校区一期全面建成的关键时间节点，策划筹备了深圳校区“媒体开放日”活动。该活动是学校首次正式向社会公开发布校区建设发展情况，于 2023 年 6 月 18 日和 19 日顺利举行，取得了“超出预期”的效果，做到了师生满意、公众满意、社会满意。

一、工作思路及主要做法

把握关键时间节点，策划宣传主题，提高话题性。深圳校区一期全面建成是学校发展史上的一件大事，同时也是向公众全面展现校区发展成果、塑造校区良好形象、营造良好舆论氛围的一个重要节点。中山大学党委宣传部准确把握形势，提早数月开始谋划布局，结合主题教育，深入走访调研深圳校区院系，挖掘素材线索，确定发力方向。

利用优美宏伟空间，设计采访路线，提高参与性。中山大学深圳校区山水相融、端庄大气、富有生机、宜学宜居。通过提前踩点，精心设计采访路线，媒体记者走进 7 个学院、1 家附属医院，以及教学楼、图书馆等教学场所，全方位沉浸式了解深圳校区的建设发展成果，高质高效完成活动组织。

依靠主流媒体平台，拓展传播渠道，提高权威性。活动邀请 20 多家主流媒体 50 多名记者走进校园，有效搭建起“学校–主流媒体–公众”的信息桥梁，由权威媒体引领深圳校区“好故事”“好声音”传播，形成立体、纵深、多屏传播格局，集中全面向公众展示深圳校区发展建设成果。

分类整合参与主体，实现精准投送，提高针对性。活动坚持受众优先，邀请政府部门、新闻媒体、公众代表等不同群体，有针对性进行差异化设计，实现内容“精确制导”，形成辐射效应，最大限度提升传播效果，为校区进一步发展积蓄能量。

二、传播效果

全媒体集中亮相，扩大受众覆盖面。活动产生了一批内容多元、形态多样、层次丰富、影响力强的报道，人民日报、光明日报、新华社、中国日报、南方日报等主流媒体滚动式发稿超 100 篇次，全网相关信息累计发布超 500 条。在 China Daily HK、GD Today 等外宣媒体发布多篇全英文报道，并借助海外社交媒体 Facebook、Twitter 有效拓展海外受众传播范围。此外，在微信公众号、视频号、哔哩哔哩、抖音、今日头条、学习强国等各类新媒体平台进行广泛宣传，形成良好效果。

全方位活动报道，拓展信息传播面。新媒体与传统媒体双线发力，社交媒体介入进一步拓展话题时空，活动报道不断“霸版”“刷屏”，国内外总阅读量累计破千万。新媒体“10 万+”频出，最高单篇点击量超 70 万，相关视频总浏览量达 50 万；纸媒集中报道，《羊城晚报》连续两天整版刊载有关内容，其中一期直接送达中国共产党广东省第十三届委员会第三次全体会议现场；广东电视台、广州电台在黄金时间段进行报道，反响热烈；社交媒体介入激发二次传播，运用微博、抖音等带动更广泛关注，多个单篇转发量超 10 万+，二次创作超 30 条。

多方面广泛互动，形成发展新局面。媒体相关报道内容通过朋友圈、微信群广泛转发，师生公众通过小红书、微博等平台主动发声，讨论火热。恰逢高考季，良好的人际传播带来口碑效应，评论区频繁出现“别人家的大学”“我要去读中大深圳校区”等留言，成功实现校区从“无名”到“周知”的形象扭转。另据反馈，往年招生宣传时家长们询问的问题往往是“深圳校区跟校本部是什么关系，是不是三本院校”，到今年“深圳校区如何报考，录取分数会不会很高”，再到校园开放参观后地理位置并不处于市区、校园承载量较大的深圳校区名额短时间被预约一空，巨大变化的背后是公众对深圳校区发展成果的认可与肯定，极大地鼓舞了全校师生，尤其是深圳校区师生进一步建设发展深圳校区的事业心、责任心和主人翁意识。

三、工作启示

领导重视，高站位谋划。获得领导重视，调动广泛资源是活动取得成功的先决条件。活动策划坚持高起点高站位，从学校发展全局出发，得到了学校党政主要领导的高度重视。书记校长亲自到场踩点走线、协调地方有关资源，有关校领导全程参与、指导协调，确保活动开展达到甚至超出预期效果。

通力协作，高标准推进。校院两级高效配合，有关单位通力协作是活动顺利举办的必要之举。活动充分激发校内各有关单位积极性，密切协同、联合作战，围绕校区建设亮点和媒体记者关注点做好议题设置、材料撰写，高标准精细化筹备推进；党委宣传部精准把握活动要求，将工作点搬到一线，打出宣传组合拳，为活动顺利举办打下坚实基础。

精心统筹，高质量落地。发挥优势特长，统筹内外联动是活动圆满落地的有力保障。中山大学党委宣传部发挥自身优势创造性开展工作，短时间内统筹媒体记者资源、校内报道资源、传播渠道资源，做好媒体邀约、采访安排、资源挖掘、通稿撰写、差异布局等工作，活动最终圆满举行，实现媒体踊跃积极、报道全面立体、传播迅猛有力的良好局面，打了一场“无名”新建校区引发社会公众“周知”的漂亮翻身仗。

（执笔人：黄　艳　刘俊鹏　卢旖维　李建平）

全方位提升高校党政干部、教师队伍的网络媒介素养

西安交通大学

党的十八大以来，以习近平同志为核心的党中央把宣传思想文化工作摆在治国理政的重要位置，指引宣传思想文化事业在举旗定向、正本清源中取得历史性成就、发生历史性变革，在守正创新、开拓进取中展现新气象、迈向新征程。习近平文化思想为高校深入推进宣传思想文化工作指明了方向，提供了根本遵循、注入了强大动力。

2016 年 2 月 19 日，习近平总书记在党的新闻舆论工作座谈会上强调要增强同媒体打交道的能力，善于运用媒体宣讲政策主张、了解社情民意、发现矛盾问题、引导社会情绪、动员人民群众、推动实际工作；2019 年 1 月 25 日，习近平总书记再次强调各级领导干部增强同媒体打交道能力的重要性，并将这一能力要求提升到了党和国家治理能力现代化的高度予以关注。

营造风清气正的网络舆论环境，关键在人。网络媒介素养是领导干部的一项基本功。西安交通大学党委深入学习贯彻习近平新时代中国特色社会主义思想，认真领悟习近平文化思想，高度重视党政干部、教师队伍“学网”“懂网”“用网”的能力与水平，构建“一个中心、两大建设、三项功课、多维融合”的高校党政干部、教师队伍全生态网络媒介素养提升体系，紧密围绕立德树人，依托教育部首批融媒体建设试点平台，打造一系列基地平台、主题课程和品牌活动，进一步提升党政干部、教师队伍的网络媒介素养，营造为党育人、为国育才的校园舆论环境。

一、围绕“一个中心”：党委书记、校长带头讲网络思政课，全方位提升育人质量

高校立身之本在于立德树人。学校党委高度重视、顶层设计、统筹谋划，构建了“师生同上一堂课”主题网络思政教育体系。充分发挥每年本科生、研究生开学典礼和毕业典礼育人作用，引领党政干部、教师队伍积极走上网络思政课堂，提升网络媒介素养，服务立德树人根本任务。

西安交通大学开展“开学第一课”与“毕业一堂课”网络思政教育课堂，构建了“学生+老师+校友+家长同参与”“现场活动+网络互动多形式”“校级课堂+院级课堂全覆盖”的网络思政教育体系，讲好“听党指挥跟党走”的西迁精神，帮助新生“系好大学第一粒扣子”，为毕业生迈向新阶段指引方向、鼓劲加油。

是党委书记、校长网络思政课堂。在每年校级开学典礼和毕业典礼上，党委书记、校长带头讲网络思政课。党委书记卢建军寄语同学们“牢记习近平总书记对交大人的殷殷嘱托，担负时代赋予的责任，共创属于交大人的卓越。”校长王树国勉励同学们“将理想信念内化于心、外化于行，在迈向新征程中奋发有为。”2021 年以来，总覆盖 6 万余名学生，受到新华社、人民日报、中央广播电视总台等主流媒体关注报道 2 000 余次，登上全网正能量热搜 8 次，总阅读、观看量超过 5 亿人次。

二是学院、系所网络思政课堂。每年各学院、系所举办开学典礼暨入学教育、毕业典礼暨文明离校教育，各单位邀请院士、学院领导干部、教师、辅导员等走上思政课堂，为同学们讲授“入学教育”“专业展望”“校园生活”等主题，既推动思政育人，又在实践中提升了党政干部、教师队伍的网络媒介专业素养。

二、强化“两大建设”：打造全覆盖、多路径、立体化的领导干部媒介素养培养提升体系

西安交通大学持续强化机制建设和智库平台建设，打造全覆盖、多路径、立体化的教师、干部媒介素养培训提升体系。

1. 加强机制建设，构建“三级立体提升体系”

由校党委统筹领导，党委宣传部牵头落实，构建了涵盖中心组学习、教师培训、教工课堂、宣传思想文化沙龙和思政工作室为体系的培训提升体系，通过主题讲座、考察调研、实战演练等多种形式，分层次、针对性地提升党政干部、教师队伍的宣传工作水平和网络媒介素养。

（1）以中心组学习为载体，深入学习党和国家政策方针，提升领导干部战略统筹能力。2019 年以来，校党委共组织了 57 次校级中心组学习，通过专家讲授、调查研究、交流研讨等形式，深入学习习近平新时代中国特色社会主义思想、党的二十大精神和习近平总书记莅陕莅校考察重要讲话精神，覆盖校领导、中层干部群体。

（2）以教工课堂为载体，提升把握“主题、主线、重点、热点”的综合能力。围绕新时代宣传思想工作要求，党委宣传部举办宣传思想骨干研修班、宣传思想文化沙龙、“全景思源”融媒体提升计划等系列培训，覆盖领导干部、教师队伍等 2 万余人次。依托党委教师工作部开设的“教工课堂”和教师教学发展中心、新闻与新媒体学院举办的“高校教师媒介素养提升专题系列课堂”等，组织教师、辅导员、行政人员系统学习习近平文化思想和习近平总书记关于宣传思想文化工作的重要论述等，提升理论水平与综合能力。

（3）以思政工作室为载体，强化“舆论引导与应急导控”能力。西安交通大学建立网络思政辅导员工作室，形成“党员干部带头，

一线思政辅导员深度参与”的模式，定期围绕学生思想动向和社会思潮开展研讨调研，形成调研报告、决策建言等。

2. 加强智库平台建设，打造学科交叉融合高地

学校积极争取各方资源，拓展合作平台，打造以学科交叉融合为特色的智库平台和人才队伍，开展党政干部、教师队伍网络媒介素养提升理论与实践路径研究。

近年来，学校与陕西省委宣传部共建陕西省舆情信息工作创新中心，与人民网股份有限公司共建传播内容认知全国重点实验室传播内容智能理解研究中心，与中共陕西省委组织部《当代陕西》杂志社共建当代融媒体研究院，与陕西省委网信办共建意识形态研究院，打造全国领先的融媒体协同创新平台，建设涵盖“政府领导干部、专家学者、主流媒体”的多维度新型智库团队，围绕领导干部网络媒介素养，向各级政府积极建言献策。作为中宣部舆情信息直报点，2020 年以来，共被采纳深度分析类报告 55 篇，动态信息类报告 140 余篇。

三、做好“三项功课”：打造全国示范引领的领导干部媒体交往能力体系品牌

1. 做好顶层谋划

聚焦习近平总书记系列重要讲话精神，时政要闻、各部委和地方关于媒体融合发展、领导干部媒介素养等方面的最新内容，围绕党中央、教育部、省委省政府各项决策部署和最新要求，组织策划，制定好提升计划方案。

2. 创新平台模式

建强教育部首批教育融媒体建设试点单位——西安交通大学融媒体中心，主打“工字牌”，与人民日报社传播内容认知全国重点实验室开展科研合作与“双导师”培养，推动我国全媒体内容理解与风控评级关键技术的协同创新与自主可控，以平台促提升。

3. 开拓共享合作

构建“校–政–企–媒”融媒体平台合作新模式，与各级政府机构、企事业单位、社会媒体、互联网领军企业等建立深入合作，建设科研基地平台，构建实践实训平台，建立校内外媒介导师队伍，举办实践演习等，推动党政干部、教师队伍了解网络、懂得网络、用好网络。

在中国高等教育学会宣传工作研究分会的长期指导、关怀与支持下，西安交通大学申报的2020年重点课题《新时代高校领导干部媒体交往能力提升研究》已结题，基于马克思主义交往理论、领导者公信力理论、媒介素养理论、公共传播理论、胜任力理论等理论，探索提升新时代高校领导干部媒体交往能力的理论与实践路径，共发表论文2篇，上报决策建言4篇。

（执笔人：成　进　刘昱含　张　玥）

做亮正面宣传
营造良好舆论氛围

做优做强海外社交媒体矩阵
全面提升国际传播效能

清华大学

大学是开展国际传播的重要主体，也具有其独特优势。大学的学术资源、人才资源、文化资源和国际伙伴网络资源为有效开展国际传播提供了重要支撑。清华大学高度重视国际传播工作，2005年成立专门机构——海外宣传办公室，统筹协调全校面向海外的信息发布和形象建设，2019年改建为全球传播办公室，制订首个《清华大学全球传播工作行动计划》，整合海内外资源，调动各院系单位和师生等传播主体的积极性，初步形成统筹联动、分工协作、特色鲜明的全球传播工作体系，提升国际传播效能，更好地承担起举旗帜、聚民心、育新人、兴文化、展形象的使命任务。

一、工作思路

清华大学持续打造成规模、高品质、品牌化的海外社交媒体矩阵，通过面向全球舆论场的立体式、分众化传播，努力讲好清华故事和中国故事，形成了如下工作思路：以制订行动计划为抓手，明确任务、科学落实；以完善制度机制为核心，健全体系、统筹资源；以创制优质内容为根本，精准施策、打造精品；以强化专业能力为重点，建好队伍、多方参与；以提升形象声誉为目标，扩大影响、增强认同。

二、主要做法

1. 在哪讲：构建国际社交媒体矩阵，夯实舆论阵地。清华大学于2015年9月开设英文微信公众号，同年11月开通脸书（Facebook）、推特（Twitter）等账号。2020年，抓住短视频风口，新开设抖音海外版（Tiktok）、快手国际版 Kwai（西班牙语）、SnackVideo（印尼语）账号，形成多语种平台协同联动的校级海外社交媒体矩阵，总粉丝量超过 630 万，年均发布各类信息或融媒作品 6 500 余条，连续五年，蝉联中国大学海外网络传播力排名第一。

2. 讲什么：加强议题设置能力，讲好清华故事和中国故事。聚焦全球热点，回应国际社会关切，围绕公共卫生健康、气候变化、在线教育、人工智能治理、可持续发展等主题，通过国际论坛直播、嘉宾金句传播、创新科研视频等多种形式，在国际舆论场上发出清华声音、传播清华观点。利用重大国际活动契机，多维度塑造国家形象和清华形象。例如，在 2022 年冬奥专项传播中，通过海外社媒平台发布各类融媒作品 760 余篇，海外阅读量超 1 500 万，覆盖 33 个国家和地区。深入研究每个社交媒体平台的特点和调性，制订“一台一策”内容生产计划，打造清华品牌内容体系，如“清华之书”“探秘清华”“清华人的一天”等。

3. 怎么讲：创新对外话语表达，做好分众化、精准化传播。启动实施以学科为特色的全球传播行动计划，发挥高层次人才和重点学科优势，创新对外话语表达，积极影响和引导国际舆论。培育 Z 世代青年群体，遴选一批热爱国际传播事业、具备较强语言能力和新闻素养的中外学生，授予“清华大学全球传播学生使者”称号。充分利用社交媒体线上互动功能，讲好清华国际合作交流的故事。例如，在 110 周年校庆大学校长全球论坛召开前后，在英文社媒平台推出“清华朋友圈——世界知名大学校长的清华故事”系列报道，组织论坛直播 Facebook 打卡活动等，29 个国家和地区的观众参与，全球阅读量超过 700 万。

三、实施效果

一是通过社媒平台全面塑造高辨识度的良好形象，提升了清华知名度。以 2022 年为例，清华大学海外社交媒体平台共发布各类内容信息或作品 8 000 余条（部），曝光总量超过 2.5 亿。突出大学特质、推进知识共享，紧扣国际热点，设置“清华公开课”（#TsinghuaOpenCourses）等超话，持续推进碳中和视角下的全球气候变化及应对、冬奥会与冰雪运动、积极心理学、未来汽车等主题课程，阅读总量超过 1 000 万，覆盖 180 余个国家和地区。

二是通过打造与世界一流大学相适应的品牌系列，提升了清华美誉度。围绕 110 周年校庆，在海外社交媒体平台发起 9 轮“联结清华（#ConnectingTsinghua）”线上线下互动活动，超过 83 万人次参与，互动量超过 360 万，曝光总量超过 3 000 万，覆盖 88 个国家及地区，涵盖 24 种语言。

三是通过拓展社交媒体朋友圈，提升了社会认同度。在推特（Twitter）等平台积累大 V 粉丝 400 多位。所发布内容多次得到联合国驻华办事处、《自然》（Nature）、泰晤士高等教育报（THE）等账号及部分关键意见领袖转发，拓展了更广泛的国际舆论朋友圈。同时，打造覆盖全球主流媒体的合作网络，增加媒体落地发布量，面向全球讲好清华故事。

本案例总结了清华大学借助海外社交媒体平台进行大学形象塑造和国际舆论引导的实践探索。几点经验启示总结如下。

1. 大学要抓住机遇、主动作为，担负起“联接中外、沟通世界”的使命。大学形象传播是国家形象传播不可或缺的一部分，中国大学品牌形象和影响力，是中国国家品牌形象的重要载体。在全球化时代，如何塑造和传播大学良好形象，是大学增强软实力、获得可持续发展至关重要的影响因素。

2. 大学要精心谋划、讲好故事，健全国际传播话语体系。加强内容和品牌建设，打造一系列具有高传播度的优质原创内容，形成若干富有吸引力的、具有高校特质的传播议题，更好地服务国家对外传播整体战略。

3. 大学要共享融通、互益互鉴，拓展国际传播合作网络。例如，利用重要国际会议论坛、外国媒体等平台和渠道发声，主动与全球意见领袖互动，让传播内容更“出圈”，打造跨文化传播“朋友圈”，以高水平国际传播工作构筑大学卓越国际声誉。

4. 大学要统筹协同、建强队伍，适应新时期国际传播新要求。加大国际传播人才培养力度，培养洞悉中国国情、了解世界动向、通晓新闻理论、熟稔多语种技能的国际传播“高手”，培育一批具有高识别度和影响力的关键意见领袖，重点发挥 Z 世代青年的独特作用，展示真实、立体、全面的中国。

（执笔人：陈　垦　林　源　刘书田）

打造特色新媒体工作室
创建优质网络思政平台

北京化工大学

一、工作思路

习近平总书记指出："要建设好青少年聚集的网络平台，创作更多青少年喜爱的网络文化产品，把要讲的道理、情理、事实用青少年易于接受的语言和方式呈现出来。"这为我们扎实做好高校网络思政工作，建好用好网络思政平台，指明了正确方向，提供了科学遵循。北京化工大学新媒体工作室是党委宣传部组建的学校融媒宣传的实体组织。工作室聚焦"一个根本任务"，以"三最建设目标"为导向，实现"五大特色优势效应"，坚持学校融媒体矩阵特色化建设、协作化运行、融合化发展，打造理论宣传的综合平台、立德树人的优质载体、凝心聚力的有效路径。工作室连续两年获评中国青年报·中青校媒"全国优秀高校可视化融媒团队"称号，先后获评中国大学生在线"2021 年度校园媒体互动百强"、白家号"2021 年度最具影响力高校新媒体"、2021 年微博"最具服务力学校"等荣誉。

二、主要做法

1. 立德树人：聚焦"一个根本任务"

新媒体工作室坚持以习近平文化思想为引领，坚持不懈用党的创新理论武装青年、引领青年，主动抢占网络舆论制高点，掌握意识形态主动权，紧紧围绕立德树人、紧扣五育并举，为培养德智体美劳全面发展的社会主义建设者和接班人提供坚强思想保证、强大精神动力和有力文化条件。

2. 内容为王：确保“最权威的信息发布”

新媒体工作室参与运营的平台均为学校官方账号，将权威性、真实性、思想性、引领性作为内容建设的生命线，坚持“开门办官微”的运营理念，坚持以师生为中心的创作导向，着力打造具有强大凝聚力和向心力的校园舆论阵地。发布的内容既旗帜鲜明、敢于亮剑，又生动鲜活、娓娓道来；策划的选题既遵循新闻传播规律，又适时适度做好议程设置，让主旋律拥有高频率，以正能量引领大流量。

3. 平台融合：打造“最瞩目的融媒矩阵”

校园网络思政平台建设必须准确把握各类新媒体平台的功能定位、技术特点和受众人群，采取集中式采编、用好多媒体手段、开展分众化传播、实现全平台联动，逐步形成以“一网一报”为基础、“微博”和“微信”为两翼、“抖音号+强国号+百家号+……”等十个客户端为延伸的融媒综合体，打造更具影响力的“北化官微”品牌。

4. 队伍锻造：练就“最专业的校媒团队”

工作室形成了“专兼结合、师生协同、朋辈互助”的人员队伍结构，建立起“大一筑基、大二立柱、大三挑梁”的人员培养模式，从理论武装、理想信念、专业技能、媒介素养等多维度打造一支具有校级影响力和覆盖面的校媒骨干团队。通过举办“大学生记者训练营”，丰富业务培训内容，拓展媒体研学深度，拓宽学生网络思政队伍的专业视野。

三、实施效果

1. 原创与衍射：“IP 效应”

近年来，新媒体工作室及相关平台的粉丝数量、用户黏度得到跨越式提升。在“官微北小化”线上小编建设基础上，以宣传形象具象化为导向，倾力打造“百花 IP”卡通形象“小百”和“花花”，分别以校内萌宠大橘猫和大白鹅为原型设计创作，在学校65周年校庆发布会上正式被确定为学校官方融媒传播大使，一改大众对官方平台严肃高冷的刻板印象，宣传效果显著。

2. 聚焦与分众：“专栏效应”

紧紧围绕学校人才培养、科学研究、文化传承、服务社会等重点工作，形成“5+N”优质原创专栏模式，既有固定专栏确保相关选题的一贯性、连续性，又有临时专栏突出新闻选题的灵活性、及时性。其中，“5”指五大固定专栏，包括优秀教师专栏“师说心语”、青年榜样专栏“青语青询”、优秀校友专栏“亦师亦友”、学生社团专栏“社彩飞扬”、传统节气专栏“化说节气”；“N”为临时性专栏，例如，暑期与校团委联合开设“强国有我”社会实践专栏等。

3. 线上与线下：“活动效应”

聚焦一二课堂协作、聚力线上线下协同，充分发挥新媒体工作室宣传教育和实践育人功能，创新独具特色的精品线下活动。聚焦新闻业务培训，面向全校学生举办“大学生记者训练营”（每年2期）；聚焦传媒知识普及，举办摄影器材路宣体验活动；聚焦传统文化传承，联合书法社举办手写书签“校园寻宝”活动；聚焦美育文化建设，联合艺术与设计系开展“秋叶手绘”活动。

4. 示范与引领：“榜样效应”

工作室作为学校官方融媒综合体运行实体，在组织架构、制度机制、特色活动等方面具有典型的组织示范性和活动代表性，特别是在选题策划和新媒体运营等方面为其他校媒平台提供了有益参考；另一方面，工作室内汇聚了众多德智体美劳全面发展的校园青年榜样，聚力提升工作室整体的对外知名度和受众认可度，推动提升网络思政平台公信力、引导力。

5. 品牌与辐射：“文创效应”

工作室以良好用户黏度为目标，瞄准线上文化产品与线下实体文创一体创制，结合北化特色和用户需求，精心设计制作了书签、冰箱贴、明信片、鼠标垫等精美文创，让学校精神、校园文化、母校记忆变得可观、可感、可触，同时通过线上抽奖增加与用户的互动。特别是每年春节前夕，工作室都会上线北化专属微信红包封面，获得师生校友的一致好评。

四、经验启示

1.“主动”才能更好“主导”

坚持把党的创新理论特别是习近平文化思想作为工作的“定盘星”，围绕宣传思想文化主题进行主动的议题选择，推进宣传内容的主动性选择、激发多主体的主动性创作、汇聚多维度多层次主导力量。

2.“守正”才能更好“创新”

坚持守正创新推进宣传舆论平台、内容创制、传播方式创新改革。牢牢坚持党性原则的基础，让融媒体发展的“纵深性”、内容的“感染力”、传播的“亲和力”在创新中彰显引导实效。

3.“合作”才能更有“合力”

在内宣“聚合力”和外宣“协作力”上下功夫，着力提升外宣媒体支持矩阵，助力提升校际合作质量，着力推进“全媒体作战、全天候回应、全方位报道、全介质呈现”的大宣传工作格局建设。

（执笔人：梁燕亮　刘一君）

发挥学校优势 讲好中国开放故事 解码中国“经济奇迹”

对外经济贸易大学

党的十九届六中全会指出，要加快国际传播能力建设，向世界讲好中国故事、中国共产党故事，传播好中国声音。对外经济贸易大学始终坚持国家战略导向，聚焦服务党和国家大局，积极充当服务党和国家重大战略需求的“生力军”“智力库”“人才池”，讲好中国开放故事，解码中国“经济奇迹”。

一、工作思路

学校高质量打造高端智库建设。党的十八大以来，习近平总书记高度重视中国特色新型智库建设。对外经济贸易大学搭建多层次优质科研平台，推动科学研究、智库建设跨越式发展，将高质量智库成果的产出与运用作为智库建设的最重要目标。

学校高站位服务国家重大战略，紧扣国家需求，围绕重大现实问题，发挥国家对外开放研究院智库作用，开展多学科综合研究，提出具有针对性和操作性的政策建议。在智库建设中坚持凝练主攻方向，以提高对外开放战略谋划水平和全球经济治理中的制度性话语权为目标，服务党和国家发展大局，为实现开放型经济治理体系和治理能力现代化贡献思想力量。

学校高标准推动对外开放文化传承。积极讲好中国开放故事，通过挖掘校史故事、办好对外开放大讲堂、加强国际交流合作等举措，展示贸大与国家共命运、与民族齐奋进、与时代同步的70年光辉历程。

二、主要做法

1. 成立国家对外开放研究院。国家对外开放研究院下设北京对外开放研究院、国际经济研究院、中国世界贸易组织研究院、全球价值链研究院、区域国别研究院等多个智库平台。以“国家亟需、特色鲜明、制度创新、引领发展”为目标，以国家重大理论和现实问题为主攻方向，搭建支撑学校承接国家各类重大、热点、急需项目的平台，为国家科学决策提出有针对性、前瞻性、创新性和战略性的对策和建议。

2. 组织专家主动发声。通过智库平台聚合专家学者，主动发声亮剑。针对中美贸易问题，组建对外开放和国际贸易 20 人专家库网络群，推荐 200 余人次专家走进新闻联播、焦点访谈等主流媒体积极发声，阐释“对外开放再扩大，深化改革再出发”的中国主张。贸大学者在“一带一路”、自贸区、博鳌论坛、WTO、大国外交等对外开放、全面深化改革领域重大国家理论问题开展课题研究、撰写理论文章，平均每年 30 人次的学者观点思想在主流媒体上涌现。

3. 深入开展校史校情教育。在新生入学、干部培训中开展校史校情教育。编辑出版《贸大校训纵横谈》《惠园师韵》《惠园“大先生”》等刊物，举行《感动贸大的老一辈》大型采访活动，在《博览群书》等主流媒体推出校史专题栏目，讲述学校 70 年肩负贸易强国使命，为中国经济腾飞和服务国家治理、推进高水平对外开放而砥砺奋进的光辉历程。

4. 开展国际交流合作。通过跨国科研联合攻关、高水平人才联合培养，吸引汇聚全球智力资源。打造留学中国的课程品牌、师资品牌、专业品牌，让“留学中国”品牌更加闪亮，培养知华、友华、亲华的留学生群体。发挥好孔子学院的桥梁纽带作用，聚焦“一带一路”共建国家学生培养，强化与“一带一路”倡议密切相关的特色学科专业建设，提升教育开放服务国家外交的能力。2021 年，对外经济贸易大学以色列分校启动。

5. 举办对外开放大讲堂。对外经济贸易大学集结校内外最强师资力量，开办“对外开放大讲堂”高端系列学术报告，邀请故宫博物院院长王旭东，工业和信息化部原部长、党组书记李毅中等专家学者，向世界讲述中国对外开放的故事，传播中国声音、传递中国价值、彰显中国精神。

6. 推动贸大经贸博物馆群建设。在建校 70 周年之际落成的对外经贸博物馆，彰显以和平合作、开放包容、互学互鉴、互利共赢为核心的丝绸之路精神，旨在唤起“一带一路”共建国家的历史记忆，在交流互鉴中深化与世界各国人民的友谊，向世界展现真实、立体、全面的中国。

三、实施效果

建设中国特色新型智库，是以习近平同志为核心的党中央立足新时代党和国家事业全局，着眼为改革发展聚智聚力而作出的一项重大决策。学校正逐步形成以国家对外开放研究院统筹全校智库资源，国家级、省部级、校级智库联合攻关的智库体系，发挥学校开放型经济学科群优势，立足首都经济发展，发挥协同创新优势，建设成国内外具有一定影响力的高端智库，形成学校的研究品牌。

校内外多位专家学者积极参加北京市委市政府专家学者座谈会，向各级政府部门报送研究成果，多项成果被北京市政府、北京市商务局等政府部门采纳，多项政策建议获北京市领导肯定性批示，多篇研究报告被《首都高端智库报告》、北京社科基金《成果要报》采用，贸大智库成果在京华大地得到了产出和转化。

经过积极摸索，学校形成一定的资源整合调配优势、成果生产与转化效率优势、咨政服务影响力与话语权优势，并着重在国家和北京市开放型经济建设领域，向政府机关、企事业单位和社会公众提供优质高效的政策咨询服务、热点应急研究、舆论引导和政策解读等社会服务。

四、经验启示

聚合优质的教育资源，讲好对外开放的故事，既是党中央的要求，也是大学的使命，更是对外经济贸易大学的优势所在、责任所系。学校将进一步整合资源、系统谋划，加强智库建设，突出顶层设计，发挥学科优势，立足首都市情、突出中国特色、拓宽国际视野，在改革开放的伟大实践中勇于担当，在人才培养中牢记初心使命。同时继续主动承担引领社会文化、开展国际交流的责任，成为人类文明的传承者，推动形成不同国家、不同文明之间交流互鉴的生动局面。

（执笔人：乔雪竹　张小锋　刘海军　赵文凤）

重实践锻炼 强媒介素养 育时代新人

中国民航大学

校园媒体作为高校宣传思想工作的重要阵地，也是“三全育人”过程中不可或缺的重要组成部分。民航业在社会上备受关注。中国民航大学作为民航人才培养的摇篮，着力于内部挖潜，依托第二课堂[①]，以“提升媒介素养”为主线，通过搭建一方平台、打造一支队伍、健全一套机制、完善一个体系，紧紧围绕人才培养目标，努力提高专门人员队伍能力，不断提升学校新闻舆论工作水平，培育时代新人。

一、以媒介素养提升强化大学生社会责任感

校园新闻舆论工作，离不开有志于、有兴趣从事宣传报道的在校学生，他们成为高校宣传部门不可替代的编外力量。在移动互联时代背景下，高校宣传思想文化阵地也呈现出明显的多样化特征，校报、广播、电视、官方微信、微博、视频号、抖音号等成为必须巩固和建好的全媒体阵地。从媒介传受关系的角度分析，青年大学生既是信息资讯的传播者，同时也是接受者。鉴于此，学校致力于在校园新闻报道工作中，让大学生群体在积极参与实践的过程中捍卫常识、建设理性、坚定信仰，以媒介素养的提升强化大学生社会责任感。

二、构建“四个一”实践育人模式

1. 创建一个媒体融合平台，以兴趣为导向激发学生成长内在动力

“中央厨房”作为做好新闻舆论工作的标配，对高校做好思想宣

---

① 中国民航大学结合当代大学生特征，分析学生成长规律及四年学习时间和空间的分配，规划出“四个课堂”:第一课堂指按照专业指导性教学计划开展的所有理论和实践教学活动；第二课堂指在课下、校内开展的所有教育活动；第三课堂指学生在课下、校外开展的社会实践活动；第四课堂指学生利用网络自主学习。

传工作具有不容忽视的作用。中国民航大学通过完善校园媒体布局，加强“文、图、音、影”四种媒介形态在“报、台、网、微、端”的融合力度，积极创建“校园融媒体中心”，由宣传部新闻中心专门指导，按照“议题设置——次采集多方报道—效果评估闭环监测”的运行机制。让学生在完成新闻舆论引导的媒体实践中，深入了解学校、了解民航，以“解读者、讲述者、发布者、传播者、评论者”的身份，扩大舆论引导作用，从社团辐射到年级，到学院，到校外。

2. 打造一支全媒体队伍，以进阶式锻炼提升媒介素养

学校宣传部在各个媒体平台自主招新的基础上，系统规划培训课程，从新闻业务和思想引领双方面入手，进行进阶式培养。

新闻业务方面，以校级月度选题会、培训会等形式，邀请新华社、人民网、中国教育报、中国民航报等中央和行业媒体记者进行培训。思想引领方面，组织社团学生成立团支部，定期进行思政培训；丰富以文化人、以文育人途径，创办“蓝天盛德讲堂”“蓝天修身文苑”，邀请优秀校友、民航劳动模范讲述亲身经历，邀请文化名家以互动形式引领学生厚植家国情怀。

按照“新闻写作”“摄影摄像”“新媒体运营”“思政理论”等模块进行进阶资质考核，以“社团新人—社团骨干—阵地运营负责人—新闻中心助理”的成长阶梯，让具备相应资质的学生得到更多锻炼机会。

3. 健全一套激励机制，“授之以渔”提升能力

宣传部按照“授之以渔”的理念，通过综合考核选拔优秀学生，在增加学生素质拓展学分和综合测评分数外，为其提供更多实践机会作为激励。

每年暑假选派 10 余名学生媒体骨干，赴人民网天津分社、中国民航报社、校验飞行中心等媒体及民航一线实习；推荐多名融媒体能力较强的学生，辅助教育部大学生在线编辑制作网络育人项目，做好全国大学生的思想引导。自 2011 年来连续多年选拔百余名学生

积极参与人民网校长论坛；选拔优秀学生参加中国国际航空航天博览会和承担东亚运动会专项报道等活动，拓宽国际化视野。

4. 完善实践育人体系，以成果为导向强化学生创新能力

2016年，宣传部以创建“学校文化传媒创新创业实践基地”完善实践育人体系。基地以项目化管理为手段，以成果产出为导向，让学生从文化创新项目的受众角度考虑，发现问题，制定、完善方案。

通过七年多的实践，基地已衍生出60余个创新创业项目，其中国家级项目“高校融媒体中心建设机制模型研究”、天津市级项目“民航知识立体化设计与新媒体传播”结题且被评为优秀。

三、拓展校内外实践途径，增强学生社会责任感

在学校构建“大宣传”格局下，成立校园新媒体联盟，通过“四个一”的探索，学校新闻舆论工作逐步在校园内外构建起良好的媒介生态环境，按照校内深化“学校—职能部门—学院—年级—社团”五级媒体矩阵内涵，校外拓展“中央+教育+行业+地方”的媒体矩阵外延。

五级媒体矩阵有效强化了基层新闻宣传主体责任，对落实校院两级意识形态责任制发挥了积极促进作用。对外成立教育部大学生在线中国民航大学网通站、《中国高等教育》学生通讯社首批授牌单位、中国民航报社天津办事处；并与新华社、人民网、中新社、中青报始终保持良好的协作关系，与“津云”融媒体中心等搭建学生实践阵地。师生全媒体作品连续5年荣获人民网全国高校好新闻，短视频荣获首届“你好天津”短视频大赛二等奖，学校官方微信公众号获评教育部大学生在线“校园新媒体百强”；教育部大学生在线中国民航大学网通站自2014年成立以来，连续荣获“十佳网通站”“优秀网通站”，30余件作品获评年度、专题奖项。

除新闻业务外，宣传部坚持以立德树人为中心，不断丰富实践育人方式，提高学生社会参与度，增强社会责任感。连续8年组

织校融媒体中心学生进行暑期社会实践，内容涉及“传承红色基因”“探访民航一线”“普及法律知识”等多个层面，连续被评为学校标兵暑期社会实践队，多次被推荐为天津市优秀实践队。2014年创办“星星计划——走进天津河东启智学校”公益项目，吸引近千人次参与，参与学生覆盖各学院、各年级，先后荣获天津青年志愿者服务“百项示范项目”铜奖、银奖，首届民航青年志愿服务项目大赛银奖。

四、立足“三全育人”，培育担当强国建设重任的时代新人

宣传工作部门不是教书育人的第一线，但在构建“三全育人”格局中，主动承担起责任，以“提升媒介素养”为主线，从第二课堂体现“以实践为基础”的工程教育本质，用一个个新闻媒介项目作为牵引，过程中锻炼学生实践能力，培养工程能力的系统化思维，加强人文素质养成，培养适应新时代民航发展需要的高素质人才。

（执笔人：陈红叶　徐雪峰　吴延松　盖　青）

瞄准升级 提质 打造千村调查 2.0 品牌

上海财经大学

上海财经大学“千村调查”自 2008 年启动，迄今已经连续实施 16 年，2.5 万人次学生“走千村、访万户、读中国”，项目入选全国“高校思政工作精品项目”，获得国家教学成果奖二等奖，上海市教学成果奖特等奖，国家级一流本科社会实践课程、全国高校“礼敬中华优秀传统文化”系列活动示范项目和上海市高校“三全育人”示范案例。系列研究为深入开展我国农村、农民、农业问题研究积累了极其宝贵的一手资料，成果服务于国家重大战略，得到了多位国家领导人批示。近年来，学校党委宣传部牵头协同校内相关部门、学院，瞄准“升级、提质”，打造千村调查 2.0 品牌，结合主题教育，大兴调查研究，传承“走千村、访万户、读中国”的核心理念，进一步加强国情教育、社会实践、科学研究、学科建设四位一体人才培养模式的内涵建设。

一、千村调查 2.0：连续十六年扎实推进，不忘初心再出发

作为学校统筹设计和组织实施的一项大型社会实践活动，千村调查以增强学生服务国家服务人民的社会责任感、勇于探索的创新精神、善于解决问题的实践能力为宗旨，以问题导向和项目导向的社会调查为主要方法，每年组织在校大学生和教师于暑期深入农村开展相关“三农”问题的主题调查研究。

自千村调查项目启动以来，学校累计派出 2.5 万余人次上财学生，走进全国 12 655 个村庄 17.42 万户农户开展社会调查，调查足迹遍布 31 个省（自治区、直辖市）。项目围绕农村发展、农村教育、数字技术赋能乡村振兴等年度主题，形成中国千村农民发展状况调

研报告、中国乡村振兴发展报告等，相关成果引起了财政部、教育部、卫健委、农业农村部、上海市等高度重视。

2023 年，学校以千村调查 2.0 为载体，推进大兴调查研究之风，深化主题教育，以“数字技术赋能乡村振兴”为主题，采取“大方向小聚焦”，将校园“小课堂”与乡村“大课堂”贯通，强化千村调查项目的国情教育、社会实践、主题教育、劳动教育、科学研究、学科建设等多维育人功能。

二、校内宣传全面升级，注重视觉形象设计，着力打造千村调查 2.0 融媒体传播矩阵

学校党委宣传部协同学生工作处等校内外多家单位部门围绕千村调查 2.0 专题主动设置议题，提升舆论引导力，有计划、有步骤、有亮点地推出各类型报道。通过千村调查培训，面向 2023 年参与千村调查 38 个定点团队定向约稿，鼓励定点调研团队以记者侧记的形式，生动展现调研过程。同时也鼓励参加返乡调查的学生积极供稿，报道自己的返乡见闻。积累了大量的文字与图片资料，为后续报道提供了丰富素材，在校内平台形成了一批集中报道，并在校院二级媒体平台相继推出。

重视千村调查 2.0 品牌视觉形象设计和推广，全面应用于各类宣传物料，牵头开发制作抖音贴纸、微信表情包等新媒体产品，受到师生喜爱。根据千村调查项目的不同阶段，针对不同内容推出融媒体系列报道。在主页与官方微信全方位聚焦千村调查，推出《走进革命老区延安，探寻数字技术赋能乡村振兴——2023 年千村调查预调研活动顺利开展》，校党政领导班子、中层领导干部、专业课老师、辅导员带队开展千村调查等专题系列报道，同时推出千村调查系列微视频报道，积累了丰富素材的同时也为后期外宣报道的形成奠定了基础。

三、做好新闻宣传源头对接，提升千村调查 2.0 的品牌影响力，实现中央媒体集中报道

2023 年 7 月，校党委书记和校长分头带队开展调研。校党委书记许涛赴江西上饶参加千村调查活动，调研京东智能城市（上饶）数字经济产业园、元宇宙产业园、上饶市江天农博城等，带领学生深入农户家中开展问卷、访谈调研，与驻村干部、村干部一起就数字技术赋能乡村振兴的教育路径探索进行了交流。校长刘元春在河北先后调研智图农业、入村入户问卷调查、瞻仰革命烈士陵园、举行千村调查师生座谈会等。2023 年，学校与河北省保定市、江西省赣州市兴国县高兴镇老营盘村等地合作揭牌成立十余个千村调查劳动教育基地，充分发挥基地的纽带和桥梁作用，推进学校与地方长期共建。以此为契机，学校党委宣传部与人民网、中国新闻网、中国青年报、劳动报、中国教育电视台等主流媒体源头对接，共同策划打造千村调查 2.0 对外宣传专案，通过邀请媒体进行现场报道等方式，形成集中宣传，社会反响热烈。

2023 年 7 月 21 日，中国教育电视台专题报道《上海财经大学："千村调查"读国情　大兴调研担使命》通过调研过程跟踪拍摄、校党委书记许涛专题采访、调研组成员专题访谈等形式全方位展现千村调查同党史学习、劳动教育紧密结合的生动实践全过程。

四、深挖典型经验，突出思想引领，媒体智慧助力丰富学校新闻宣传内涵

千村调查 2.0 宣传亮点在于主动设置议题，提升舆论引导力。在新闻宣传工作中聚焦学校中心工作，紧扣重大新闻节点，保持宣传力度。协同校内外多家单位部门，酝酿策划阶段性重点专案，围绕千村调查的实施全过程形成层次丰富、类型多样的融媒体系列报道。在宣传报道的过程中，深度挖掘典型经验，体现学校思政建设，引导学生扎根基层、向实践学习，聚焦三农主题，多角度立体展现

千村调查 2.0 的不同侧面。

通过组织千村调查 2.0 专题策划、集体采访、深度专访等，不断增强学校的话语权与形象力。加强与新闻媒体的沟通联络，邀请权威媒体，针对千村调查的不同阶段做好主题策划，通过媒体渠道进一步挖掘新闻内涵，扩大宣传报道的影响力。

千村调查项目自创立之初，就得到了新闻媒体的广泛关注与大力支持，学校与多家媒体建立了合作机制、保持良好互动，一直追踪报道千村调查项目的新闻工作者也积极出谋划策、贡献智慧，提出了若干建设性意见，16 年来通过不同媒介精心采编了大量新闻报道，挖掘千村调查背后上财人的动人故事，从不同角度呈现项目成果和人才培养经验，千村调查项目的社会影响力也得到了持续提升。

（执笔人：任　斌　曹东勃）

构建新时代高校媒体融合发展 1+X 模式

江苏大学

新媒体迅猛发展，冲击和重构了高校传统传播格局，融媒体已是大势所趋，传统媒体需因应新形势，在坚守中创新发展。江苏大学紧扣新时代要求，以习近平总书记关于媒体融合发展的重要论述为指导，扎实推进媒体融合发展，取得了较好实效。

一、工作思路

1. 坚持指导思想。习近平总书记高度重视媒体融合发展并多次强调指出，要充分运用信息革命成果推动媒体融合向纵深发展。高校要以习近平总书记关于媒体融合发展的重要论述为指导，从“外塑形象，内聚人心”目标出发，顺应媒介变革发展趋势，整合校园媒体资源，探索建设融媒体中心，提升校园媒体宣传的传播力、引导力、影响力和公信力。

2. 厘清存在问题。针对高校现状尤其江苏大学媒体融合发展情况，对照新时代媒体融合发展要求，需着力解决好共性问题：一是学校及院系媒体在融合意识树立、融合方式确立及技术应用上还不够；二是目前高校宣传队伍尤其是各二级单位的专兼职人员的新闻素养、技术水平及人员投入还不能满足高水平大学建设需求。

3. 明确目标任务。确立媒体融合发展思路，利用“互联网+”的网络运营模式，将校报、广播、电视等既有共同点，又存在互补性的传统媒体，在人力、内容等方面全面整合，借助新媒体平台加强互动性、增强受众黏性，探索具有高校特色的发展模式，构建“资源通融、内容兼融、宣传互融、利益共融”的融媒体平台，为学校事业发展营造良好舆论氛围。

二、主要做法

1. 树立传统媒体与新媒体融合意识。推进媒体融合首先要在思想理念上有融合的意识与观念，着力做到“四融四力”：一是融观念，依托新媒体，激发传统媒体活力；二是融内容，一次采写，多平台使用，多方发布；三是融平台，推进传统媒体与新媒体融合，优势互补，形成宣传合力；四是融效果，多平台整合、融合宣传发布，达到“1+1＞2”的效果。在传统媒体做深、做全、做出品牌的基础上，统筹采访、编辑和技术力量，推进“报、网、端、微”一体联动，建立移动优先、PC 做全、纸媒做深、多次生成、多元传播的策采编发新流程，运用新媒体多发出传统媒体的声音、多展现传统媒体的品牌。

2. 建立新媒体“1+X”融媒体宣传平台。推动校报、电视、广播、网络等传统媒体“X”与新媒体“1”的融合发展，打通现有人员，发挥专长，如校报的图文、电视的视频、广播的音频、网络的新闻及新媒体的平台，既分工负责，又各司其职，强化校报记者团、电视台、广播台、网络新媒体中心等学生团队的培训指导，发挥全校教职工记者作用，构建学校宣传“中央厨房”，突出传统媒体做深、新媒体做快，实现“一次采集、多种生成、多元发布”，以官微等新媒体平台为载体，与校报、网络、电视、广播等整体联动，形成融媒体矩阵宣传格局。

3. 加强师生媒体宣传团队建设与指导。注重加强师生队伍建设，强化新闻素养与业务能力培训，提升队伍整体素质与媒体应用水平。加强学生团队的业务培训与能力培养，并为学生团队配备好指导老师，依托学生团队建立学生新闻传播联合会，明确专人负责指导，融合学生团队力量，形成学生队伍宣传合力，让学生成为校园新闻媒体宣传的得力助手、主要力量。

三、实施效果

1. 传统媒体与新媒体进入深层次融合发展。校报强化在深度报道、专题报道上做功夫，强化第一手素材采写收集，为“1+X”平台提供素材。电视注重多出精品视频，增加短视频制作频度和发布密度。广播紧扣时间节点或热点话题等，邀请师生做客“访谈+朗读”的线上广播。网络以中心工作等稿件发布为主，强化江帆网（思政工作网）、新闻中心及专题网站建设。新媒体强化细节化、系统化、服务化、精品化建设，与传统媒体同步发声，形成宣传合力。目前，江苏大学已形成融媒体宣传矩阵，通过官微既可浏览微信、微博、抖音号等，也可查阅网络、读校报、看电视、听广播，有效实现“1+X”媒体融合。

2. 媒体融合发展取得较好成效及荣誉。江苏大学申报的案例获教育部“共抗疫情、爱国力行”主题宣传教育工作案例类优秀奖。学校入选全国百强校园媒体、全国优秀高校媒体、全国高校优秀网络栏目提名奖、江苏省教育系统新媒体宣传综合力十强、中国（江苏）高校传媒联盟新媒体运营奖，连续获评江苏教育宣传工作优秀单位，官微位列中国大学官微百强。

四、经验启示

媒体融合发展需全校各方共同努力、逐步推进，要在思想意识、管理理念上强化媒体融合发展，真正构建起具有高校特色的融媒体平台。

1. 进一步巩固媒体融合发展意识。探索推进融“文化”于“内容”、融“内容”于“服务”、融“服务”于“产品”、融“产品”于“平台”、融“机制”于“系统”、融“教学”于“系统”，扩大“1+X”的融合范围与领域，形成“服务+形态”融媒体产品，通过并发式呈现，构建起生产者与用户间的交流互动平台。

2. 进一步强化校园媒体规范建设。加强工作体制机制建设，着力形成一套扁平化管理制度与工作运营机制，提高媒体宣传传播的时效；规范日常工作运营与管理，提高媒体技术与应用水平，强化内容为王和技术引领，精心策划好每一个精品内容、高质量选题，宣传展示好学校发展成就。

3. 进一步深化校园媒体融合发展。拓展媒体融合深度、广度，推进校园媒体在融合的深入性、人员最优化使用、宣传合力形成方面进一步完善；进一步加强校院两级媒体平台建设与信息互动交流，更好宣传展示基层一线的师生员工典型与事迹。

高校媒体融合发展是新时代发展的必然趋势，就是要充分利用媒介载体，打造起以新媒体为“1”，传统媒体为“X”的新型主流媒体，并使其融入师生日常工作学习和生活之中，影响并改变师生的阅读习惯，成为师生了解各方资讯、感受校园动态、接受文化辐射的重要载体，服务并贡献于让人民满意的高等教育事业。

（执笔人：王玉忠　吴麟麟　吴　奕　孙英琨）

守正创新 聚力融合 讲好融媒体环境下校园故事

山东师范大学

一、工作思路

近年来，山东师范大学宣传思想文化工作坚持以习近平新时代中国特色社会主义思想为指导，认真贯彻落实习近平总书记关于宣传思想文化工作的重要指示精神，紧紧围绕学校中心工作，服务学校改革发展大局，强化顶层设计，深化各单位各部门沟通协作，积极探索推动校园媒体融合创新发展，着力讲好融媒体环境下的校园故事，为学校事业高质量发展营造了良好的舆论氛围。

二、主要做法

1. 聚焦主题主线，凝聚发展正能量

学校宣传思想文化工作始终坚持正确的政治方向、舆论导向和价值取向，不断完善制度建设，严格规范校园新媒体建设与运营，严格执行“三审三校”流程，全面筑牢网络安全防线。围绕立德树人根本任务，把握思想政治工作规律和新媒体传播规律，结合重要事件、时间节点，推出一系列有温度、有内容的网络思政作品，使校园网络空间主旋律高昂。做强做优主题策划，深挖学校历史，着重讲好师生教育报国、向上向美的奋进故事，策划推出的《音乐点亮艺术人生 生命深耕教育热土》《山师人在珠峰》等多个作品实现“破圈传播”，进一步增强了师生爱国爱校的责任感与使命感。围绕新闻宣传主业，及时报道学校在人才培养、学科建设、科学研究、交流合作、社会服务等方面的最新成就和典型经验，有效提升学校影响力和美誉度。

2. 聚力协同联动，深入推进大宣传

牢固树立大宣传工作理念，加强学校宣传思想文化工作顶层设计、整体布局，不断健全完善“党委统一领导、党政齐抓共管、宣传部组织协调、有关部门分工负责”的工作格局。设立新媒体中心，成立新媒体联盟，构建起覆盖学校各单位的宣传员、信息员工作群，面向全体师生征集新闻线索，抢抓一线生动素材，保障优质创作内容的持续供给。提升平台服务功能，主动回应用户关切，针对招生、升学就业、学生考试等关注度高的问题，强化与相关部门的紧密配合、上下联动，及时、准确、公开、透明发布相关内容。强化示范引领，发挥带动效应，探索建立考核奖励机制，每年组织开展宣传思想文化工作先优评选，根据对学校宣传工作的贡献度，表彰一批单位、教职工和学生，增强全校师生参与宣传工作的荣誉感和成就感。

3. 聚势内宣外宣，赋能澎湃大流量

深刻领会“宣传也是生产力，正能量要有大流量”有关工作要求，不断优化宣传格局，坚持内宣外宣双轮驱动，全面提升传播效果。对内持续推动传统媒体与新媒体、校院两级新媒体融合发展，启动融媒体中心建设项目，学校入选山东教育融媒体建设试点单位。对外积极对接中央媒体、省内主流媒体，推动建立深度合作关系，主动提供学校重大成就、重要活动、学术会议信息，举办媒体开放日活动，实现与主流媒体信息实时共享，形成了内外相互赋能的良好氛围。涌现了《奇巧无比——山师学子出租车上看到寻人启事，往窗外一看竟然是他……》《“长拳女孩”火了！她的身份不简单》《山东首金！来自山师徐润泽！》等在全网形成现象级传播的作品，2个案例获山东省教育系统新闻宣传工作优秀案例，学校获评新闻宣传工作先进单位。

4. 聚合队伍动能，增强创新内驱力

做好新时代宣传思想文化工作，关键在人、在队伍。学校坚持“请进来”和“走出去”相结合，邀请校内外专家为教师团队、学生团队开展新闻写作、舆情演练、摄影摄像、视频剪辑、媒体运营等方面的培训，着力提升两支宣传队伍的媒介素养和工作水平，力求打造更多有创意、有高度、有品质、有影响力的新媒体作品。积极参加全国、全省组织的新媒体培训研讨会，赴省内外兄弟高校开展学习交流，拓宽工作思路、锤炼能力本领。注重团队的科学化、规范化管理，定期召开例会，开展工作复盘、头脑风暴，部署工作计划，确保成员严守宣传纪律和账号运营规范，确保发布内容的合法性、准确性。注重发挥学生特长，设置记者、编辑、影创等多种职位，建立稿酬激励制度，实行考核淘汰机制，释放学生创作潜能，激励成员快速成长。

三、实施效果

经过多年建设，学校新媒体已经成为学校对内对外宣传的重要渠道，是学校与师生校友、社会公众沟通交流的重要平台，在新闻宣传、政策发布、文化建设、思政育人等方面发挥了重要作用。学校推动校园媒体融合创新发展的相关工作理念和经验做法受到上级有关部门的肯定，在山东教育融媒体大会上作典型经验交流。目前，官方微信、微博、视频号、B 站、抖音等各类新平台粉丝数量突破 63 万，位居山东省高校前列。官微影响力稳居全国高校官微百强，获评山东最具影响力高校政务融媒体、山东教育融媒 TOP100 优秀教育账号、山东教育政务新媒体综合力二十强单位等荣誉称号；官方视频号、抖音号传播指数和综合影响力多次位列全国高校百强。

四、经验启示

1. 整合各方资源是基础。在传统思维模式中，高校宣传工作是宣传部门的主要职责，而当前的舆论生态和传媒格局决定了宣传思想工作已经不仅仅是宣传部门的事情，而是全校各部门共同的事情。新时代背景下的高校宣传思想工作要有“大格局”和“大视野”，要做好顶层设计，强化部门协作，做到全员参与，打好“组合拳”，奏好“交响乐”。

2. 深耕原创内容是关键。坚持内容为王，选题策划要在“选”字上下足功夫，紧密结合中心工作和师生需求，主动加强对选题的科学策划，走出“巧妇难为无米之炊”的窘境。不断创新讲故事的形式，运用“网言网语”“青言青语”进行对话范式的转换，将鲜活的文字、优雅的排版、有感染力的图片和音视频相融合，进而增强作品的认同感和影响力。

3. 打造运营团队是保障。立足学校实际，善于挖掘和发挥人才和学科优势，厚植智力支撑，做好专业教师、党政管理工作者和学生宣传工作队伍的融合，打造一专多能的运营团队。定期开展写作、摄影、编辑等技能培训，及时进行工作复盘、总结，通过一对一指导、以老带新等多种方式，整体提升队伍的融媒素养，确保账号运营的稳定性和传承性。

（执笔人：向玉贞　张　莹）

打造西南交大特色的对外宣传思政名片

西南交通大学

习近平总书记指出，“思想政治工作是学校各项工作的生命线”。作为高校的思想政治工作，要同学科建设、科学研究、社会服务等工作一样，努力以适应时代要求的思想政治工作水平，引领高校一流人才的培养。早在2017年学校召开的思想政治工作会议上，党委就提出，要用思政工作的一流带动全校各项工作实现一流。党委明确，要以一流的党建和思想政治工作引领推进学校“双一流”建设。

一、工作思路

一流的思政工作，既包括格局体系、体制机制、队伍建设、方式手段等内涵建设，也包括声誉度和美誉度等外延建设，内涵与外延是相辅相成、相互促进的关系。打造西南交大特色的“思政工作名片”，旨在挖掘发现学校思想政治工作中的亮点，在对外宣传中扩大影响力、增强知名度。

1. 就显示度和影响力来讲，思政方面的宣传报道与科技创新工作相比，后者的影响面更大，辐射面更广，思政工作一般被误认为是“软”工作，显示度不高，校外媒体的宣传报道不容易聚焦。

2. 就创新性来讲，因为高校思想政治工作“规定动作”比较多，由此各高校做法大同小异，容易千篇一律，要想“突出重围”、凸显亮点特色，从而获得媒体青睐不易。

3. 就采访写作的操作层面来讲，思政工作新闻稿件存在如“效果评价”难以定论、具体做法“用力过猛”等操作层面的难题。

二、主要做法

1.“软功做硬”

通过提高新闻采写技巧，进一步挖掘新闻背后的故事，用媒体常用的叙述方式总结出典型案例的具体做法和经验、模范人物身上的闪光点，比如陈建同志勇救落水女生、思政课教学方式创新、思政课专家朱铃教授九十岁高龄坚持授课、国家级教学名师吴鹿鸣教授一生钟情教学等。

2.“站在主舞台演出”

通过加强与主流权威媒体沟通，加强与兄弟单位协调，近年来，紧盯深入学习贯彻党的二十大精神、庆祝中国共产党成立100周年、庆祝新中国成立70周年、“不忘初心　牢记使命”主题教育、防疫抗疫、中国人民志愿军入朝作战70周年等重要节点和重大场合，遵循传播规律，提前谋划提前采录，确保能够第一时间播出、刊出。如习近平总书记在学校思想政治理论课教师座谈会上发表重要讲话之后，第一时间征集师生反响并及时向央视报送视频，发言被采用并在当晚的新闻联播播出。

3.“润物无声”，以情动人

依托新媒体联盟和学生骨干，结合当代大学生特点，策划推出网上专题，吸引更多学生参与。

三、实施效果

主流媒体聚焦交大，全面开花。据不完全统计，2019—2023年，以思政工作为主题的对外宣传形成有影响力的报道127篇。其中，亮相中央广播电视总台11次，新闻联播6次，推出《光明日报》头版和整版、《中国教育报》头版、《中国交通报》整版等重点报道。

时间	媒体	标题/主要内容
2019 年 1 月 10 日	光明日报	用真理赢得青年的心——记年届九旬仍活跃在思政课堂的西南交大教授朱铃
2019 年 2 月 27 日	光明日报	翟婉明：高铁引领世界也是中国梦的一部分
2019 年 5 月 24 日	中国教育报	西南交大用对话反思激活思政课
2019 年 6 月 6 日	中国交通报	把"小课堂""大熔炉"结合起来——西南交大携手中国中铁开展"国企领导上讲台"思政课活动
2019 年 9 月 10 日	中央电视台	感念师恩　先生的教诲　心中的明灯
2019 年 9 月 15 日	中央电视台	莘莘学子：用青春告白祖国
2019 年 9 月 19 日	中央电视台	勇挑时代重担　担当新作为
2019 年 10 月 25 日	中国教育报	西南交大增加思政课深度宽度温度——把思政教育做到学生心坎里
2020 年 3 月 14 日	光明日报	战"疫"伟大斗争　唱响新时代爱国主义主旋律
2020 年 4 月 25 日	中央电视台	以青春的名义　我不后悔
2020 年 5 月 4 日	中央电视台	西南交通大学：致敬"逆行者"，新时代新青年新担当
2020 年 10 月 30 日	中国教育报	一支特殊的抗美援朝战斗队伍
2020 年 11 月 2 日	中央电视台	接续奋斗　为全面建设社会主义现代化国家开好局起好步——广大知识分子和青年学生认真学习党的十九届五中全会精神

续表

时间	媒体	标题/主要内容
2020 年 11 月 6 日	新华社	寒风落叶里，你值得整片星空！
2021 年 3 月 12 日	新华网	党史故事百校讲述丨丹心映日月，听西南交大讲述茅以升的故事
2021 年 4 月 8 日	教育导报	张异：辅导员就是学生的引路人
2021 年 5 月 17 日	中国社会科学网	西南交通大学："三个结合"让青春沁润党旗的"红"
2021 年 6 月 8 日	中央电视台	今日中国·四川丨没有共产党就没有新中国
2021 年 12 月 9 日	光明日报	扎根西南　矢志报国——西南交通大学在党史学习教育中书写奋斗新篇
2022 年 1 月 13 日	中国青年报	西南交大学生作业成了思政教材
2022 年 5 月 10 日	四川卫视	四川新闻联播 | 以青春激荡民族复兴的澎湃春潮
2022 年 7 月 7 日	中国青年报	西南交通大学：青马课堂开进社区
2022 年 10 月 28 日	封面新闻	用榜样力量鼓舞人启迪人！科学家精神主题展亮相西南交大
2022 年 12 月 17 日	中国教育报	西南交通大学推动党的二十大精神落地生根——教师"学深"带动学生"悟透"
2023 年 1 月 6 日	人民日报	西南交大教授高仕斌 30 多年钻研铁路供电和自动化——每一步选择都瞄准现实需要
2023 年 3 月 20 日	全国高校思想政治工作网	西南交通大学：开展多样化思政课推动党的二十大精神落地生根、开花结果
2023 年 5 月 26 日	中国社会科学网	西南交通大学举办"从大国工程看中国式现代化"系列大思政课

续表

时间	媒体	标题/主要内容
2023 年 7 月 2 日	四川发布	务求实效　西南交通大学持续推动主题教育走深走实
2023 年 7 月 3 日	中国教育报	西南交通大学："实"字当头　主题教育"走心"又"走新"
2023 年 9 月 10 日	四川新闻网	师者风范　精益求精　牵引高铁飞驰的中国智慧

西南交通大学对外宣传"思政名片"部分刊发/播出内容（2019—2023 年）

四、经验启示

1. 围绕中心，服务学校根本任务

始终牢牢把握立德树人核心任务，将思政工作宣传的落脚点放在学生获益、学生收获上，放在促进学校各项工作上。

2. 通力合作，兄弟单位积极支持

宣传素材和典型事迹来源于学校各相关单位，工作成绩和亮点归功于各单位做成做优，成熟的新闻报道得益于各单位的重视与参与。

3. 主动谋划，策划宣传报道重点

结合重要节点和重大场合，策划了青春告白祖国等主题，向中央电视台报送素材并被选用；结合学校加强思政课建设重点工作，集中向中国教育报报送素材并被选用。持续加强典型人物的宣传，如《光明日报》头版聚焦朱铃教授，中央电视台教师节期间聚焦吴鹿鸣教授。

（执笔人：卢世炬　许金砖　蔡京君　阮　琦）

科技赋能 主体赋能 平台赋能

——构建“三位一体”农林高校精准扶贫新模式

西北农林科技大学

党的二十大擘画了以中国式现代化全面推进中华民族伟大复兴的宏伟蓝图。全面建设社会主义现代化国家，最艰巨最繁重的任务仍然在农村，西北农林科技大学作为农林高校“国家队”、强农兴农排头兵，要准确把握“三农”工作的新形势、新任务，找准发力点、贡献点，充分发挥学校学科特色和科技人才优势，为推进中国式农业农村现代化，建设农业强国作出应有贡献。

一、基本情况

学校官方新媒体平台逐步探索出“科技赋能”“主体赋能”“平台赋能”的“三位一体”农林高校精准扶贫新模式，让扶贫变“漫灌式”为“滴灌式”，变“手榴弹”为“绣花针”，走出一条具有“农林高校品牌”的特色扶贫路径。

一是“科技赋能”，突出独特性。充分挖掘农产品的科技属性，突出产品的科技含量，打造一批带有西农印记的农林高校“科研美食”。二是“主体赋能”，突出公益性。新媒体平台“带货”的主体就是“研究生助力团”成员，该群体活跃在扶贫一线，能够熟练使用新媒体，“三农”意识强，乐于扶贫公益事业，最容易打动消费群体。三是“平台赋能”，突出创新性。新媒体已然成为广大消费者获取信息的主要阵地和渠道，因此，校园新媒体平台“带货”农产品模式形式新颖、接地气，最容易占领消费群体。

二、主要做法

2018 年以来，我校持续在学校官方微信、微博、抖音等新媒体平台上为贫困地区优质农产品“带货”，成功为农产品打开销路，为产业扶贫贡献了一份力量。

1. 打磨品牌，在“西农锅巴”领域持续深耕

镇巴县是学校对口扶贫县，马铃薯专家陈勤教授给镇巴县兴隆镇赠送彩色马铃薯品种进行试种，希望通过彩色马铃薯帮助农民脱贫致富。在专家积极指导种植的同时，我校第五届研究生助力团成员杜好田联合学生创业团队，研发出“彩色马铃薯锅巴”，增加了农产品的附加值。

2018 年 10 月 17 日，学校官方微信平台正式推出《尝鲜 | 揭秘“彩色马铃薯锅巴”，隔壁小孩都馋哭了!》一文，首次通过图文并茂的形式介绍了我校专家培育的彩色马铃薯的营养价值，讲述了研究生助力团成员在镇巴的扶贫故事，通过线上抽奖和附加网店链接两种形式进行“带货”。文章阅读量达 3 万+，第一批彩色马铃薯锅巴很快销售一空。

随后官方新媒体持续为彩色马铃薯锅巴“赋能”：2020 年 12 月推出《够香！够酥！够味儿！西农小米锅巴来了!》，2021 年 12 月推出《给西农送 10 000 包锅巴!》，成功地为彩色马铃薯锅巴树立起了鲜明独特的品牌形象，成为网友眼中炙手可热的“高校科研美食”，带动了当地马铃薯产业发展升级。

2023 年 3 月 9 日，学校官方微信公众平台联合全校各单位官方微信公众号共同推出《来一包麦薯脆！西农锅巴全新升级!》，面向师生校友免费发放“西农锅巴”1 万余包，再一次强化了“西农锅巴”的高校科研美食地位。

2. 大胆复制，在高校科研美食领域全面开花

官方新媒体团队在彩色马铃薯锅巴的成功经验激励下，继续瞄准樱桃、苹果这两个具有西农特色的水果继续进行“带货”尝试。

合阳县金峪镇方寨村樱桃产业园是我校与合阳县的产业扶贫项目，由我校蔡宇良教授负责技术指导。白水新农田现代苹果产业示

范园在赵政阳教授团队的指导下，实现了苹果种植新思路、新管理、新技术、新标准的四新目标，提高了当地村民的收入。

2019 年 10 月，学校官方微信推出《汁多、味甜、嘎嘣脆！你要的西农大苹果来啦！》，2020 年 12 月，推出《深情厚谊！20 000 个瑞阳瑞雪已到达西农》，为白水苹果“带货”，成功帮助白水新农田农业合作社拓展销路，走上发展的快车道。

2019 年 5 月，学校官方微信推出《还在发愁买不到好樱桃？西农大樱桃火速赶来！》，2020 年 5 月 27 日，推出《“明星”来带货！买它！》，2022 年 5 月，推出《你们要的西农大樱桃来了！》。三次带货效果显著，总阅读量达 200 万+，网店平台货源被抢购一空。

3. 树立榜样，打造大学生公益扶贫明星

除了在新媒体平台上进行实实在在的品种推介，学校新媒体平台还特别注意树立脱贫攻坚中的人物典型，用身边人的事迹和精神感染和激励广大师生校友积极投身脱贫攻坚和精准扶贫的事业。

彩色马铃薯锅巴的成功，也成就了“锅巴镇长”杜好田。2021 年 4 月#陕西大学生为研发锅巴延毕#话题登上微博热搜榜第 9 名，人民日报、新华社、央视新闻、陕西日报等众多中央、省级媒体纷纷报道杜好田同学的扶贫故事。2021 年 4 月学校官方微信推出《冲上热搜！申请延毕的杜好田火了！》，2023 年 3 月 9 日的微信推文《来一包麦薯脆！西农锅巴全新升级！》，深入挖掘了杜好田自 2017 年至今执着于“西农锅巴”的产品升级，帮扶镇巴县返乡创业青年何广志的锅巴厂转型升级的感人故事，在师生中树立起脱贫攻坚的典型。

持续关注研究生助力团，讲好“三团一队”乡村振兴故事。2020 年 1 月 15 日，学校官方微信推出《我在镇巴的 153 天……》一文，讲述了我校 17 名科技镇长在镇巴县进行精准扶贫的故事。2020 年 6 月 3 日，推出《尹鹏先是谁？》一文，讲述了博士村支书、我校校友尹鹏先在留坝县烧房坝村通过发展香菇产业进行精准脱贫的感人事迹。

三、工作成效

1. 培养高素质人才助力乡村振兴

在学校“三位一体”的农林高校精准扶贫模式的探索中，打造出以杜好田、侯明星及各届研究生助力团团长为代表的一批大学生公益扶贫队伍。吸引以大学生为主体的高素质人才参与乡村振兴，让广大青年将实现个人发展与国家发展以及乡村振兴相统一并实现共赢，利用他们较高的媒介素养，将其培养为新型农业的生力军，以此联农带农，完成农业人才由传统农人向“新农人”的转型。

2. 培育“互联网+”时代新型农民

在一次次的带货宣传和一次次的产品升级中，镇巴县何永志的锅巴厂也在逐步走向自动化、数字化，销售团队和新媒体团队也在不断扩大。何永志曾在西北农林科技大学官方微信公众号下留言：作为一名返乡创业青年，感谢在返乡创业过程中遇到西北农林科技大学，遇到杜好田团队，因为有了西农彩色马铃薯才有了镇巴锅巴厂的故事，未来我们一定坚持初心，砥砺前行。

3. 宣传学校服务地方经济成效

农林高校精准扶贫工作的开展，不仅有利于农业科技成果向现实生产力的转化，而且可以切实提升贫困地区的发展能力和贫困群众的生活质量，真正为脱贫攻坚事业做出自身贡献，走出一条具有“农林高校品牌”的特色扶贫路径。

农林高校拥有丰富的农业科教资源，敢想敢干的新时代“新农人”，更应该利用好新媒体平台和新媒体技术，真正做到“科技赋能、主体赋能、平台赋能”，让农林高校精准扶贫工作的效果更加显著、扶贫速度更加快捷、扶贫范围更加宽广。

（执笔人：王　婷）

百名书记 百个故事 百种感悟

——“百名书记讲党史”创新打造可视化活教材

兰州大学

习近平总书记在党史学习教育动员大会上强调:“党的历史是最生动、最有说服力的教科书。”在中国共产党成立100周年之际，为弘扬爱党之情、报国之志、荣校之情，兰州大学坚持重创新强引领，开展“百名书记讲党史”网络主题接力活动，通过故事讲述、讨论交流、史实回顾、情景再现等形式，在网上网下掀起“百名书记讲党史”微视频接力热潮，共庆建党百年。这些微视频生动展示了百年党史中最重要的事、最可爱的人、最宝贵的精神、最深刻的道理，线上线下掀起了接力热潮，创新性地打造了党史学习教育可视化活教材，推动党史学习教育有声有色、走深走实。

一、工作思路与主要做法

1. 百名书记讲述百年历史波澜壮阔

“百名书记讲党史”，突出讲述主体，创新组建党史宣讲“轻骑兵”。从机关到基层，按照校党委书记、各中层党组织书记、机关各支部书记、教师党支部书记、学生党支部书记五类主体，遴选两百余名政治素质好、具备一定理论素养、宣讲能力强的人员，通过主动报题、网络抢题、自主选题，带头宣讲党史上的重大事件、伟大精神、先进人物，引导师生通过学习党史“明理增信、崇德力行”。

五类书记，两百余名师生干部就好比100支宣讲小分队，深入全校各个角落深度开展“百名书记讲党史”活动，充分发挥书记示范作用，让“关键少数”在党史学习教育中发挥关键作用，通过鲜活生动的形式将党史宣讲送到基层一线，讲到全体师生心头。

校党委书记马小洁率先垂范，七一前夕深情讲述《党的十九大:

新思想引领新征程》，讲明党的十九大的思想精髓、核心要义与重大意义，号召全校师生紧密团结在以习近平同志为核心的党中央周围，把党的十九大精神落到实处。

2. 百个故事见证百年荣光催人奋进

“百名书记讲党史”，注重讲述效果，用心营造党史宣讲“新模式”。活动通过多角度宣讲，多维度分享，多层次参与，推动党史学习教育走进基层。活动中的党史故事由学校全国重点马克思主义学院师生和讲述人互动完成，历史背景资料由中层党组织团队搜集完成。从查找资料到文稿撰写、政治审核，再到宣讲、录制、审片和新媒体推文编发，参与师生从中不断汲取前进力量，并通过视频传递到每一位受众身上。

“百名书记讲党史”，紧扣党史主题，精心打造党史宣讲“新品牌”。活动开展以来，红色“轻骑兵”们活跃在基层一线，以中国共产党百年发展历程为时间轴，以党的重大事件为线索，以不同时期的典型事例、历史人物、动人故事为主要内容，深情宣讲党史百年辉煌历程，分享“四史”故事，深刻领悟百年征程中党的思想理论、精神谱系、历史经验。

历史是最好的教科书，党史是最好的营养剂。用好丰富的党史素材，讲好党的故事、革命的故事、身边的党史故事，引导广大师生深刻理解党的百年历史是筚路蓝缕的创业史，是改天换地的奋斗史，帮助他们坚定理想信念，厚植爱国情怀，是此次活动的初衷。讲述人在饱含深情地还原故事情景之后，都会引用习近平总书记的有关讲话原文，升华受众对这些重大历史事件的认识，真正用创新理论武装头脑。

3. 百种感悟体会百年初心历久弥坚

马克思主义学院学生饰演中共一大代表邓恩铭并讲述其红色事迹，历史文化学院以一曲《红梅赞》带大家感受红岩魂，资源环境学院学生深情演绎《七子之歌——澳门》……在多样化的讲述和表演形式下，浩气长存的英雄人物、百年党史中的重大事件和铸就的伟大精神逐渐鲜活了起来。而“沉浸式学习”体验也极大提升了党史学习教育实际效果。党员、群众纷纷表示，从中受益良多，对“学党史、悟思想、办实事、开新局”有了更深入的认识与理解。

与传统“被动式”党建教育方式不同，“百名书记讲党史”网络主题接力活动从查找资料到文稿撰写、政治审核，再到宣讲、录制、审片和新媒体推文编发，全部由校内师生参与完成，很多视频通过亲身演绎、诗歌朗诵、红歌演唱等形式，进一步营造时代背景和故事氛围，把讲述者带回故事发生年代，沉浸式推动故事发展，帮助观者重温峥嵘岁月，领悟革命精神，这种走“心”又走“新”的沉浸式体验，使党史学习更具生动性，更能共情共鸣，极大提升了党史学习教育实际效果。

二、实施效果

“百名书记讲党史”活动自开展以来，以中国共产党百年发展历程为时间轴，以党的重大事件为线索，以不同时期的典型事例、英雄模范、动人故事为主要内容，各单位共经过三轮接力。103 个党史故事，自 2021 年 5 月 4 日至 2021 年年底，每 2 天 1 期，通过全媒体平台分发，网络阅读量已突破 4 000 万。党史宣讲的接力棒在全校师生中不停传送，生动展示了中国共产党披荆斩棘、砥砺奋进的百年征程，传递了中国共产党薪火相传、历久弥坚的百年初心。

三、经验启示

1. 沉浸式学习党史故事

还原故事情景后，讲述者都会引用习近平总书记的有关讲话原文，升华受众对这些重大历史事件的认识，真正用创新理论武装头脑。这种走心的沉浸式宣讲，使党史学习更能共情共鸣，让师生在党史学习教育中进一步感悟思想伟力，极大地提升了学习效果。

2. 多样化领悟党的精神

从中共一大到十九大，从红船精神到抗疫精神，从李大钊到樊锦诗，在多样化的形式下，百年党史中的重大事件、伟大精神和英雄人物逐渐鲜活了起来。这些身边人讲述的可亲可信的党史故事正通过这种喜闻乐见的方式直抵人心。

3. 创新性开展党史教育

活动以党的创新理论为指导，充分发挥“关键少数”作用，积极创新形式载体，用活红色资源，讲好党史故事，在校园乃至社会上都营造了浓厚的党史学习氛围，引起了强烈反响，是深入开展党史学习教育的生动实践。

（执笔人：安俊堂　谢益群　张　燕　罗小芳）

弘扬总师育人文化 提升新闻舆论四力

——以“三总师同台演出”系列宣传报道为例

西北工业大学

一、工作思路

党的二十大报告指出，建设具有强大凝聚力和引领力的社会主义意识形态，巩固壮大奋进新时代的主流思想舆论，加强全媒体传播体系建设，塑造主流舆论新格局。西北工业大学坚持讲好西工大故事，讲好中国故事，让新闻宣传工作更好地为立德树人根本任务服务，培养德智体美劳全面发展的社会主义建设者和接班人。

长期以来，西北工业大学扎根西部、献身国防，为祖国的航空、航天、航海领域培养了大量人才。近年来，“西工大一个班里出了三位总师”（歼−20 总师、运−20 总师、歼−15 副总师）的佳话引起了社会的广泛关注。2018 年 10 月，在西工大校庆 80 周年纪念活动上，学校精心策划了“史上最牛航空班”一班三总师同台朗诵诗歌《致·远方》活动。学校以此重大活动为契机，对 5381 班（三位总师本科时所在班级名称）的故事、“三总师”的故事等进行全方位、多角度、多渠道的宣传，激发了广大学生的爱国热情和民族担当意识，极大提高了学校的社会知名度和美誉度，是高校自觉承担举旗帜、聚民心、育新人、兴文化、展形象使命任务的一次生动实践。

二、主要做法

1. 加强选题策划，提升新闻宣传引导力

为提升新闻宣传工作质量，学校宣传部专门成立策划与采编部，负责统筹学校新闻选题的挖掘、策划和采编工作，加强对学校重大

活动的策划指导，确保重大活动能够产生更大的引导力。在学校80周年校庆期间，学校制定宣传工作方案，与校友会等部门加强协调，对“三总师同台演出”等重点活动进行策划和引导，除报道活动本身外，还报道了“三总师”设计的飞机型号等信息，“三总师同台演出”新闻的引导力得到较好体现。

2. 成立融媒体中心，提升新闻宣传传播力

为更好地适应新时代新闻宣传工作形势，学校宣传部推动内部体制机制改革，成立融媒体中心，通过整合校内各媒介资源，基本实现了信息内容、技术应用、平台终端、管理手段共融互通。“三总师同台演出”新闻报道中，各媒体平台协同作战，第一时间通过微博、微信公众号、网站等迅速传播，微信推文阅读量快速突破10万+，微博阅读量突破400万+，并得到人民日报、中国青年报官方微信关注，连续两天进入微博热搜榜。

3. 构建校内外联动的“大宣传”格局，提升新闻宣传影响力

作为提高新闻宣传影响力的重要抓手，学校一方面构建学校、基层党委、学生团队三个层面的宣传队伍，另一方面积极向国内媒体推送新闻内容。“三总师同台演出”、5381班聚首的新闻事件发生后，学校积极与中央电视台、人民日报、共青团中央、中国青年报等微博和微信公众号联动，形成了宣传的规模效应，相关话题热度持续走高，受到主流媒体的广泛关注和传播，进一步扩大了该新闻事件的新闻宣传影响力。

4. 使用“朋辈语言”，提高新闻宣传公信力

在高校宣传工作中，只有善于运用符合青年阅读喜好的“朋辈语言”，才能让新闻宣传亲近学生，让思政教育真正入脑入心。在“三总师同台演出”的相关新闻报道中，人民日报、中国青年报官方微信公众号大量使用了诸如“那个比撒贝宁更气人的人又出现了”“史上最牛航空班”“撑起中国天空的一个班”等贴近年轻人的“朋辈语言”，这些报道用青年学生喜闻乐见的形式，激发了学生学习先

进典型和刻苦学习的热情。

三、实施效果

1. 激发了学生的爱国奋斗热情

5381 班的传奇故事让学生们通过对歼-20、运-20、歼-15 的了解，认识到了祖国的强大，激发了他们的报国热忱，进一步增强了“四个自信”。同时，通过三位总师的讲述，5381 班和三位总师刻苦学习、顽强拼搏、爱国奉献的精神，让学生们看到了身边可亲、可敬、可学的榜样，“三总师”成为学生们在校园内追捧的“网红”，青少年的报国热情和爱国奋斗激情被点燃。

2. 展示了西工大的良好形象

以“三总师同台演出”为切入点，通过全媒体、多角度、深挖掘、广渠道的宣传报道，将西工大多年来为祖国教育事业和国防科技事业作出的贡献，包括西工大的人才培养成就，扎根西部、献身国防的精神品质，以及众多校友为祖国国防科技事业作出的贡献等集中展示出来，极大提升了学校的社会知名度和美誉度。

3. 进一步落实立德树人根本任务

“三总师同台演出”报道在校内师生员工中也引起对人才培养的思考，校庆结束后在多次座谈会上，教师都提出了“老一辈西工大人培养出了‘三总师’为代表的优秀人才，我们在职教师怎样培养未来‘三总师’？”等问题。学校结合贯彻落实全国教育大会精神，开展人才培养大讨论，制定一系列人才培养措施，进一步夯实全校教职工立德树人的使命与担当。

四、经验启示

1. 加强策划能力是做好新闻宣传工作的重要基础

“三总师同台演出”报道不论在形式还是内容上都非常契合当下主流媒体需求，并达到了良好的宣传效果，这与前期的策划是分不开的。新闻宣传策划应牢牢把握正确导向，要注重把自身特色和社会热点尤其是青年学子的关注热点相结合，提前谋划并深入挖掘新闻背后的故事、内涵和价值。

2. 加强传播能力是做好新闻宣传工作的重要保障

在“三总师同台演出”报道中，校内文字、图片、视频记者全出动，微信、微博、电视台、网站全媒体呈现；其次，与校外媒体充分互动，对新闻事件背后的故事和新闻价值充分挖掘，形成规模化传播效应。在校内外新闻工作者的共同努力下达到了传播效果的最大化。

3. 加强改革创新是做好新闻宣传工作的重要动力

“三总师同台演出”报道取得良好效果，与西工大党委宣传部推行内部改革密不可分，加强高校宣传工作队伍建设质量正是推动内部改革的初衷。通过理顺内部体制机制，成立策划与采编部、融媒体中心，激发新闻宣传队伍的内生动力，充分调动了全校、全社会资源，持续构建“大宣传”工作格局。

（执笔人：杨　晓　高　莹）

新媒体新技术赋能新时代理论宣传

新疆农业大学

习近平总书记强调，人在哪，宣传思想工作的重点就在哪，网络空间已成为人们生产生活的新空间，也应成为我们党凝聚共识的新空间。新疆农业大学积极探索“互联网+理论宣传”新模式，运用新疆农业大学官方微信公众号，通过传播手段和传播方式创新，着力打造理论宣传新阵地、塑造理论宣传新格局，丰富理论宣传新形式，不断提升理论宣传工作水平。

一、新疆农业大学官方微信公众号简介

2014 年 4 月，新疆农业大学官方微信公众号（xjnydx1952）（以下简称“新农大官微”）正式认证，是新疆高校乃至全国高校中注册最早的微信公众平台之一。新农大官微由校党委宣传部负责管理指导，下属学生组织大学生记者团“新媒体工作室”负责具体运营。截至目前，新农大官微粉丝达 11.6 万余人。今年以来发文 280 余篇，总阅读量 210 万+。

新农大官微在全国高校微信公众号影响力排行榜中，常年位居新疆高校第一名，多次获得各项荣誉。2015 年，入选“中国大学新媒体百强之优秀高校”，位列全国高校第 69 名，新疆高校第 1 名，中国青年报点评：新疆高校微信平台的标杆！2017 年荣获“全国高校校报好新闻奖”新媒体类二等奖；2018 年荣获“全国高校校报好新闻奖”新媒体类三等奖；2019 年荣获“全国百强校园媒体”称号；2020 年荣获“新疆高校校报好新闻奖”新媒体类一等奖；2021 年“同守护　共战疫”专题荣获全国十佳校园新闻专题作品；多次荣获“学校十佳微信公众号”。

九年来，新农大官微一直与时俱进，原创“微”图文、“微”视

频，策划“微”活动，开发“微”工具，用心用情讲好故事，传播好声音、正能量，开创了新媒体时代理论宣传模式，让党的新思想在新媒体上“活”起来，打通了理论宣传“最后一公里”。

《新疆日报》曾刊发《新农大：善用新媒体 抢占新阵地》《新农大在新媒体上建新课堂》等文章，专题报道学校利用官微开展思想政治教育、理论宣传工作情况，得到社会认可，提升了学校的影响力和美誉度。

二、特色亮点及经验启示

新农大官微坚持内容为王，选题从大处着眼、小处入手，找准年轻人的兴趣，化大道理为小故事，深入浅出地把党的方针政策、国家大事要事“翻译”成师生爱看、爱读的内容。灵活运用图片、文字、短视频等形式，增强吸引力、扩大传播力。

一是创新形式打造理论宣传品牌栏目。为深入学习宣传贯彻习近平新时代中国特色社会主义思想，完整准确全面贯彻新时代党的治疆方略。近年，新疆农业大学党委宣传部精心策划《学习时间·经典诵读》专栏，节目选取掷地有声、耳目一新、言近旨远、发人深省的文章故事，精心设计场景，以故事带入，通过师生诵读，以微视频的方式进行学习传播，破解了“理论宣传一般都是理论专家、教授正襟危坐，一讲就是两三个小时”的灌输方式，在一定程度上，拉近了理论宣传者和师生之间的距离，使理论宣传有血有肉、变得鲜活起来。

二是原创“微”图文“微”视频，让理论宣传“接地气年轻态”。新疆农业大学党委注重发挥互联网在理论宣传中的作用，将新农大官微作为理论宣传重要载体，通过线上反哺线下模式，形成网上网下同心圆，牢牢占据舆论引导、思想引领、文化传承的传播高点。如开学典礼、毕业典礼、新生第一课、校庆等重大活动，通过新媒体平台第一时间向师生校友直播和推送，浏览量累计超百万，凝聚引发师生校友情感共鸣。聚焦文化润疆，在报道策划中融入中华优秀传统文化，提升阅读获得感。如立足节气文化，结合当前网络碎片化阅读特点，在官方微信建立“农大二十四节气”专栏。该栏目以农大四季风景为载体，运用大众化表达，通过海报方式，将节气文化注入美景之中，将节气特点融入美图之中，将传统习俗渗入美文之中，使青年学生在轻松的阅读体验中，感受中华优秀传统文化的独特魅力。提升青年学生文化涵养与能力素质，增强其文化自觉与自信。开设《习近平讲故事》《两会聚焦》《同守护　共战“疫”》《党史学习教育》《奋斗者正青春》等专题栏目，使师生可以随时随地利用碎片化时间学好用好理论政策，花更少时间获得更多有价值的信息，让党的创新理论“飞入寻常百姓家”。

三是坚持“师生视角”，善用“网言网语”，线上线下同频共振。新媒体时代的理论宣传，必须适应时代要求与师生需求，做好线上线下活动不仅可以有效增加粉丝，还可以提升微信公众号的影响力，破解微信公众号涨粉难、点击量下降等问题。新农大官微始终坚持“师生视角”，了解师生最关心的话题，如教育改革、就业创业、脱贫攻坚、科技创新等，按照需求策划相关内容。用师生听得懂、喜欢听的“网言网语”进行讲解。

近年来，新农大官微采用线上平台和线下宣传取长补短相得益彰的方式，不断增强理论宣传的吸引力。将学校“聚焦党的二十大”“不忘初心、牢记使命”“我的中国梦”“党史学习教育”等主题优秀作品搬到线上，使党的创新理论有了更加生动而丰富的呈现形式。“党委书记的开学第一课”“一场生动的支农劳动思政课”等作品取得了较好的宣传效果和社会影响。同时，积极整合校内各级各类微信公众号资源，成立了新疆首个高校新媒体联盟，形成了“立体多样、融合发展”的校园媒体传播体系，成为学校理论宣传新阵地。

梳理总结多年运营经验，新农大官微把线上理论宣传归纳为“六字”原则，即“理论”“趣味”“实用”。“理论”，就是要坚持通过小故事彰显大道理；“趣味”，就是要坚持把枯燥的理论讲得生动活泼、深入浅出；“实用”就是通过线上理论宣传新形势，通过不断增强理论宣传的传播力、引导力、影响力，在潜移默化中传播党的声音、党的理论，让习近平新时代中国特色社会主义思想不断往深里走、往实里走、往心里走。

（执笔人：赵晓露　冯　魁）

坚持以文育人
打造校园文化品牌

构建自然文化育人体系
全面加强新时代生态文明教育

中国地质大学（北京）

学校以习近平新时代中国特色社会主义思想为指导，依托地学学科优势及专业特色，将自然文化作为生态文明思想传播落实、自然渗透、有效迁移到地球科学课程的实现方式，在国内率先提出“立足地学、着眼生态、厚植文化、自然育人”的自然文化教育新理念。通过创办服务于生态文明建设的交叉学科，建设专业组群、完善课程体系、出版系列教材、拓展实践平台，加强科学普及与国际交流实践创新，有效完善自然文化育人体系，促进生态文明教育实践的落地和生态文明思想的推广。

一、主要做法

1. 探索践行习近平生态文明思想课程思政，把立德树人思想价值引领放在专业育人的首位，制定“引领价值、强化技能、提升素养”培养目标。

学校依托传统地学优势学科，对标“五位一体”生态文明发展布局，以“自然文化”为载体，提出了“立足地学、着眼生态、厚植文化、自然育人”的新理念，将生态理念、自然文化与学校深厚的地球科学底蕴相融合，为建设美丽中国、宜居地球，实现人与自然和谐共生的现代化，为培育有理想、有担当、有专业、有文化的高水平复合型人才奠定了坚实基础。

2. 融合“文、史、哲”，交叉“自然、文化”学科，系统构建“自然文化”交叉专业学科群和“思政、专业、通识”三位一体的自然文化育人课程体系。

在全国率先培育并新设自然文化教育、自然文化与艺术、地质科学史研究、旅游地学、土地整治工程、自然资源登记与管理等新兴交叉学科及专业方向，创建“科学、人文、绿色、生态”的自然文化学科体系，形成了“科学+文化”的自然系统学科生态，初步建成3个博士、7个硕士专业方向，3个本科专业的教学科研布局。面向全校开设32门自然文化系列专业、公选、通识课程。举办自然思政、自然文化、自然文学、地质学史、地学哲学等5个系列讲座300余场，累计受众10万余人。

3. 内外联动、创新机制，全方位优化师资队伍和人员结构，拓宽自然文化育人教学科研实践平台。

一是扩展实践平台，丰富师资力量。以首创成立的自然文化研究院为枢纽，多维度拓宽自然文化育人平台建设，先后与多个政府部门及地质公园签订生态文明建设战略发展合作协议，成立8个自然文化研究院分院。与中国高等教育学会、中国自然资源作家协会开展合作，聘任首席专家和高级研究员，引进驻校作家、特聘作家制度，夯实自然文化教育、自然文学科研及教学力量。二是举办全国范围文学竞赛。积极与中国作协、北京诗词学会、重庆地调局等多家单位合作，主办“中华宝玉石文学奖”“大地文学奖”等多项有关生态文明的竞赛与活动。三是主办杂志期刊，搭建展示平台。主办《大地文学》《中国宝玉石》杂志，为传播生态文明思想，助力自然文化课程思政起到了良好的辐射作用。四是广泛开展科普活动。与清华大学附属中学上地学校、海淀区实验三小等多所北京市中小学合作，开设科普选修课、讲座，通过自然生态科普与文化将生态文明理念渗透至公众及大中小学生。

二、工作成效

1. 实现了人才培养理念与目标的创新

首次提出自然文化育人的理念、目标和概念，致力于探索构建山、水、林、田、湖、草、沙为一体的多维度大自然文化观与文化育人特色体系，逐步形成推动社会进步、引领地球科学进程的一流大学精神与特色文化。

2. 实现了人才培养方式与路径的创新

首次构建“本、硕、博”层级递进的自然文化育人交叉学科群，填补生态文明文化育人实践的空缺。紧密对接生态文明战略需求，有效拓宽自然文化育人专业外延、深化自然文化育人学科文化内涵，率先在全国创办与自然文化相关的交叉学科专业。

3. 实现了人才培养机制与保障的创新

在全国首创成立自然文化研究院，并先后成立 8 家自然文化研究院分院，构建“共商、共建、共享”自然文化育人产学研用新机制和新平台。自然文化育人项目荣获北京高校党建和思政工作优秀成果奖、北京市高等教育教学成果奖特等奖；培育教育部课程思政名师团队 2 个，全国优秀科技工作者 2 人，北京市教学名师 2 人；国家精品课程、北京市优质本科课程各 2 门，北京市优质本科教材 2 部；出版的《中国敦煌世界地质公园科普系列丛书》等科普读物获 2014 年、2020 年原国土资源部、自然资源部优秀科普图书；负责国内 19 家世界地质公园申报与评估；起草土地复垦与生态修复行业标准 10 项、国家标准 5 项，为全国 35 项“山水林田湖草沙”一体化生态保护修复工程提供指导。

三、经验启示

一是提供了高校生态文明教育新思路。以“自然文化”作为生态文明教育的实践载体，将自然文化嵌入到人才培养的全过程，将高等教育发展与生态文明建设有机结合，创造性提出自然文化育人理念，倡导思想价值与专业技能、文化涵养并重，大幅增强了高校生态文明教育的针对性和时效性，为高等学校践行“五位一体”总体布局提供了崭新思路。

二是提升了高校文化素质教育新高度。自然文化育人理念实现了高校文化素质教育与专业学科特色深度融合、协调一致，提升了高校文化素质教育的系统性和有效性，在加强人文素质教育促进学生全面发展方面突破了新高度。自然文化育人的课程体系有机融合了“专业课”与“通识课”，有效衔接起“第一课堂”与“第二课堂”，将“兴文化”与“育新人”深度融合，赋予了文化素质教育崭新的时代意义。

三是开辟了高校特色育人新途径。自然文化育人体系将自然学科与自然文化深入交融，打造文化研究、人才培养、文学书写、地学实践、科学传播五位一体的自然文化育人体系，对于引导青年学子了解自然文化与生态文明建设的辩证关系，读懂中国一系列生态文明思想理念的底层逻辑，树立时代认同感和民族自信心有着极为重要的意义，为推动高等学校结合自身特色开展跨学科、跨院系全方位育人开辟了崭新道路。

（执笔人：马俊杰　于海亮　刘晓鸿）

打造红绿相映特色校园文化

北京林业大学

北京林业大学落实立德树人根本任务，坚持文化育人，立足学校特色，探索形成以“红色印迹　绿色家园”为主题的“红绿相映”特色校园文化。

一、工作思路

“历史是最好的教科书。”学校系统总结办学经验，深入挖掘文化资源，深刻认识到北林的七十年是与祖国同呼吸、共命运的七十年，是因林而生、因林而兴、因林草而强、因生态文明建设而盛的七十年，北林文化是以红色为底色，以绿色为特色的大学文化。学校坚持擦亮底色，紧密结合国庆七十周年、建党一百周年等重要时间节点，传承弘扬爱国主义精神；坚持突出特色，大力推进生态文明教育，着力构建“红绿相映”特色校园文化。

二、主要做法

1. 凝练大学精神，构筑文化内核

“人无精神则不立，国无精神则不强。” 学校坚持传承、弘扬老一辈新中国林人身上的精神品质，将“知山知水，树木树人”的办学理念融入学校发展建设。

围绕“红色+绿色”两条主线，红色主线探索新中国发展中的爱国精神，绿色主线聚焦生态文明背景下的北林担当。组织大学精神大讨论，以爱国爱校为主题，探讨以梁希等为代表的老一辈新中国林人的精神品质，凝练“北林精神”的实质内涵；组织广大师生讲述与祖国共成长的故事，展现“北林精神”的延续发展；与北京卫视档案节目联合策划校庆特别节目，提升“北林精神”社会影响力、显示度。

2. 加强氛围营造，推动文化交流

“文明因交流而多彩，因互鉴而丰富。”学校以“锦绣山河 林绘丹青”校园文化节为窗口，通过“走出去、请进来”，加强文化交流，营造文化氛围，推动特色文化发展。

搭建“红色+绿色”交流平台，红色平台推动中华传统文化交流，绿色平台推广北林特色生态理念。对内积极营造文化氛围，举办文化大讲堂和人文素质论坛，每年邀请文化名家来校讲座百余场；开展传统文化季，举办文化沙龙、传统文化课、文化展播等多项活动，收集展示文化作品百余件。对外持续传播绿色文化，排演原创话剧《梁希》，累计近十万名观众观看演出；依托“绿桥”“绿色长征”“生态文明博士生讲师团”引导数千名志愿者奔赴全国各地，积极传播生态文明和文化理念。

3. 夯实文化底蕴，养成阅读习惯

“把读书学习当成一种生活态度。”学校通过丰富多彩的朗读、阅读、品读活动，培养师生良好阅读习惯，提升人文素养。

推出“红色+绿色”系列书籍，红色书籍传播爱国主义信念，绿色书籍促进师生专业学习。开展北林读书节，评选“十大明星图书”和“十大明星读书人”；选取主题书目，通过微博线上读书打卡的方式，开展30天悦读计划；开展“品读原著（诗词）经典，传承中华文化”线上读书分享活动和朗读接力；举办经典文化传承朗读者晚会，通过歌唱、诵读、展演等多种舞台表现形式，演绎和传播中华传统文化。

4. 培育文艺品牌，推广健康生活

“用文艺的力量温暖人、鼓舞人、启迪人。”学校注重打造文艺品牌活动，带动校园文化发展，推广健康文化生活。

打造“红色+绿色”文艺品牌，红色品牌弘扬爱国主义精神，绿色品牌展现北林优势特色。以“我与祖国共奋进”为主题，举办“五月的花海”合唱比赛，引导广大师生共同唱响红色歌曲；举办“家国同心，研梦前行”研究生风采大赛，将爱国教育融入研究生课余生活；举办“向阳的花”心理脱口秀大赛，从身边的小事展开对生活乃至生命的思考；开展“沉静五分钟”活动，以“静”为动，以艺术的方式体验真实的自我。

5. 鼓励青春创意，推动文化创新

“创新是一个民族进步的灵魂。”学校通过青春创意推动大学文化创新，激发广大师生创新活力，培养创新创意思维。

推出“红色+绿色”文化产品，红色作品旨在为祖国庆生，绿色作品聚焦生态文化发展。以“祖国，我想对你说”为主题，多视角深入诠释新中国成立 70 年以来的伟大变化和成就，推出一批高品质的原创网络文化作品；举办首届校园文创作品设计大赛，激发师生创意活力，推出独具特色的文创产品；精心设计具有北林特色的大学录取通知书三部曲，广受好评。

二、实施效果及经验启示

近年来，北京林业大学结合“红色+绿色”文化建设理念，围绕立德树人根本任务，切实加强高校文化育人功能，推动爱国主义成为全校师生的坚定信念、精神力量和自觉行动，全校师生投身生态文明建设的使命感、责任感显著增强，团结拼搏的奋斗姿态愈发昂扬，绿色文化传播力、影响力得到切实提升。

在“红绿相映”文化育人实践中，凝练出如下经验成果。

1. 把加强“北林精神”建设作为凝聚师生奋进力量的有力抓手

北京林业大学秉承“替河山装成锦绣，把国土绘成丹青”的理想情怀，回顾总结办学历史，深入探索老一辈新中国林人身上的精神品质，凝练形成以“植绿报国”为核心的“北林精神”。在新生教育、主题党日团日、校庆等各类活动中有机融入，建成校史馆，让“北林精神”成为宣传教育的有效载体，增强师生爱国情怀，凝聚师生投身生态文明建设的精神力量，汇聚起推动学校不懈前行的磅礴动力。

2. 把加强“北林文化”建设作为人才培养的持久动力

文化建设归根结底是要落在人才培养上。学校结合具体工作，形成“四步双色法”文化育人模式：一是以文化人，把社会主义核心价值观融入人才培养各方面，转化为师生的情感认同和行为习惯；二是以情动人，深入挖掘中华优秀传统文化蕴含的思想观念、人文精神、道德规范，让红色文化在北林校园展现出永久魅力和时代风采；三是以林聚人，结合北林校史研究及校史编纂工程，加强北林精神及校风、教风、学风总结阐释，深入发掘北林绿色文化内涵，魂凝而力聚；四是以境育人，推动学校山、水、园、林、路、馆建设达到使用、审美、教育功能的和谐统一，打造独具特色的绿色生态文化景观。

（执笔人：刘　尧　刘广超　刘丽萍）

培育具有中央美术学院特质的一年四季文化品牌

中央美术学院

中央美术学院以深入学习习近平新时代中国特色社会主义思想精神和习近平总书记给8位老教授重要回信精神为指导，以“百年美院文化”为主线，立足中央美院的专业化和差异化，近年来凝练培育具有鲜明百年美术学府特质的“一年四季”校园文化——“一年”即以校庆年为代表的百年美院传统建设，“四季”即紧紧围绕学校中心工作的社会关注热点“招生季”“下乡季”“毕业季”“开学季”，发挥新媒体时代传播优势，推进百年美院文化建设。

一、以“百年校庆年”为契机，凝练美院精神，加强百年美院传统文化建设

2018年是中央美术学院建校百年，作为第一所国立美术学府，百年的办学历程亦即中国近现代美术事业和美术教育事业发展的缩影，百年传统的梳理对于学校文化建设至关重要。具有百年文化积淀、内涵厚重的“一年”，也在“百年校庆年”之际成为新媒体时代的“有形”文化品牌。

中央美术学院策划组织了定位于“百年美院，百年美育”主题鲜明、为期一年的“百年校庆年”主题宣传，一年内公众媒体与校办媒体内外呼应，联合发力，使中央美院百年校庆产生了巨大的传播力及社会影响力。从2018年新年第一天发布《百年辉煌》宣传短片，开启百年校庆年；以“两个致敬”作为礼敬百年传统的代表性学术活动：致敬新中国成立后建院的第一任院长徐悲鸿——《悲鸿生命——悲鸿艺术大展》开启了百年校庆系列活动，以致敬奠基

者、中央美院前身北京美术学校第一任校长郑锦——《锦裳——郑锦与中国近代美术教育》学术研究展作为百年校庆收官之作。重点策划“百年校庆新闻发布会”“校庆启动日”“5·28 校友欢聚日”“百年校庆毕业季”“习近平总书记给中央美术学院 8 位老教授回信”“以大爱之心育莘莘学子，以大美之艺绘传世之作——庆祝教师节大会”“国际美术教育大会”等重要活动的宣传推广，在校办媒体发力并统筹校内新媒体联盟集体发力的同时，与中央媒体策划重点专题宣传，聚焦百年美院学术传统与办学成就，以央视为例：新闻联播年内 4 次播出我校重要活动，新闻频道多次播出中央美院徐悲鸿艺术大展、传承延安鲁艺精神、弘扬中华传统美育精神、国际美术教育大会等专题报道，《朗读者》栏目以“纪念日”为主题聚焦美院百年历程，《百家讲坛：我们的大学》专题播出引起社会公众的瞩目。新华社、人民日报、光明日报、中国教育报、中国文化报及瞭望杂志等中央媒体陆续专题报道百年校庆专题。为体现最高美术学府的引领性，党委宣传部策划发起成立“全国重点美术学院新媒体联盟”并举办首届论坛，成功入选教育部 2018 政务新媒体优秀案例。

同时，学校党委以建校百年为契机，积极组织力量开展“百年校史建设”工程，致力于百年传统文化建设，精心打造具有百年历史温度的生动传统课堂。

二、“四季”文化彰显美院特质

1.“招生季”命题改革突破应试教育，成为全社会关注的热点。中央美术学院近几年本科专业招生考试一直在改革路上，从“棒棒糖”“转基因鱼”到“鲍勃·迪伦的‘答案在风中飘荡’”“幸福指数”“我的”系列，再到“疫情之后”“面向关系”“画出你的大脑世界”，招生考试命题的变化与“出其不意”，突破“模仿”“背题”“猜题”的考前培训重围，在社会上引起很大反响。命题改革的目的只有一个，就是致力于选拔素质相对全面的优秀艺术人才，引导考前教育遵循艺术人才成长规律。

2.“下乡季”融入“微时代”，“写生路上”直播优秀教学传统。“下乡季”是最具中央美术学院特质和文化魅力的传统教学模式，承载着百年厚重的学术底蕴与浓郁的美院情结。充分发挥新媒体优势，促进传统文化与新媒体的共生长，党委宣传部组织下乡采访小分队深入部分写生基地，老师、同学一起切身体验下乡生活，真实记录教学实践，在官方微信、官方微博、校园网、校报上展现独具美院特色的教学模式，旨在真实再现下乡生活。学校团委于 2013 年启动“最美中国”学生主题摄影大赛，党委宣传部于 2014 年开启“写生路上——中央美术学院师生微摄影大赛”。2023 年“春季下乡”时再次重启“iSTEP 杯——写生路上”师生短视频大赛，让优秀教学传统融入“微时代”，通过掌上屏幕交流，讲述美院人的故事。

3.“毕业季”成为社会关注的文化节日，毕业生启程千里之行。2015 年起，开启“中央美院毕业季”，在集中的两个月时间内，全景式展示所有学科毕业生学习、实践的艺术、学术成果，另一方面也向全社会展示中央美院的教学成果与教育状态，全面接受社会的检验。毕业季让整个校园变成“大美术馆”，打开了学校的“围墙”，全面向社会开放，让学校、教师和学生都有机会与社会对接、交流。2016 年“发生 • 发声”、2017 年“约定”、2018 年“百年校庆”、2019 年“未来考古学”、2020 年“彼时 • 此时”线上毕业季、2021 年“蓄势待发”、2022 年“加载中”、2023 年“蔚然生长”……

发轫于夏初暖阳的中央美院毕业季，已经超越了单纯的毕业展本身的概念，如今已进入社会公众视野，成为一处文化景观、一档教育栏目、一个热搜词汇。

4. 一封百年温度的“信”，开启特色“开学季”。中央美术学院于 2019 年，新百年的起点，为 101 级新生准备了一份特殊的礼物——全新设计的第 101 号录取通知书，也是一封满载百年历史温度的“信”。2020 年中央美术学院向新生再次准备了具有美院特色的录取通知书，一本尚未书写的装帧精美的空白书。一年 52 周，大学 4 年，每周 2 页，这本书设计了 416 页。它是新生入学后的第一本画册，也是记录大学生涯的“编年史”。而书中最漂亮的书签，就是一张“录取通知书”。2021 年，在庆祝建党百年的重要历史时刻，中央美术学院再次推出“红色录取通知书”，以饱满的红色呈现在新生面前，期待新美院人传承红色基因，描绘时代画卷。一年一度来到理想殿堂的艺术青年，带着最具美院特质的“通知书”开启了“开学季”。

（执笔人：秦建平　吴　琼）

在人文雅舍中哺育新时代人才

南开大学

宿舍是大学生活中最小的“单位”，发生在宿舍里的故事既见证了学子的成长成才，也凝结着学校的精神气象。紧扣宿舍“小社会”“大家庭”“隐形课堂”的特质特性，在一方“斗室”厚植深耕文明文化，培育弘扬社会主义核心价值观，是新时代高校思想政治工作的重要切入点。南开大学从推进“三全育人”体系建设出发，把打造别具一格的“人文雅舍”作为精神引领、文化熏陶、价值观养成的题中之义和宣传思想文化工作的重要载体。从大局着眼立意，从小处入手落实，以潜移默化、润物无声的方式，擦亮学生正能量充沛、主旋律高昂的人生底色，对增强大学生思想政治教育的针对性、实效性，涵养社会主义核心价值观，培养新时代德智体美劳全面发展的优秀人才发挥了积极作用。

一、增强宣传阵地意识，营造浓厚文化育人氛围

中国近代教育先驱、南开“校父”严范孙曾手书《容止格言》，爱国教育家、南开老校长张伯苓特意将此“四十字镜箴”镌刻在宿舍门廊的人镜处，要求南开学子焕发精神，修养情操，形成“吾校学生之气质”。新时代，学校传承爱国主义光荣传统，在每个宿舍大厅设置《容止格言》镜箴，供学生对镜自勉，并开设学习专栏引导学生自觉将忠诚报国、担当奉献作为毕生追求，把青春梦融入强国梦，成长为新时代中国特色社会主义事业的合格建设者和可靠接班人。

学校还组织中外学生围绕各学科特点，以专业知识和趣味常识为主要内容，精心设计出386幅文化展板，打造主题丰富、特色鲜明的“宿舍文化长廊”，从“诗词·中国”到“非遗·中国”，从展

板到实物，从走廊到寝室，形成许多“墨香寝室”“诗画宿舍”“茶文化宿舍”，中华优秀传统文化的浸润作用得到凸显。进一步引导学生发现生活之美、体会学科融合之美，宿舍文化品位日益提升，育人环境持续优化，育人功能不断增强。

二、打造特色品牌活动，助力学生成长成才

学校开展特色宿舍活动 12 年来，共有 780 个宿舍获“学习型宿舍”“实践型宿舍”“读研型宿舍”“党员宿舍”“自定义型宿舍”“标兵宿舍”“文明宿舍”荣誉称号，涵盖学生 3 566 人次。还有 87 个宿舍连续两届获奖，15 个宿舍连续三届获奖，44 个老生宿舍的荣誉称号在新生宿舍中得以届届传承，起到了示范引领作用。

经过多年探索积累，学校打造了一批具有鲜明特色的文化宿舍，也涌现出一大批为人称道的“好室友”：电子信息与光学工程学院国防生唐航每天带领室友晨跑、整理内务；外国语学院“骑行寝室”的 3 名男生结伴骑行，丈量祖国大地；软件学院研究生张琳琳和室友们为全校师生免费维修电脑，还发起了“电脑医生下社区”活动；等等，如此“致青春”，温馨且美丽。

学校以学生自我管理、自我教育、自我服务为指导思想，从学习共同体建设、社群打造、感恩教育、创意激发等角度出发，连续 11 年开展宿舍文化节，依托“周五成长计划”“南开拜师令”“思享汇线下体验馆”等品牌活动，形成网上网下育人合力，进一步推动宿舍文化常态化建设，营造和谐向上的宿舍氛围，深化“公能”素质教育理念，推动创建文明友爱、互助共享的宿舍成长平台。

三、完善生活服务设施，体现真切人文关怀

为方便学生生活，学校为每栋宿舍楼配置了微波炉、急救药箱、工具箱、针线包、生活自助服务车等生活用品。在津南校区建成集文体活动室、党团活动室、阅览室、自习室、沙龙室、影音室为一

体的一站式、创新性、多功能、贴心化的共享成长社区空间。

为满足伤病学生的特殊住宿需要，南开大学在全国高校中较早设立了“特护宿舍”，配备独立卫生间、医用手摇床、轮椅、拐杖、坐便椅、陪护用床、有线电视、轮椅出行无障碍坡道等设施。自 2005 年投入使用以来，先后入住 668 人次。同时，学校还通过设置部分“学生夫妻房”“夫妻临时团聚房”等一系列以人为本的教育和服务举措，进一步增强了学生对南开育人文化的认同。

四、坚持开展“爱心传递”，陶铸文明互助品格

2005 年，有毕业生在“我爱南开”BBS 发出捐赠生活用品的倡议，得到热烈响应，成为每年毕业季的一道亮丽风景，被学校定名为“爱心传递”活动。同时，学校每年采取四道工作程序核实校内无主自行车，经维修并配备车锁后赠送给困难学生。10 多年来，已有 6 000 余名学子从活动中受益，先后领取了近 70 000 件物品（衣物、图书和生活用品等）。同学们纷纷表示，在“爱心传递”过程中不仅实现了物品的分享传承，更接续了文明尚礼、关爱他人的精神传承，充实了内心世界，熏陶了自己的品格。

五、倡导诚信友善观念，创新诚信教育载体

为引导学生诚信做人、守信做事，建设诚信友善的文明校园，自 2015 年起，学校在学生宿舍楼内开设无人值守的诚信超市，将诚信教育融入学生生活。经过 3 年探索，目前八里台、津南两校区宿舍楼内共有诚信超市摊位 20 个，学校通过指导学生团队不断改善经营模式、设立留言本和记账本、查阅监控强化管理、出台奖惩制度等方式，建立了较为完备的运营管理机制，诚信超市实现良性循环运营，在便捷学生生活的同时广受好评，成为校园诚信教育的重要阵地。

作为管理服务育人、学生自我教育的重要载体和校园文化文明建设的亮眼名片之一，南开大学“人文雅舍”以正确鲜明的导向感召鼓舞学生，以启迪感动的氛围激励鞭策学生，以丰富多彩的活动凝聚引导学生，以独特优质的服务规范影响学生，发挥了潜移默化、润物无声的育人功能。一届届学生自觉涵养文明，传承文明，“人文雅舍”成为南开学子践行社会主义核心价值观、做新时代有为青年最鲜活的例证。

（执笔人：王泽璞　高　杨）

以美育人 以文化人
打造浸润式校园景观文化阵地

河北金融学院

校园景观文化是学校育人的重要载体。近几年，学校打造了金融特色鲜明的校园文化景观建设，营造了具有感染力、熏陶力、振奋力和震撼力的校园景观文化，厚植学校的文化底蕴，创建文化氛围浓厚、河金特色浓郁、校园环境优美、创建成果丰厚、育人效果良好的高品位文明校园。学校成为中国高等教育学会宣传工作研究分会会员单位，先后5次被河北省委、省政府评为河北省文明校园，荣获河北省高等学校党的建设工作先进集体、河北省教育系统志愿服务先进单位、河北省园林式单位等荣誉称号。

一、主要思路

学校校园景观文化建设充分利用校园空间，将艺术与文化完美融合，集环境美化与情感熏陶于一身，既有中国传统文化元素，又有时代律动气息，在风格上既相互协调，又各具特色，做到了文化性和装饰性的完美结合。其主题涵盖社会主义核心价值观、校风校训、校企对话、传统文化、诚信文化、廉政文化等，内涵博大精深，润物无声，营造了具有导向功能、凝聚功能、激励功能的育人氛围。

以“河金精神”为抓手。“河金精神”是河金人凝心聚力、攻坚克难的精神源泉，也是推动学校事业不断向前发展的宝贵财富。基于学校70多年办学实践积淀而成独具特色的校园文化体系，明确了“1331”发展方略，提出了“以师生发展为中心，构建师生成长共同体”的办学理念，河金文化核心要素更加明晰，以更强的力量引领师生的思想和行为。学校校园景观文化建设以“河金精神”为抓手，每一处景观，每一个细节都尽显我校师生“艰苦奋斗 求真尚行 奋勇拼搏 追求卓越 甘于奉献”的“河金精神”。

突出金融办学特色。学校校园景观文化建设突出学校应用型人才培养的办学目标，与教学科研、人才培养等中心工作相融合，砥砺了“诚信 廉洁 创新 守规”的金融文化内涵，形成浓郁的金融文化氛围，体现学校的办学特色，并把这种特色内化为师生认可的文化氛围，助力学校校风学风建设、学生成长成才，推动学校内涵式发展。在全校范围内形成了“内涵丰富、特色鲜明、品位高雅、兼容开放”的校园文化体系。

二、主要做法

学校以建党百年、建校 70 周年为契机，以校园环境、楼宇建设为重点，本着以人为本、打造特色、分片实施、经济美观的规划原则，开展了绿化、建筑、水系、道路等多方面扩展改造，校园环境更加绿色、低碳、循环、可持续发展，实现了景观生态化、园林化的美化格局，九爱桥、日月湖、雪浪石、奋进牛、孔子像、白蜡环道、步道、竹林松涛、银杏大道等成为师生打卡的标志性景点，打造了师生观赏、实用、休闲的美好空间和特色景观，形成了金融特色鲜明的校园景观文化。

1. 打造金融特色鲜明的景观雕刻文化体系

文化石是校园景观文化建设的点睛之笔。校门石、校训石等校园文化石，把学校的历史、人文、风评、师德、学风等融入石刻艺术。汉白玉石雕“九爱桥”、铜雕“河金奋进牛”、金融宝鼎和孔子铜像是在学校建校 70 周年之际，由我校校友和中共唐县县委、唐县县政府捐赠的。“九爱桥”桥中间是一个圆形方孔钱的造型，“外圆内方”，寓意着在为人处世上要做到“温、良、恭、俭、让”，要包容，但又不失骨气和品德。“奋进牛”、金融宝鼎和孔子铜像，“河河、金金”吉祥物雕塑，彰显我校的金融特色，弘扬金融文化价值理念，让广大师生在环境熏陶和专业学习中加深对金融文化的理解，独特的雕塑文化内涵成为校园人文景观和育人元素的重要组成部分。《弘扬金融文化　做好立德树人》荣获 2022 年河北省高校校园文化建设优秀项目二等奖。

2. 打造笃实奋进的校园文化环境体系

银杏大道伴随着银杏景观绿化带不断延伸，与校园建筑风格深度融合，将校园景观花海、金杏园林基地、绿地、运动场等串联在一起。塑胶步行道始于笃学楼西侧，穿过体育场，直达校园西部的宿舍楼，走在塑胶步行道上，不仅舒适，还可以感受到学校年轻、向上、运动的活力，沿途别具风格的学校标识给人以美的享受。学校特色道的建设既增加了校园教书育人的文化氛围，也是校园文化软实力的物化表现，彰显着学校历史的变迁、学风学貌，以及办学的精神理念。

3. 打造金融特色鲜明的楼宇文化体系

校庆 70 周年之际，学校大规模新建和改造了教学楼、食堂、学习中心和运动场，开展了校园内楼宇、广场及重要景观等名称征集活动。学校旧貌换新颜，楼宇的外表全部换成了庄重大气的灰色，不同的楼宇建立了不同的文化墙，新增加了以“以师生发展为中心，构建互利合作共同体”为主题的文化走廊，做到了文化上墙，思想入心。笃学楼以产业学院建设为支撑，分别建立了特色鲜明的建设银行、工商银行、浦发银行等文化走廊和文化厅。另外根据学科建设需要，还建立了金融科技实验室等专业科研文化墙。学校新建的银杏苑餐厅以其先进简约的设计风格和温馨的装饰成为学生心目中的网红餐厅。改造后的运动场整洁、舒适，周围的文化潜移默化地使学生受到心灵的熏陶。

三、实施效果及启示

学校校园景观文化坚持以文化人、以文育人，重点实施校园文化“十大提升计划”，强化校园文化建设工作顶层设计，“金融知识宣讲”等10余项成果获得河北省高校校园文化优秀成果奖、思想政治教育优秀成果奖，《用小楼宇谋划育人大格局，将以文化人落在“墙”上》收录进《第二届高校宣传工作创新案例》。文明风尚在学校蔚然成风，文明硕果香飘河金。先进经验相继被光明日报、河北电视台、保定日报等媒体报道，对于各应用型财经类院校和专业类院校的校园环境文化建设具有很强的借鉴意义和示范推广价值。

（执笔人：王立涛　孙　玉　高　鑫）

讲述东大人的故事
构建爱国奋进文化育人精神高地

东北大学

东北大学坚持以习近平新时代中国特色社会主义思想为指导，培育和践行社会主义核心价值观，精心打造“讲述·东大人的故事”典型推介会文化品牌活动，深入挖掘并分享东北大学师生的真实故事，集中展现东大人砥砺奋进、爱国报国的昂扬风貌，用理想信念照亮出彩人生，以榜样力量凝聚发展正能量。

一、精准定位，精雕细琢，以榜样示范引领品牌铸就

学校在全校范围内挖掘典型人物，力求选树出一批“做得好、学得来、立得住、叫得响、口碑佳”的优秀师生榜样，形成分类别、分特色的榜样选树体系，积累打造出一套东北大学“榜样示范人物志”。学校组织专门团队梳理事迹材料，拍摄事迹短片，设计现场访谈环节，授予颁奖词等，全方位展示典型人物的典型事迹，引导受众激起情感共鸣，促进知行转化。活动自2016年以来已举办5届，选树典型45个，现场观看人数2万余人，线上受众超50万人次。为进一步扩大推介会的感染力和影响力，“讲述·东大人的故事”典型推介会以活动展示为核心，根据推介会本体衍生的信息及艺术价值，通过物化手段生成了具有特定文化内涵的“讲述”系列文化产品，同步出版《讲述东大人》图书4部、《实干　报国　创新　卓越——东北大学文化探析》图书1部，公开展映系列短片41部、推介会光盘4期，另有微视频、微直播、微图文、微广播、报纸专刊、宣传展板、人物事迹宣传册等系列文宣产品，成为一种“看得见、摸得着、带得走”的文化，提升了品牌的影响力和

教育的覆盖面。

二、以文化人，润物无声，实现典型与受众双向教育效能

“讲述·东大人的故事”典型推介会通过榜样人物的选树和传播实现了对传者和受者的双重教育效能。典型人物经历的选树宣传过程，既是对其多年努力和积淀的总结归纳，也是一种有效的自我教育过程。通过推介会进行全媒展示，对于受众来说更是一个润物无声的受教育过程，进而达到传者和受者双重教育的效能。在第二届“讲述·东大人的故事”典型推介会上，东北大学 ACTION 创新团队队员讲述了在比赛中经历的困境与艰辛，展示出顽强的拼搏精神，并在后续的第十八届全国大学生机器人大赛上卫冕成功，成为国内唯一一支连续 4 年获得冠军的团队，在全校营造出积极向上的创新创业氛围。在第三届“讲述·东大人的故事”典型推介会上，深部金属矿山安全开采教育部重点实验室党支部成员讲述了向地球深部进军、为我国金属矿山深部开采担当“守护者”的使命与担当，展示了东大人身上蕴含的心有大我、矢志报国的东大精神，感召广大师生在科研教学等各项工作中不忘初心、砥砺奋进。在第四届“讲述·东大人的故事”典型推介会上，访谈嘉宾讲述了 1952—1982 年扎根可可托海为国选矿、贡献国防的 45 名可可托海的东大人的故事，诠释了“与祖国同呼吸共命运”的东大精神风骨，激励广大师生担当起强国筑梦、助力中华民族伟大复兴的历史责任。

三、把握规律，锐意创新，建构新闻与艺术统一的叙述推介方式

“讲述·东大人的故事”典型推介会以影像化、立体化的展现形式，创新叙事方式、手段和策略，淡化典型人物报道与生俱来的“说

教色彩”，达到“润物细无声”的育人目的。一方面，在叙事技术与叙事内容上进行创新与变革，在用丰富的影视传达技术给予受众视觉快感的同时，也为叙事内容注入“新鲜血液”，赋予时代内涵，将叙事内容与社会历史、文化环境联系起来，牢牢把握住时代的脉搏，与时俱进。另一方面，在影像叙事创作时紧紧把握新闻与影像的关系，将二者在叙事中有机统一。在影像技术手段上，充分调动视觉非语言符号，增强吸引力和感染力，让受众爱听爱看；在叙事手段上，运用多种叙事视角交叉叙事，合理运用悬念设置，利用矛盾冲突突出人物典型个性的叙事技巧，使报道呈现故事化叙事。在传播方式上，实现媒体联动，在全校乃至全国范围内制造强大的叙事效应，充分展现时代精神风貌，营造良好的社会风尚。

四、多元选择，多维合作，成为高校传递正能量的重要平台

榜样人物的多元选择，媒体融合的多维合作，使得“讲述·东大人的故事”典型推介会在校内外媒体上实现了多角度、全方位的展示，成为弘扬主旋律、传递正能量的重要平台。推介会选树的中国工程院院士陆钟武、中国科学院院士闻邦椿、投身国家科技战“疫”最前线的东软集团创始人刘积仁教授、手写“网红高数参考书”的 90 多岁退休教授谢绪恺、把论文写在中国大地上的轧制技术及连轧自动化国家重点实验室等典型人物、单位先后被央视新闻、人民日报、新华社等国家级媒体报道超 150 次，其融媒短视频荣获教育部教师风采短视频优胜作品、“高校影视作品交流展映”一等奖、辽宁省社会主义核心价值观短视频二等奖等多项荣誉，获得人民日报、共青团中央、微言教育等主流新媒体的纷纷关注和转发，阅读量近千万，在社会上得到普遍关注、产生强烈反响。推介会通过一个个典型人物和群体，充分展现了东大人实干的品格、报国的情怀、创新的气质和卓越的追求，立体式、形象化熔铸东大的“精神

高地”和“价值坐标”，成为传承弘扬校训精神和东大文化的重要载体和平台。

经过 7 年积累，“讲述·东大人的故事”典型推介会逐步形成了精准定位，精雕细琢，以榜样示范引领品牌铸就的品牌特色；以文化人，润物无声，实现典型与受众双向教育效能的育人特色；把握规律，锐意创新，建构典型选树与媒体推介有机融合的创新特色；多元选择，多维合作，成为学校传递正能量重要平台的成果特色；在全校范围内形成了强大的叙事效应，滋养师生心灵、涵育师生品行。与此同时，“讲述·东大人的故事”典型推介会传达的爱国爱校的大爱情怀、勤奋进取的奋斗精神、“学为人师、行为世范”的人格魅力等成为东北大学最宝贵的精神财富，为东北大学扎实推进一流大学建设提供了文化动力和精神支撑。

（执笔人：闫　研　丁义浩　王　刚　刘颖慧）

打造原创精品 繁荣校园文化

上海交通大学

习近平总书记强调，要全面加强和改进学校美育，坚持以美育人、以文化人，提高学生审美和人文素养。上海交通大学紧紧围绕培养时代新人的使命责任，将立德树人根本任务抓牢、抓实，实施文化引领战略，坚持以美育人、以文化人，积极打造原创文艺作品，促进中华优秀传统文化、革命文化和社会主义先进文化与校园文化深度融合。

一、总体情况与工作思路

上海交通大学充分挖掘建校127年来的鲜明红色底色和深厚文化底蕴，厚植家国情怀，明确责任担当，提高学生审美和人文素养，先后打造了原创校史舞台剧《积厚流光》、沉浸式校史体验剧《循声探秘·声动交大》和反映科学家精神和教育家精神、塑造交大“大先生”形象的大师剧《钱学森》《清贫的牡丹》《海菜花开》等一系列原创校园文艺精品。学校覆盖全校学科院系举办首届“李叔同杯”校园戏剧大赛，通过搭建一系列高水平美育实践平台，积极引导广大学生在亲身参演和沉浸式观演体验中，感悟红色传统、把握时代脉搏、接受文化熏陶，为弘扬中华美育精神，强化文化担当，培养德智体美劳全面发展的社会主义建设者和接班人探索了新路径。

二、主要做法与实施成效

2023年9月16日，上海交通大学原创话剧《海菜花开》在校内首演，两场演出吸引近两千名学校师生和校外观众现场观演，受到人民日报、新华网、央视新闻等近30家主流媒体的报道，引发热烈反响。原创话剧《海菜花开》融合戏剧、舞蹈等多种表演形式，配合精美的声光电效果和精湛的舞台调度，演绎了交大人扎根云南20余载守护洱海的动人故事。该剧生动阐释习近平生态文明思想，立体展现新时代交大“大先生”形象，成为弘扬新时代科学家精神和教育家精神的校园文化精品。

面对在新时代、新形势下培养德智体美劳全面发展的社会主义建设者和接班人的时代重任，学校在原创话剧《海菜花开》的创排中，采取了一系列新举措、新路径，取得了一系列新成效、新经验。主要体现在以下几个方面。

在故事主人公的选取方面，不同于学校此前创排的反映老一辈科学家杰出功勋的文艺作品，学校经过慎重考虑与研究，创新性地选取了在新时代坚持用习近平生态文明思想武装头脑、指导实践、推动工作，以实际行动践行和传播“绿水青山就是金山银山”理念的上海交大湖泊富营养化治理教师团队作为本剧主人公。该团队多年来扎根西南边陲，心有大我、至诚报国，曾先后荣获首批“全国高校黄大年式教师团队”和“全国党建工作样板支部”创建单位等荣誉，主要成员曾获评“全国脱贫攻坚先进个人”称号；团队成果被列入国家水专项重大标志性成果，并被生态环境部表彰为“洱海保护模式”；团队感人事迹已广泛深入全体师生校友，在交大人心目中有着很高的知晓度。此次话剧《海菜花开》以交大校园中鲜活的爱国奋斗先进典型为故事原型，由新时代大学生演身边的“大先生”，拉近了榜样人物与学校师生的距离，让广大师生在美育熏陶中感悟思想伟力、坚定理想信念，树立弘扬时代精神、建设美丽中国的远大志向。

在话剧的创排演出方面，学校用心谋划、精心组织，将《海菜花开》的创作、排练、演出的全过程打造成了一堂生动立体的美育精品“大思政课”。《海菜花开》是学校首个全部由在校学生担纲演职人员的大型话剧演出。来自学校多个院系不同专业的60余位本硕博学生承担了包括演员、道具、场务、灯光音响、舞台设备、导演助理在内的所有演职任务。更难能可贵的是，包括主角在内的全体参演同学均为非艺术类专业的普通在校学生，同学们利用暑假时间开展密集排练，通过这场全方位、全流程、零距离的沉浸式戏剧表演实践，实现了从完全零基础到成功登台演出的跃升，留下了“用一个暑假做成一件难忘的事”的珍贵记忆。学校将原创话剧《海菜花开》的排演作为打造高水平美育实践平台的新举措，成立专项工作组和剧组临时团支部，建立导师、专业教师、校外实践基地协同工作机制，全力保障剧组排演。排练期间，工作组多次邀请团队原型人物现场讲述治水故事，组织剧组同学观摩学习专业演出，学校领导定期慰问剧组师生并审查关键节点排练。首演当天，学校组织千余名 2023 级新生现场观演，并在演出结束后邀请团队负责人与师生现场交流，令全场观众深受感动和启发，成为一堂别开生面的新生美育教育的第一课。

在育人成效方面，原创话剧《海菜花开》的创排和演出，让全体参演同学在全情投入的艺术实践中涵养家国情怀，提升艺术素养，汲取精神财富，也为数千名前来观演的师生呈现了一堂展现美丽中国建设成果和乡村振兴成就、弘扬新时代科学家精神和教育家精神的生动宣讲。首演过后，众多师生纷纷发表感想。

主演之一、大四学生单同学在参与演出后，毅然报名研究生支教团，经过严格选拔，将在毕业后赴西部支教。他表示：“作为这堂‘大思政课’的讲述者和亲历者，沉浸式感悟了‘选择交大，就选择了责任’的交大使命，更坚定了‘到西部去、到基层去、到祖国和人民最需要的地方去’的信念。”

现场观众、博士研究生霍同学表示：“我被团队扎根西部、淡泊名利、潜心研究的事迹深深感动，也对‘绿水青山就是金山银山’有了更深刻的理解。未来，我将以这些老师为榜样，传承交大精神，在科学研究的道路上努力精进、勇攀高峰，将论文写在祖国大地上！”

三、经验启示

推进科学教育与艺术教育融合发展，是培养德智体美劳全面发展的社会主义建设者和接班人的重要路径。科学和艺术虽是截然不同的学科领域，但是它们的本质是互为融通、相辅相成的，都是求真、求善、求美。上海交通大学打造原创校园文艺作品的探索，正是让在校的学生们走上舞台担任主角，用戏剧舞台剧等艺术形式演绎大师的跌宕人生，每一次排练、每一场表演都是一次用艺术实践向科学家精神的致敬，这也正是科学与艺术交相辉映的魅力所在。

（执笔人：王喜芳　纪晓恬　朱子劼）

见信如晤润无声 催送校园百花艳

上海杉达学院

习近平总书记在全国高校思想政治工作会议上强调，要运用新媒体新技术使高校思想政治工作活起来，推动传统优势同信息技术高度融合，增强时代感和吸引力。上海杉达学院积极借助互联网时代的优势，推出“见信如晤”思政新做法，主动建设好符合大学生需求特点、兼具思想性和教育性的网络阵地，营造立德树人、网络育人的浓厚氛围。

一、因势而新“见信如晤”贯通师生情

当前，网络已深刻植入当代大学生学习生活的方方面面，对大学生思想行为也带来了全方位、深层次的影响。上海杉达学院把引导学生践行社会主义核心价值观作为落实立德树人根本任务的重中之重，按照习近平总书记关于“在落细、落小、落实上下功夫”的要求，以主动而为的态度创新网络思想政治教育工作。

通过学校的网站、微信号等网络平台，学生们可以看到不同学科专业的教师写给大家的信。除了专业课教师，思政、人学语文、英语、体育等公共课的教师——一大批德学兼备的资深教师纷纷给学生们写信。针对学生们在求学阶段可能遇到的共同困惑，老师们结合个人的成长经历和人生体验，将过来人的看法娓娓道来。真情流露的文字，再配上或饱含深情、或语重心长的由写信老师亲自朗读的音频，受到了广大学生的喜爱。

学生们深受感动地说，大学四年时光，是人生中最好的时光，也是面临人生问题和困惑最集中的时段。“见信如晤”，就像一个领路人，给遇到困惑的学生指点迷津，让他们获益匪浅。这种师生间相互交流的新颖方式，也在杉达校园里掀起了一阵清新的“见信如

晤”风尚。

二、聚焦需求“见信如晤”抵内心

上海杉达学院“见信如晤”网络思政教育专题，遵循思想政治工作规律、教书育人规律、学生成长规律和“内容为王”的网络传播规律，聚焦学生的精神需求、学习需求、发展需求和生活需求，透过“眼球”直达“心灵”。

思政教师游昀之以“成为更好的自己”为题，针对“我是不是应该改变自己去适应环境？”这一问题，用一个鸡蛋、一根胡萝卜和一小把茶叶经过开水的煎熬所发生的变化，教育学生“人无法预知未来会发生什么，也一定会遇到必须通过改变自己来适应环境的时候，但是改变并非只有一种方式、一种结果。我希望你在选择改变时永远遵循一个原则，那就是：让自己变得更好！”。

大学英语教师魏云巍对学生提出的“老师，我没有出国进修计划，将来的工作也用不到外语，为什么还要学外语？即使有需要外语的情况，你不知道现在的翻译软件有多神奇吗？”，她在“世界大不同”这封信中提出观点：“科学技术可以解决语言交流中的燃眉之急，却无法带来深切的体验。学会外语，你能够打开一扇窗，用自己的双眼看到世界的“大不同”。多了这一扇窗，你的世界一定多了对照和思考。学好外语，大小朋友们可以更自信地走出门，深度体验世界之大不同。”她也进一步提示学生“学习知识、学习外语必备的三件宝物：好奇心、耐心和宽容心。”

时尚学院教师张宇姮在“父母在，要不要远行？”一信中写道：“在拓宽视野的同时不要忘了留守在家的父母，也领他们去感受一下这个美好的世界。”针对“大学的知识到底有什么用？尤其是那些看上去‘无聊、无用、无谓’的课程？”，思政教师岑洪在信“人文的慰藉”中告诉学生们：“人文可以令我们打破枷锁、思考周遭，去质疑那些作为人生依据的假定，去发现更加真实而美好的所在。在这个过程中，我们会拥有越来越开放的头脑，去追求真正的自如、自由、自在，追寻个体的安身立命之所。”

正如“文汇教育”所写：“谁的青春不迷茫。在上海杉达学院，老师们通过写信的方式，向学生传道授业，释疑解惑。见信如晤！文字，仍有直抵人心的力量。”

三、共建共享“见信如晤”化春雨

思想政治工作的方法创新，必须更加注重春风化雨、润物无声的方式。上海杉达学院在创新网络思政教育方式的同时，尤其注重发挥师生的潜能，不断提高网络育人工作的能力和水平。

“见信如晤”把学生作为建设主体，同时，积极引导教师参与到网络文化建设上来。“只有老师先成为受学生喜欢、爱戴的人，学生才能发自内心地接受老师在课堂上传授的知识。”“见信如晤”使杉达学院教师教书育人的领域从课堂拓展到网络，体现网络思政开放、共建、共享的特点。马克思主义学院教师通过先和学生交朋友，构建亦师亦友的关系，燃起学生对公共课的兴趣；有的老师从三个角度给学生们写了三封信，还为应该先发表哪封信而发愁；还有的老师平时比较害羞，但其实心中有很多想对学生说的话，写出的信真挚而动情。

学生们在网络平台读信后也纷纷写下令人动容的留言。“游老师能让以前我们不在意的课程，变得每一次都想去认真地听、认真去领悟，从课程中学到好多东西。”“离开杉达 3 年了，仿佛又回到杉达的校园，回到老师们的课堂上，想念朱七春老师，感恩一直在心间！祝杉达越来越好。”“虽然平时与老师的单独交流不多，但读了老师透过文字传达给学生的情感后，就仿佛与老师沟通了很久，熟知了很久。”“高静老师是我大学四年遇到最温柔的老师，特别喜欢她的英国文学课，每次上课都是一次心灵的碰撞，喜欢她的妙语，喜欢她的朗读，喜欢她独特的视角。今年虽然毕业了，但是仍会继续坚持阅读。”“您说我们借着消费者行为小组作业的理由跑出去玩，您说我们旅游资源学小组的相声可以给学弟学妹们观摩好几届，是您的强势让我们不得不激发做视频想创意的潜力。感谢最美好的二十岁遇到最棒的老师。”……很多学生表示，读了老师的信，对于专业的理解、选择就业方向等都更加清晰了。

正因为广大师生的积极参与，上海杉达学院“见信如晤”网络思政专题在常态化、长效化上下功夫，形成了网络舆论生态新局面，取得了“互联网+思想政治”工作新成效。

（执笔人：吴秋耘）

“艺术+”思政教育模式的创新与实践

山东大学

育才造士，为国之本。山东大学秉承“为天下储人才，为国家图富强”的办学宗旨，坚持以习近平新时代中国特色社会主义思想为指导，深入学习贯彻习近平总书记关于教育的重要论述和给《文史哲》编辑部全体编辑人员的回信精神，围绕立德树人根本任务，把握建校120周年重要契机，挖掘丰厚校史文化资源，创排大型原创音乐舞蹈史诗《为国育贤》，以一堂具有山大文化特色的高质量思政大课，探索形成“艺术+”思政教育模式，取得良好育人实效。

一、“艺术+历史”：以史鉴今，守正创新

撷取山东大学校史上有代表性的动人故事，展现学校120年来与国家同呼吸、与民族共命运、与时代同奋进，彰显“家国情怀、担当精神、崇实品格、创新素养”的“山大基因”。

一是以艺术语言深化党史学习教育。作品以建党百年、建校百廿为契机，以校史发展为脉络，重点突出校史中的红色基因和党建引领，通过共同参演《为国育贤》这一场“大思政课”，引导广大青年厚植家国情怀，增强爱党、爱国、爱校的情感与信念，成为切实有效的育人载体，彰显出良好的教化功能。

二是以音乐史诗展现山东大学百廿校史。作品采用结构宏大的音乐舞蹈史诗艺术形式，分为“序幕”和“图强而生”“砥砺前行”“改革创新”“矢志一流”四个篇章，15组节目。作品以时间为轴，男声独唱《仙客来》，反映了20世纪30年代山东大学名师云集的辉煌岁月；男声八重唱《八马同槽》，描写了新中国成立后山东大学蓬勃发展，成为中国文史学科重镇；压轴歌曲《我们的文脉源远流长》回顾了山东大学120年的办学历史和创业路程。

三是以歌舞形式讴歌山大人“强校兴国”的责任担当。舞蹈《暴风雨中的海鸥》反映了抗战初期学校海鸥剧社宣传抗日，被称为“预报了暴风雨的海鸥”；大合唱《勇攀高峰》展现了山大人敢为人先、赓续历史的开拓精神；领唱与合唱《山大人》表现出山大人在习近平总书记的殷殷嘱托中奋进新时代的信心和决心。

二、“艺术+文化”：强基固本，润心铸魂

加强文化引领，厚植文化情怀，传承红色校史文化的育人基因，让大学精神与时代精神、民族精神互相激荡，引导青年学生铸牢理想信念、坚定政治信仰，用理想之光照亮奋斗之路。

一是强力提振文化自信。《为国育贤》的 14 首经典原创艺术精品，内涵丰富、意蕴深远，将山东大学的历史以艺术的形式予以升华再现，为深化学校美育、构建文化校园发挥了重要作用。作品以中华优秀传统文化为根基，注重发挥校史文化资源、红色文化资源在弘扬中华优秀传统文化中的作用。如乐舞《仙乐和鸣》，以山大人的考古传奇为引线，使学生在艺术欣赏过程中增强文化自觉。

二是深刻凸显红色基因。红色基因镌刻在山大文化 120 多年的培育与传承中，凝练在学校的办学宗旨、学校章程、行为规范中，是激励师生初心不改、矢志报国的前行动力。如小音乐剧《我们手拉手》，描写了坚持不懈的山东大学青年志愿者支教团响应国家号召，投身脱贫攻坚一线，开展志愿服务的事迹，是学生心怀“国之大者”、听党话跟党走的生动写照。

三是准确把握时代脉搏。从 1901 年的“为国育贤”起，到救国时的担当、报国时的创造、强国时的奋发，山大精神始终在与时代的同频共振中不断深化与彰显。新冠疫情发生后，山东大学组织齐鲁医院、第二医院 295 名医务人员援鄂抗疫，小音乐剧《山川携手国无恙》就描写了这段无私无畏的抗疫故事，弘扬了伟大抗疫精神，丰富了新时代山大精神的内涵。

三、“艺术+融媒”：参与广泛，传播多元

积极引导广大师生校友参与作品排演、教学、传播等实践活动，运用多平台多手段对作品进行广泛宣传推广，使之成为培养爱校荣校情怀、丰富校园文化建设的载体，成为联结海内外师生校友的纽带。

一是搭建立体渠道。来自山东大学各专业的 1 000 余名师生参与《为国育贤》首演，包括 120 名交响乐团演员、210 名舞蹈演员、380 名合唱演员、30 名童声合唱演员、60 名旗手、100 余名志愿者，覆盖面广泛。采取课堂教学、课外实践、社会展演、通识课程等方式，鼓励师生广泛参与作品的学习实践。作品已被列为音乐专业排练课必修作品，纳入“歌剧剧目”“经典音乐赏析”等本科生通识必修课程体系。

二是把握节点契机。作为给新生的入学教育第一课和毕业生的最后一堂思政课，为所有新生赠送《为国育贤》融媒体图书；部分作品在学校重要仪式活动中演出；将作品作为党员学习教育、校史校情教育的重要手段，激励师生不忘初心、牢记使命。

三是开展二次创作。作品于山东大学 120 周年校庆日首度推出，并延展深化于学校思政教育、人才培养、文化建设、学科建设、合作交流等不同领域。作品被改编为交响组曲、清唱剧、歌舞剧等多种版本，以及典礼音乐、背景音乐，拓展应用场景，丰富了具有山大特色的典礼文化内涵，使之成为具有代表性的文化艺术标志。

四是推进融媒传播。用好学校“报台网微屏”宣传阵地，策划音像出版、文字报道、短视频、纪录片等融媒体宣传。制作专题纪录片《为国育贤》，拍摄 14 集系列访谈短视频，探访创作故事；制作广播剧、有声书等，用网络视听多元化手段增强作品传播力影响力。

活动开展以来，师生校友参与广泛，作品反响热烈，广受社会

好评，为坚定文化自信、传承山大精神、涵育师生文化品格发挥了积极作用。下一步，山东大学将坚持全面贯彻党的二十大精神，用习近平文化思想武装头脑、指导实践、推动工作，进一步挖掘、丰富《为国育贤》作品内涵，策划多种形式的排演传播，组织作品文化研究阐释，在实践中持续深化“艺术+”思政教育模式，全面推动“大思政课”改革创新，不断激励广大青年在全面建设社会主义现代化国家、全面推进中华民族伟大复兴的历史进程中挺膺担当、团结奋斗。

（执笔人：桑晓旻　孟　丽　孙宜山）

流动的思政课堂 熔铸中国直升机泰斗的旋翼人生

南京航空航天大学

南京航空航天大学深入学习贯彻习近平总书记在全国高校思想政治工作会议上的重要讲话精神，深入挖掘思政元素和爱国教育素材，精心创作讴歌时代、弘扬科学家精神的精品力作，打造出原创精品话剧《旋翼人生》，成为南航校园传播和弘扬科学家精神的重要文化载体。

一、深挖思政资源，创作红色校园文化精品

南航作为一所具有“航空、航天、民航”特色的大学，在七十多年的发展历程中，“航空报国”的办学传统影响着一代又一代南航人。学校深入挖掘思政资源，选取具有代表性的师者典型王适存教授的故事，创作原创校园精品话剧。

1. 凝聚师生力量，演绎南航师者故事。学校依托直升机专业和文化艺术资源，组建话剧筹备团队，采访王适存教授的同事、亲属、学生，整理出 708 分钟录音文件，梳理出文字稿 140 247 字。在全校范围内进行海选，成立高效、精干的演职团队，一人多角色多岗位，通过学生扮演校友、学弟学妹扮演学长的方式，演绎王适存教授为中国直升机事业奉献一生的故事。

2. 引入专业资源，创作南航专属话剧。为了保证话剧的质量和演出效果，学校多次召开专题研讨会，先后邀请直升机和舞台剧等方面的专家对王适存教授的故事进行挖掘，对剧本进行多次修改，并邀请专业导演、舞美、造型等专家组建指导团队，对话剧进行三轮创作改编，最终获得了多方好评和认可。

3. 精心打磨提升，形成南航文化精品。话剧自 2016 年公演至今，共计演出 25 场，分别赴江苏大剧院、中国直升机之都景德镇、镇江影剧院巡演 10 场，累计观众 3 万余人，在线观看人数超 36.7 万，形成了公演反馈报告、剧评等有价值的指导建议，并在不断演出过程中雕琢话剧表现形式，形成文化精品。

二、聚焦军工文化，打造多元育人课堂

话剧《旋翼人生》作为南航文化的具体表现形式，着眼立校兴校之本，聚焦“军工文化”，不断挖掘其所蕴含的“红色基因和蓝色梦想”，打造“三类”育人课堂。

1. 传承红色基因，打造沉浸式的党史学习课。作为中国的直升机泰斗，王适存教授是中国第一架直升机“延安二号”的倡导者和研制者，他所提出的“直升机旋翼广义涡流理论”，迄今仍被国际学术界广泛引用，他在南航从教期间培养了一大批直升机行业领军人物。王适存教授立志航空报国、在苏联留学深造后毅然决定回国、潜心在南航教学等个人成长经历本身就是中国航空发展的缩影和南航人航空报国的真实写照。

2. 深挖爱国情结，打造跨时空的精神传承课。话剧通过精心设计的舞台视觉效果和人物造型，将直升机泰斗王适存的生动事迹进行舞台剧创作，把航空报国、献身国防的“大道理”转化成了师生喜闻乐见的舞台故事，激励参演和观看的学生成为南航历史的“剧中人”和“剧作者”，话剧强烈的情景带入感激励更多的师生以话剧主人公为典范，学高为师，身正为范，科学家精神在话剧的观演中得以传承，使话剧成为一堂有底蕴的精神传承课。

3. 突出南航特色，打造有温度的科学导论课。话剧以舞台呈现作为情感载体，采用半纪实手法将直升机和直升机学科作为主线贯穿于整部话剧始终，讲述了竹蜻蜓的结构和设计原理、竹蜻蜓和直升机的相似性、“直升机广义旋翼涡流理论”的诞生等科学内涵，

让更多的青年师生了解中国直升机从艰难起步到大有作为的发展历程，了解中国直升机的专业内涵和发展趋势，使话剧成为一堂有深度、有温度的科学导论课。

三、把握教育契机，取得溢出性育人实效

话剧受到社会各界的广泛好评，成为江苏省首部入选中国科协“共和国的脊梁”系列话剧的作品，被教育部选入“高校原创文化精品推广行动计划”，成为“江苏省庆祝中国共产党成立 100 周年优秀舞台艺术作品展演”入选话剧，获人民日报、光明日报、新华网、央视新闻等主流媒体的多次报道。

1. 打造出“话剧思政课堂”。话剧融合了王适存教授成长成才的个人经历、矢志攻关的科学家精神、航空报国的家国情怀，通过这种讲述“身边人的故事”的形式，感染激励师生，打造出了具有南航特色的“流动的思政课堂”，成为南航思政工作的一项创新举措并日益呈现出良好的育人效果。

2. 繁荣“三航”特色的校园文化。话剧生动展示了一名共和国的教师如何将教书育人、科研育人、思政育人融入教学实践的爱国志向和伟大抱负，积极引导广大师生把“不忘初心、牢记使命”的责任担当和“红色基因”“蓝色梦想”的人生理想融入祖国的发展建设之中。在南航，投身国防事业的毕业生逐年递增，近几年主动奔赴国防、军工单位干事创业的学生近 50%。

3. 提升了专业知名度和学校美誉度。经过校内外公演，话剧已经成为助力直升机专业建设和发展的有效途径，并且日益集聚多方建设力量，共谋直升机的发展未来。话剧在增强直升机专业的知名度的同时，也不断提升学校的美誉度和影响力，话剧荣获 2019 年度江苏省宣传思想文化工作创新奖提名奖（唯一高校）等荣誉，《光明日报》专版报道《话剧演绎“直升机泰斗”王适存的故事》。

四、经验启示

话剧成功展演后，中国国家话剧院研究教育部专家撰写剧评《以旋翼人生诠释航空精神，以南航力量践行报国担当》，高度评价本作品“干净、高级，完成度极高”，体现了团队“致敬泰斗的初心”。

1. 文化形式上，加强艺工融合。文化的多元、信息的汇聚、形式的丰富能够提高思政教育的说服力和感染力，因此教育要充分借助技术与艺术的优势，加强艺工融合，丰富形式载体，融入艺术的手法和语言，不断提升感染力、吸引力和凝聚力。

2. 文化内容上，深挖校本资源。每一所大学都有着自身独有的办学历程、优良传统、文化精神，要深入挖掘这些丰富的校内资源，特别是师生爱国奋斗的典型事迹和先进人物的思政教育元素，丰富和充实校园文化精品的内容。

3. 文化传播上，强化平台聚合。一部文艺精品只有在不断展演的过程中才能形成永恒的生命力，要积极“走出去”，通过各类媒介平台组合传播，不断扩大作品的影响力，发挥文化作品的教育功能。

（执笔人：王　晖　许　静　刘思辰　樊小杰）

实施文化育人工程 培养有生态意识的时代新人

南京林业大学

南京林业大学坚持以学科为依托，以素质教育平台和实践基地为支撑，聚焦立德树人根本任务，大力实施“文化育人”工程，探索形成了以社会主义先进文化为引领、以中华优秀传统文化为基础、以生态文化为特色的文化育人格局，着力培养有“生态意识”的社会主义建设者和接班人。

一、实施“社会主义先进文化引领”工程，不断坚定学生理想信念

学校实施“社会主义先进文化引领”工程，将正确政治方向、价值导向贯穿育人育才全过程，不断创新思想教育的形式和载体，形成了“水杉英才学校”“水杉剧社”，以及“感动南林人物”“十佳人学生”等为代表的社会主义先进文化育人品牌。

1. 系统培养青年马克思主义者

2009 年 3 月，学校成立了南京林业大学“水杉英才学校”，面向优秀青年团员开展系统马克思主义教育。培训采用初级—中级—高级阶段三级递进式的严格机制，每期培训时间 8 个月，着力培养理想信念坚定的社会主义建设者和接班人。目前，“水杉英才学校”已连续举办 14 期，培养了 2 000 余名青年学生骨干，成为学校青年马克思主义教育的重要基地。

2. 以戏剧文化涵养核心价值观

学校精心打造全国百优社团“水杉剧社”，坚持排演集思想性与高品位艺术性于一体的戏剧，成为学校文化育人工作的一道亮丽风

景。自2000年成立以来，先后排演《热血》《我们万众一心》等优秀剧目近60部，在校内外广泛演出，传播爱国精神。荣获“中国校园戏剧节”“中国大学生戏剧节”等多个国家和省级奖项。中央电视台、新华日报等国家、省级新闻媒体，对剧社进行了百余次报道。

3. 以身边典型引领道德风尚

学校持续发掘、宣传、学习先进典型，积极发挥典型的示范引领作用。其中，“感动南林人物”“十佳大学生”典型评选，已成为师生广为认可的活动品牌。“感动南林人物”评选面向师生、校友开展，已连续举办七届，共评选出68个先进个人（集体）。“十佳大学生”评选面向在校大学生，选树在学术科研、创新创业、自强不息、志愿服务等方面的先进典型，目前已连续举办七届。

二、实施“中华优秀传统文化进校园”工程，不断提升学生文化自信

学校实施“中华优秀传统文化进校园”工程，统筹第一课堂与第二课堂建设，积极打造优秀传统文化传承平台，开展格调高雅的校园文化活动，让优秀传统文化来到学生身边、润泽学生心灵，最终内化于心、外化于行，不断增强文化自信。

1. 大力建设优秀传统文化课程体系

学校不断优化文化素质教育课程结构，形成素质教育核心课程、艺术专业选修课程和中华传统文化课程组成的美育教育课程体系。目前，共开设人文素质教育类课程200余门。其中，非遗文化课程、书法教育课程等已成为其中的亮点和特色。依托相关学科专业，开设了“剪纸、盘扣手工艺”等非遗课程，通过课程讲授及举办“非遗进校园、进课堂”系列学术讲座、与非遗企业合作建立本科教学实训基地、组建社会实践团队赴全国各地考察等，传承弘扬非遗文化。

2. 积极打造优秀传统文化活动品牌

学校着力打造“水杉杯”江苏省大学生诗词展演、“水杉大讲堂”“水杉艺文空间”“水杉美育课堂”等文化活动品牌。发起并承办“水杉杯”江苏省大学生诗词展演活动，成立“江苏省大学生诗词演诵联谊会”，推进诗词演诵活动的开展和诗词演诵水平的提高。近年来，相继邀请了知名学者王立群、莫砺锋，知名作家林清玄、刘墉，百家讲坛知名教师纪连海，京剧表演艺术家黄孝慈，“梅花奖”得主李鸿良等文化名家进校园做报告，共举办相关讲座百余场，积极传播弘扬中华优秀传统文化。

三、实施“绿色发展基因培植”工程，不断强化学生生态责任担当

学校实施“绿色发展基因培植”工程，构建了以生态文明教育为基础、以弘扬梁希精神和水杉精神为主轴、以生态文化活动为支撑的南林特色的生态文化育人体系。

1. 发挥生态文明教育课堂主渠道作用

学校完善课程设置，不断增加生态类选修课数量，绿色生态类通识选修课程由2016年的12门增加至57门，学生选修学分由原来2个学分，增加到4～6个学分，打牢学生绿色底色。鼓励并要求各学院开设本院专业与生态环境学科交叉的必修课和选修课。目前，建成全国首门传播“绿水青山就是金山银山”虚拟仿真实验教学一流课程，院级生态类课程占30%以上。

2. 以梁希和水杉精神引领生态文化建设

“让黄河流碧水　赤地变青山”的梁希宏愿和“务实求真，合作进取”的水杉精神，是南林精神文化中的瑰宝。以梁希精神为背景，创作了校歌《为了碧水青山》；以水杉绿叶为主要元素，设计了具有南林历史文化特色的校徽；确定“南林绿”为学校标准颜色及校旗方案；设立“梁希班”和“水杉班”，打造“水杉”系列活动文化品

牌，系统开展梁希精神和水杉精神的学习教育，推动南林生态文化传统的传承与弘扬。

3. 以生态文化活动推动生态理念传播

校园生态文化活动丰富，生态文明教育氛围浓厚，定期举办以“生态文明·责任与使命”为主题的生态文化节，汇聚生态文化教育资源，统筹开展包含生态文化高层论坛、生态文明书画摄影作品展、市民开放课堂等系列教育实践活动。举行“美丽中国行”研究生暑期社会实践活动，以“百名硕博进百村，生态理念入万户；百名硕博进百企，绿色理念促发展”等为主题，每年组织 100 余支研究生社会实践团队到田间地头和厂矿车间，开展民生调查、政策宣讲、科技服务，传播生态知识，带去生态理念，创造生态科技社会价值。

在春季樱花节、植树节、世界环境日等节日节点，组织师生走进中小学、走向社区，广泛开展植树、节能和节水教育、绿色出行等环保宣传和生态文明实践行动，传播生态知识和理念，践行林业高校的绿色担当。

（执笔人：袭开国　唐荣宁）

塑造讲好中国故事的华科大品牌

华中科技大学

坚持以习近平新时代中国特色社会主义思想为指导，全面贯彻党的二十大精神，深入学习贯彻习近平文化思想，落实全国宣传思想文化工作会议精神，守正创新、真抓实干，更好担负起新的文化使命，华中科技大学党委宣传部围绕学校中心工作，充分统筹校内校外宣传资源，以华科大人共通共知的情感共识作基础，以喜闻乐见的方式作载体，以广泛参与的方法作桥梁，全方位、全媒体、多层次、多角度地开展"讲好华科大故事"创意传播，自觉承担起举旗帜、聚民心、育新人、兴文化、展形象的使命任务。

一、坚定宣传思想文化工作使命，认识故事力量

作为"新中国高等教育发展的缩影"，华中科技大学在新中国高等教育史上书写了一个个动人的故事。当下，学校继续坚定社会主义大学办学方向，勇担新时代高等教育的使命和责任，主动承担起文化传承和创新的重任，以更大的底气、信心和能力，讲好华科大故事、讲好中国高等教育故事、讲好中国故事。

1."讲好华科人故事"的必要性：紧扣时代主题，对标国家战略

习近平总书记多次强调，讲中国故事是时代命题，讲好中国故事是时代使命。矢志建设中国特色、世界一流大学的华科大，就要主动对标国家战略，积极"走出去"，把优秀的华科大故事"讲出来"，为传播中国故事和中华文化增光添彩，增强文化自信。

2."讲好华科大故事"的紧迫性：提升文化软实力　服务发展大局

当下，学校的各项事业快速发展，相比之下，文化软实力的差

距却愈发凸显，面临着整体实力与品牌声誉不匹配的矛盾、科研教学人才培养硬实力与文化传播软实力不符的矛盾。学校的形象塑造在很大程度上仍是“他塑”而非“自塑”，存在着信息流进流出的“逆差”、真实形象和主观印象的“反差”、软实力和硬实力的“落差”。

3.“讲好华科大故事”的可行性：以师生实践故事折射华科大精神

70年发展历程，汇聚成“讲好华科大故事”的鲜活素材。学校以实践为基础，通过“讲故事”，推动思政教育与华科大人成长实践的有机结合，让听故事的人和讲故事的人达到同频共振，从而展现华科大特质、培育华科大文化、弘扬华科大精神、增强华科大竞争力，为建设更好的华科大提供强大精神动力。

二、创新宣传思想文化工作方式方法，聚合故事力量

围绕中央精神和学校中心工作，华中科技大学党委宣传部强化策划意识，加强组织报道，创新宣传思想工作方式方法，积极开展“讲好华科大故事”创意传播大赛。

1. 深入基层、拓宽渠道，提升故事辐射力

（1）定期走访、贴近师生、深入基层。党委宣传部建立了定期走访院系、班级、寝室制度，贴近学校的“神经末梢”，深入发掘鲜活故事。良好的上下联动机制让有效的故事线索第一时间得以被挖掘，涌现出“钢铁院士”崔崑、校园“智影”等一批好故事。

（2）拓展来源、广中选优、重点报道。校内外多方拓展新闻线索的来源，通过关注口头传播、朋友圈、微信公众号、论坛等方式，筛选并重点推出一批好故事，如“北京冬奥背后的华科大故事”等。

2. 以情动人、创新形式，提升故事渗透力

（1）以情动人让好故事深入人心。通过实地采访、微信采访、电话采访、邮件采访等方式与被采访者真诚交流，拉近与被采访者的距离，增强作品可读性，以真情实感让受众产生共鸣，如“我们

是抗美援朝医疗队”等。

（2）创新形式为好故事锦上添花。研究受众心理，突破传统宣传报道形式，从创作理念、内容、体裁、手段等方面展开探索，进行包装，如微电影《守护希望》、诗歌朗诵《钢铁院士》等。

3. 整合资源，贴近受众，提升故事影响力

（1）互联网与社交媒体为故事的传播推波助澜。通过校内外采编资源、传播渠道的全面整合，以及文字、图片、视频等传播手段的综合运用，实现了全媒体联动，充分发挥主流媒体汇聚人心、凝聚力量的作用。

（2）与时俱进是讲好故事的必要条件。通过关注并研究受众的媒介接收习惯和运用习惯，以及当下流行的传播方式，广泛应用新技术、新手段，如微信、抖音等，让好故事传播更广泛、更深入。

三、践行宣传思想文化工作任务担当，发挥故事力量

自 2018 年启动以来，“讲好华科大故事”创意传播大赛在有高度、有深度、有温度地讲好故事方面积累了丰富经验，受到广泛好评。5 年来，通过“讲好华科大故事”展演、训练营、分享会，华科大共培育出 593 个网络作品，其中，14 个作品在“讲好中国故事”创意传播大赛国赛中获奖，是全国高校中获奖等级最高、数量最多的单位，5 次获评“讲好中国故事”优秀组织单位。

历届大赛共计刊发外宣稿件 800 余篇，其中中央媒体（中央电视台、新华社、人民日报、光明日报、中国教育报、科技日报、中国科学报等）刊发报道 400 余篇，各类稿件阅读量超过 4 000 万，实现了资源通融、内容兼融、宣传互融，宣传效果反响良好。

较为典型的宣传报道有：① 引力中心罗俊院士团队故事，全年受到重视关注，校外媒体全年刊发团队报道近 300 篇次，在人民日报、新华社、央视新闻等新闻客户端及微信平台阅读量超过 600 万+；② 崔崑院士再捐 180 万元助学的故事，被人民日报以《以奉献书写

不凡的人生》为题热评，在人民日报、新华社、央视新闻等客户端微信平台阅读量超过 200 万+；③ 协和医院“护心跑男”的故事，两次登上人民日报官方微信头条，在人民日报、新华社官方微博、微信平台的阅读量超过 100 万+，视频播放总量超过 1 亿次。

一个好故事胜过一打大道理，一个好故事胜过千言万语。华中科技大学党委宣传部通过“讲好华科大故事”创意传播大赛，摸索出一套行之有效的对外话语体系，将学校的发展优势和综合实力转化为话语优势，增强了话语权，提升了文化软实力，有力促进华中科技大学的国内认可度、国际知名度和社会美誉度不断提升。

（执笔人：粟晓丽　汪　泉　张雯怡）

创新文化育人模式
书写文化传承奋进之笔

武汉理工大学

中华优秀传统文化是涵养社会主义核心价值观的重要源泉。武汉理工大学认真贯彻落实习近平总书记关于传承和弘扬中华优秀传统文化的系列重要讲话及指示精神，将中华优秀传统文化的传承创新作为落实立德树人根本任务的重要途径，教育引导广大师生做爱国奋斗精神的传承者、党和国家事业的接班人、民族复兴大任的时代新人。

一、基本思路

学校将传承和创新中华优秀传统文化作为党委工程来抓，列入学校“十三五”发展规划并将“传统文化校园”作为2018年文化校园建设主题，依托教育部中华优秀文化艺术传承基地、湖北省高校戏曲文化艺术传承基地及相关优势学科，不断推动中华优秀传统文化创造性转化、创新性发展，逐步探索出以课程体系为基础、以文化场馆为依托、以学生社团为载体、以文化传媒公司为特色的“四位一体”文化传承发展模式，实现中华优秀传统文化价值引导、精神引领的育人功能。

二、主要做法

1. 建立传统文化课程体系，实现文化教育常态化

学校依托材料、艺术、设计等学科优势，将学科理念、专业精神、文化元素融入文化课程建设，将戏曲文化、陶瓷文化等课程纳入公共艺术教育课程体系，面向全体学生开设了“艺术审美”“戏剧鉴赏”“陶瓷艺术与科学”等选修课，并为全校留学生开设

“Appreciation of Chinese Ceramic Art”通识课，从价值导向、认知方式、行为模式、学术范式系统推进传统文化教学，从心性、道德、知识、技能等方面推进文化育人。

2. 建设传统文化平台，实现文化引导大众化

学校结合理工科院校的特点，搭建“理工大讲堂”“理工大舞台”“艺术名家讲堂”等文化交流平台；依托材料、船舶与海洋工程等学科优势和行业优势，建成以陶瓷艺术厅为特色的艺术馆和以航海为主题的航海博物馆，持续推进承载历史传统和文化底蕴、富有行业特色和学科特色的文化平台建设。

3. 培育学生文化社团，实现文化活动普及化

学校成立大学生古乐团、梨园汉剧社、大学生戏曲社团等学生社团；依托汉剧，辐射古琴、京剧等其他传统文化形式，组建和共建工作坊；师生自发组织举办“陶瓷与艺术”等讲座、沙龙活动，在交流互动中体验传统文化的独特魅力，参与、推动传统文化的教育普及、保护传承和创新发展，提升文化普及度。

4. 孵化数字传播企业，实现文化传播云端化

学校把准时代脉搏，突出科技优势，孵化以武汉理工数字传播工程有限公司（简称 DCG 数传集团）为代表的文化传媒公司，以“互联网+出版”的模式创新和拓展文化传播范式。DCG 数传集团成立 5 年来，与人民出版社等 237 家知名出版单位合作打造具有互联网“交互”功能的现代纸书，读者总数超过 2 亿人。

三、实施效果

学校以文化传承和创新为特色的校园文化建设育人效果显著。2016 年，学校获评“湖北省高校戏曲文化传承基地”。2018 年，学校（汉剧）成功入选教育部首批全国普通高校中华优秀传统文化传承基地；《弘扬陶瓷艺术优秀文化　打造文化育人特色平台》获评湖北省高校校园文化建设优秀成果特等奖。2019 年，《依托汉剧优

势推进中华优秀传统文化传承与发展——弘扬汉剧艺术的探索与实践》获批第五届全国高校“礼敬中华优秀传统文化”特色展示项目。

1. 文化育人功能进一步提升

学校每年开设 20 多门传统文化课程，选修课程学生达万人以上，传统艺术类通识选修课程成为学生选课的“网红”和“爆款”，新华社、中央电视台等多家主流媒体分别对学校开展中华传统戏曲文化的做法和成效进行了宣传报道。艺术馆自 2016 年开馆至今，年均接待参观者 1 万人次。2018 年，艺术馆、航海博物馆及校史馆加入全国高校博物馆育人联盟，平台育人成效进一步提升。

2. 文化服务社会能力进一步增强

学校立足行业背景、办学特色、学科优势，广泛开展传统文化结对子工程，深入武汉市千家街小学和洪山社区普及、宣传、推广汉剧等传统文化艺术；多次走进武汉市大中小学和居民社区进行陶瓷科普展览，传播民族优秀文化；与荆门屈家岭管理区携手合作共同规划建设世界一流的“中国农谷·屈家岭陶文化产业区”，努力满足社会公众对文化精神的需求和期待。

3. 文化传播功能进一步凸显

学校以中华优秀传统文化传播和推广为纽带，依托国际示范学院、国际教育学院等，通过参观体验、艺术交流等形式，搭建中外文化艺术交流的桥梁，讲好中国故事，传播好中国声音，提高中华传统文化影响力。国际知名学者来校访问时，对学校大力发展文化建设的理念及在传播中华优秀传统文化方面所做的工作给予了高度评价。

4. 文化名片更加靓丽

学校厚植文化沃土，深度挖掘特色学科的文化育人元素，一批批集公益性、教育性、艺术性于一体的文化场馆和文化景观相继建成，承办 2018 年古陶瓷非遗武汉高峰论坛暨入选作品展、主办第十三届全国高校京剧演唱研讨会等大型文化交流活动，形成了集中国底色、学科特色、专业优势于一体的理工文化名片。

四、经验启示

文化兴国运兴，文化强民族强。高校如何更好地履行“文化传承创新”的职能，进一步激发师生爱国热情，增强师生文化自信，关键要把握以下环节。

一是坚守价值常量，保持文化建设定力。要从养护中华根脉和维护中国文化安全的战略高度，将中华文化作为大学文化建设必须坚守的常量和底色，大力培育和弘扬社会主义核心价值观。

二是激活校园文化存量，提振文化建设内生力。立足校情，围绕自身资源做文章，激发每一位师生员工的文化建设主体意识和参与热情。

三是做大功能增量，扩大文化建设影响力。充分利用新理念、新媒体和新话语传播校园正能量，提升各类平台的文化功能，开展意蕴深刻的传统文化教育活动，从追求文化流量向提升文化质量转变。

四是把好文化评价变量，增强文化建设向心力。尊重文化教育活动规律，构建科学合理的评价标准和激励机制，及时回应师生文化领域的关切，提升师生员工的参与感和贡献率。

（执笔人：王洪波　丁仕琼）

深耕校史文化
赓续高校红色基因

以大庆精神铁人精神点燃青年爱国情怀

中国石油大学（北京）

一、工作思路

大庆精神（铁人精神）是中国共产党人精神谱系和中华民族伟大精神的重要组成部分，是坚定不移听党话跟党走的理想信念和为祖国争光、为民族争气的爱国情怀的集中体现。作为新中国第一所石油高等学府，中国石油大学始终与国家石油工业发展同向同行，在大庆精神（铁人精神）的形成、发展和传承中发挥了特殊作用。进入新时代，学校围绕培育可堪大用、能担重任的时代新人的历史使命，以鲜明的石油特色、浓厚的文化氛围和深厚的精神底蕴，持续打造有油味、有油劲、有油情的新时代爱国主义教育“中石大版本”。

二、主要做法

学校以习近平新时代中国特色社会主义思想为指导，深入学习贯彻落实习近平总书记给学校克拉玛依校区和中亚留学生两次重要回信精神，强化思想引领、文化浸润、实践养成，引导师生做大庆精神（铁人精神）的坚定弘扬者、传播者、践行者，熔铸“我为祖国献石油”的家国情怀，凝聚新时期教育强国、能源报国的精神力量。

1. 以石油精神“筑基”，强化价值引导，促进学有所思

学校着眼打造“底蕴深厚、氛围浓厚、味道醇厚”的思政工作体系，深挖大庆精神（铁人精神）的时代内涵，坚持以能源报国为精神内核培根铸魂育新人，促进师生学有所思、学有所获。

纳入总体布局，成立校园文化建设工作领导小组、精神文明建设领导小组、大庆精神（铁人精神）研究中心，制定总体工作方案，

加强组织领导、规划部署、平台建设。纳入主题教育，成立风华传薪宣讲团，与党史学习教育相结合，讲好石油科学家精神，举办红色家书石油家书主题展，传唱石油歌曲，宣讲杰出校友创业故事。纳入课堂教学，开设“中国石油工业发展史”“中国石油文化”等课程，拓展建立课程思政实践基地，党委书记、校长坚持主讲新教师入职、新生开学第一课，举办“国企领导上讲台”“学楷模　做先锋”主题活动和“能源强国　能源报国”系列公开课，邀请能源集团负责人、劳模工匠等进校园、进课堂，担任兼职思政课教师，上好散发“石油芳香”的“大思政课”。

2. 以石油文化“铸魂”，强化心灵浸润，促进思有所悟

将“学起来”“讲起来”“唱起来”“做起来”有机融合，在石油史册中寻找富矿，扎实开展爱国主义教育，完善文化体系，利用文化浸润“强志气”；丰富多元载体，共享育人资源“壮骨气”；形成多样品牌，贯穿文化活动“硬底气”。

持续完善学校精神文化体系，培育建设石油特色校园文化，挖掘凝练校风、校训、校歌等学校精神文化载体的时代内涵，建成校史馆、石油精神教育基地、石油之光科技馆、铁人王进喜塑像、“艰苦奋斗”国庆彩车等校园文化景观，发挥环境育人功能。持续开展“青春心向党，讴歌新时代”演讲比赛、“同是石油人　共唱一首歌”校歌传唱、“奋进新征程　谱写新篇章”发展成就展等活动，唱响主旋律、讴歌新时代，浸润学石油、爱石油、奉献石油的情怀。举办“星耀山海　丹心报国”石油科学家精神展、全国石油高校石油文化作品展、石油高等教育发展成就展等，营造“油味”浓厚的文化氛围，让师生在耳濡目染中得熏陶、受教育。打造“风华”石油文化品牌，成为覆盖网络文化节、文化课、文化展、文化网的综合展示教育平台。

3. 以石油情怀“助力”，强化实践养成，促进悟有所行

将实践作为传承弘扬大庆精神（铁人精神）的重要途径和载体，

通过定期组织师生赴石油石化企业、油田生产一线和爱国主义教育基地实习实践，促进师生悟有所行、知行合一。

在能源企业建设思想政治教育基地、课程思政实践教育基地与工程实践教育基地，组织青年教师开展“明理修德 爱国奋斗”研学活动，举办留学归国教师国情教育研修班和青年马克思主义者培训班，项目入选教育部“礼敬中华优秀传统文化”十大示范项目。发挥校企合作优势，打造能源学科创新创业竞赛群，所有优势主干学科都有发起并承办的全国性品牌赛事，形成了实践育人的优势特色。打造“石油先锋成长营”，广泛组织大学生利用暑期奔赴全国各地，实践主题涵盖乡村振兴、环保科普、文化宣讲、国际交流等。圆满完成国庆 70 周年、建党 100 周年、冬奥会等重大活动服务保障工作，引导师生在服务党之大典、国之大庆中砥砺爱党爱国情怀。通过党支部结对共建、志愿服务等形式，组织学生服务区域发展，争做爱国奋斗的新时代青年。

三、实施效果

青年爱国情怀更加强烈，师生奋进力量更加凝聚，特色示范效应更加凸显，校园文化底蕴更加浓厚。将大庆精神（铁人精神）教育与爱国主义教育紧密契合，从新生入校到毕业生离校，从新员工入职到老教师退休，全方位、全过程的精神浸润使师生“我为祖国献石油”的家国情怀进一步熔铸，赴基层一线就业毕业生比例稳居北京高校前列，广大师生在服务国家重大战略需求中坚持教育强国、能源报国，为端牢能源饭碗作出重要贡献，得到中央媒体广泛报道，在行业特色高校中的示范效应进一步彰显。

四、经验启示

坚持固本铸魂和励志力行相贯通。坚持以党的创新理论凝心铸魂，以精神文化励志力行，引导师生坚定对马克思主义的信仰、对中国特色社会主义的信念、对实现中华民族伟大复兴中国梦的信心。

坚持突出主题和彰显特色相结合。紧紧围绕中央要求，紧密结合行业特色和学校实际，完善传承弘扬大庆精神（铁人精神）制度体系，不断拓展平台资源，打造亮点活动，提升育人实效。

坚持课堂教育和实践教育相衔接。坚持第一课堂与第二课堂共促共进，将新时代爱国主义教育融入教材、融入课堂、融入实践，引导青年学子努力成为堪当民族复兴大任的栋梁、强国先锋。

坚持全面覆盖和突出重点相统一。坚持学习教育全面覆盖，构建多层次、全方位、立体化的工作机制；把握重点突出实效，建立对象化、分众化、互动化的宣传教育模式，不断提升宣传教育的说服力、亲和力和针对性、有效性。

（执笔人：李丽平　张延港　刘志庆　张国泽）

深耕立德树人沃土 厚植财经报国情怀

中央财经大学

中央财经大学始终坚守“为党育人　为国育才”使命担当，紧紧围绕建设特色鲜明世界一流大学的目标，打造以“立德树人　财经报国”为精神内核的红色财经文化育人体系，深耕红色校史底蕴、深化“三个课堂”协同、构建榜样育人体系、创新文化文艺载体，进一步强化“大文化”协同育人“引领力”，突出财经文化学科“影响力”，彰显“一院一品”特色文化“辐射力”，逐步探索出一条新时代红色财经文化育人新路。本案例被收录《第五届高校宣传工作创新案例》，获评北京高校精神文明建设工作优秀案例奖，入选北京高校党建和思想政治工作培育项目。

一、深耕红色校史底蕴，厚植爱国荣校情怀

1. 发掘校史资源，传承“龙马担乾坤”精神。发掘校史与共和国发展史的内在联系，凝练“财经报国排头兵”红色名片，诠释筚路蓝缕与国同行蓝色名片，擦亮财经黄埔强国富民金色名片。搜集1949年《人民日报》头版报道学校开学、1978年复校等重要史料，出版《中央财经大学史》《话说中财大》，完成老校区旧址复原，再现中财大人办学治校的奋斗历程。

2. 拓展校史阵地，打造“一馆两区”教育空间。搜集校史藏品，优化展示形式，将校史馆打造成爱校荣校教育的重要阵地。开设校史通识教育课，组建学生讲解队伍，解锁中财大人爱校荣校的精神密码。利用两校区主教回廊空间搭建校史延伸展区，系统回顾学校辉煌历程和新时期发展成就。

二、深化“三个课堂”协同，夯实以文化人成效

1. 深耕教学“第一课堂”，构建支撑经济学学科群发展的文化体系。依托经济学学科群，开展中国财经史学研究，编写《中国经济思想史》《中国财税思想史》等书籍，推动中华传统财经思想和财经文化的研究。打造中华传统文化“双创”基地，加强“文化艺术+金融经济”交叉学科建设，为我国文化政策制定提供重要学术支持。

2. 丰富实践“第二课堂”，打造“文化+思政”融合贯通的育人路径。打造“文化+思政”融合贯通育人路径，举办“斯文大讲堂”，创建“美成坊”艺术疗愈品牌，开设“匠艺精神”文化体验课程，举办“一带一路”非遗文化展等系列活动。编演法治案例课堂微话剧《皂君梦》《喷薄》等，开展“宪法日”特色主题活动，多名学子在“学宪法　讲宪法”演讲比赛中获奖。“品味书香　时代新声”中华经典诗词诵读引领师生感悟经典力量。

3. 拓展网络“第三课堂”，打造“短视频+红色财经文化”育人新平台。旗帜鲜明塑造“财经报国”IP 形象，微电影《所向》《干杯》等被中央媒体转载、总阅读量超过百万。三次参与教育部主题微视频接力，师生版《领航》两次登上《新闻联播》。校党委书记《做新时代财经报国的“排头兵”》微党课全网直播，校长接受《瞭望》“厚植财经报国人才沃土”专访。“短视频+”融媒体案例入选“2020 教育政务新媒体年度优秀案例”，“财宝儿战‘疫’日记”获评高校宣传工作创新推广案例。

三、构建榜样育人体系，擦亮“五型中财”品牌

1. 以“学人中财”为引领，传承老一辈学人赤诚报国的红色力量。陈岱孙、崔敬伯、刘光第、姜维壮等老一辈学人躬耕三尺讲台，为新中国培养了大批财经管理专家，为学校赢得“财经黄埔”的美誉。学校系统收集、梳理经济学大家的学术经历和学术成就，编撰

出版《中财大学人》，举办学人专题展览，生动诠释中财大学人的爱国精神、治学精神、奉献精神，刘姝威研究员、张礼卿教授、赵景华教授获评北京市“春风化雨”“启智润心”“大先生”。

2. 以“榜样中财”“凡星中财”为标杆，彰显中财大学子矢志奋斗的青春力量。“榜样中财”先后评选出60余位标兵模范，树中财之辉煌，择心中之榜样；“凡星中财”从更贴近学生的角度，引导同学们从身边发现平凡中的不凡。“榜样”与“凡星”互为补充相得益彰，引领学生从榜样教育的“被动接受者”转变为“主动学习者”。

3. 以“先锋中财”“感动中财”为示范，展现新时代师生员工的奋进力量。“先锋中财”主要表彰在推动学校各项事业发展进程中，涌现出的优秀共产党员等。“感动中财”旨在挖掘选树先进典型、感人事迹，加强榜样示范引领，推动全校形成向上向善、见贤思齐的良好文化氛围。沉浸式的表彰大会、颁奖典礼，不仅是致敬榜样的舞台，更是直击人心、灵魂共鸣的“大思政课”。

四、创新文化文艺载体，化育财经报国理想

1. 原创大师剧《姜维壮》，以学人精神浸润师生心灵。大师剧以著名经济学家、教育家、我国财政理论研究奠基人之一姜维壮先生的真实故事改编；连续展演四年，形成一本诗集、一首原创歌曲、一期人物展览、一场主题诗会、一系列文创产品等“一心五环”的多元品牌；连续3年获中国科协“学风建设”项目资助，依托其成立的“高山景行”工作室获批中国科协2022年学风涵养工作室。

2. 举办“立德树人　财经报国”主题展览，以沉浸体验彰显坚实成就。为纪念建校70周年，学校举办“龙马奋进——中央财经大学十年成就展”。在中国共产党成立100周年之际，举办“立德树人财经报国——中央财经大学‘双一流’建设之路”主题展览，系统梳理红色财经发展史，讲述了学校各个历史时期与党和国家发展同频共振、血脉交融的故事。

3. 编演《潮起东方》等红色文艺作品，以艺术之美点亮青春光彩。舞蹈《潮起东方》《不忘初心》荣获北京市多个奖项，入选“百年珍贵记忆——全国高校庆祝中国共产党成立100周年原创精品档案”。将美育熏陶与党史学习教育有机结合，开展“重走长征路　永远跟党走”沉浸式、情景式大型红色主题实践活动，激励青年把最清澈的爱献给党和祖国。《聚“三力”建“五美”课堂，以艺术之美化育财经报国理想》获北京高等学校党的建设和思想政治工作优秀成果奖。

（执笔人：雷洪峰　武超群　李漠叶　王　锐）

传承红色基因 涵育又红又专一流人才

北京理工大学

北京理工大学是中国共产党创建的第一所理工科大学，其前身是 1940 年诞生于延安的自然科学院。80 余年来，学校始终坚持以立德树人为根本，坚持中国特色社会主义文化发展道路，大力弘扬社会主义先进文化、革命文化和中华优秀传统文化，充分发挥一流大学文化的育人功能，培养具有“延安根、军工魂、领军人”品格的领军领导人才，走出了一条党创办和领导中国特色高等教育的“红色育人路”“强军报国路”“创新发展路”。

一、工作思路

立德树人是大学的根本任务，一流大学文化必须为一流人才培养提供有力支撑。北京理工大学始终高度重视大学文化建设，把大学文化作为“双一流”建设的重要内容，坚持从立德树人根本任务出发，聚焦人才培养中心工作，把红色基因作为铸魂育人的宝贵资源和生动素材，融入“价值塑造、知识养成、实践能力”三位一体的人才培养体系，为师生打好思想底色、激发内生动力，将以文化人、以文育人落在实处。

二、主要做法

1. 在中国特色社会主义一流大学建设中沉淀“北理工精神”。以建校 80 周年为契机，凝练出以延安精神思想内涵为基础的“北京理工大学精神”——包括政治坚定、矢志强国的爱国精神，实事求是、追求卓越的科学精神，艰苦奋斗、开拓进取的创业精神，淡泊名利、坚韧无我的奉献精神，不辱使命、为国铸剑的担当精神。组织开展“红色育人路——中国共产党创办和领导中国特色高等教育之路”专项研究，举办“红色育人路”高等教育论坛，总结提炼“红色育人路”的基本内涵、主要特征、独特优势，以及实践路径。

2. 坚持将红色文化资源优势转化为育人优势。持续开展以传承红色基因为主要内容的特色教育活动。把蕴含着延安精神的校史校情教育作为新生入校、新教工入职的“进校第一课”，纳入思政课和课程思政教学体系，每年坚持开展“学史明志”“延安寻根计划”等师生学习实践活动，构筑师生精神高地。在党史学习教育中，专门设置“知红色校史”板块，在全国高校首家推出《红色育人路》原创纪录片，与中国延安精神研究会联合成立“延安精神与中国青年研究中心”高水平智库，推出“延安精神”特色思政课。连续 20 年开展“德育答辩”，打造“时代新人说”“百家大讲堂”等在首都高校颇具影响力的校园红色文化品牌。牵头 9 所诞生于延安的高校发起成立“延河联盟”，建立红色育人基地，探索协同育人新范式。

3. 持续构筑“五核并蒂”“五馆合一”“五融并举”的新时代大学文化高质量发展新格局。扎实开展新校史馆建设、珍贵校史资料数字化、办学媒体资源数字化和校史“口述史”采集四大“校史工程”。全面实施“学科专业史编纂工程”，出版《时空航宇》《兵之利器》《精工重器》等 11 部学科专业发展史丛书。推出高质量“红色故事”，连续产生《精工》《盛典》《回家》《进京》《第一》等阅读量达 10 万+的精品。建成新校史馆、国防成就展厅、国防文化广场，与国防科工局共建人民军工成就展馆，形成 2.7 万平方米“军工魂”文化载体群落。中关村校区文化“中轴线”、中心花园精神文化核心区、良乡校区北湖自然人文景观区、良乡校区文化育人功能区“一轴三区”校园文化区划新格局逐步形成。

三、实施效果

将红色基因融入一流大学建设和人才培养对激发一流大学文化创新创造活力，持续增强师生文化自信和文化自觉，全面提高学校文化软实力和核心竞争力，起到了极大的推动和促进作用，为高质量建成中国特色世界一流大学提供了强大精神动力和文化支撑。

学校获评“全国普通高校中华优秀传统文化传承基地”“北京市党的建设和思想政治工作先进普通高等学校”“北京市爱国主义教育基地”。“担复兴大任，做时代新人”主题教育活动获评首都大学生思想政治工作实效奖特等奖。获评首批北京高校党建和思想政治工作特色项目、教育部思想政治工作精品项目、工信部部属高校党建和思想政治工作特色项目。2020 年，学校获评第二届“全国文明校园”。

四、经验启示

1. 将红色基因融入办学理念，构筑大学精神及核心价值。注重充分发挥特色精神文化体系的激励引领作用，“北京理工大学精神”与校训、校风、学风等共同组成了学校的精神文化体系和办学思想体系，形成了社会主义核心价值观和延安精神的“北理工表达”，构筑了学校建设发展的重要凝聚力、推动力和核心竞争力。

2. 把红色基因作为生动素材，贯穿立德树人各方面全过程。充分结合红色校史，着力传承红色基因，通过人人讲育人、事事为育人的理论与实践探索，带领学生立大志、明大德、成大才、担大任，有效增强了师生的红色认同感、文化自豪感，使之成为引领师生团结奋斗、干事创业的重要思想基石。

3. 积极推进以传承红色基因为情感纽带的校园文化建设。坚持红色精神“见人、见物、见细节”，持续推动构建“浸润式”育人环境，持续开展以红色基因为内涵的校园文化景观及公共空间建设，推动红色文化要素融入美丽校园，构筑师生校友共同精神家园。

（执笔人：包丽颖　蔺　伟　王　征　姜　曼）

依托百年校史文化
打造新时代爱国主义教育的南开品牌

南开大学

党的二十大以来，以习近平同志为核心的党中央高度重视爱国主义教育，作出一系列重要部署，推动新时代爱国主义教育取得显著成效。习近平总书记视察南开大学时指出：“南开大学具有光荣的爱国主义传统，这是南开的魂。”学校党委紧密结合深入学习宣传贯彻习近平总书记来校视察重要讲话精神和习近平总书记重要指示批示精神，全面贯彻落实《新时代爱国主义教育实施纲要》，不断弘扬南开爱国主义光荣传统，精心打造爱国本色彰显、时代底色厚重、南开特色鲜明的爱国主义教育品牌，努力答好新时代的“爱国三问”。

一、贯穿主题主线：允公允能　日新月异

学校把习近平总书记所提出的“南开的魂”——光荣的爱国主义传统，作为师生入校教育第一课、南开教育常修课。开学典礼重温“爱国三问”，组织新南开人参观习近平总书记参观考察过的校史展览、重走习近平总书记视察过的八里台校区爱国主义教育基地。学校在每年校庆、清明、先贤诞辰、周恩来总理诞辰纪念日、校殇日、新生开学、学生毕业等重要时间节点举办爱国主义教育主题活动，弘扬与社会主义核心价值观内在要求相一致的“允公允能　日新月异”的校训精神。

学校组建教师指导、学生为主体的南开公能校史文化宣讲团，五年来，800 余名学生为 20 余万名参观人士讲解南开爱党爱国校史，推出“微宣讲”“微展示”“云端观展”“南开人物志”等系列品牌活动，将校史宣教与党史学习教育、“四史”宣传教育、学习贯

彻习近平新时代中国特色社会主义思想相结合。引导师生校友和社会各界人士坚定理想信念，传承红色基因，自觉学思践悟，激发爱国力量。学生讲解员、南开公能校史文化宣讲团团长黎可涵同学表示，讲解时可以切身感受到参观者眼神中的崇敬之情，校史讲解的过程也是对百年南开“爱国奋斗、公能日新”光荣历程再感知再学习再体会的过程。

二、用好渠道阵地：家国天下　知行合一

历经战火淬炼的南开，蕴含丰富的革命历史和红色文化教育资源。解读历史精神财富，滋养代代南开新人，成为学校通过主渠道主阵地开展新时代爱国主义教育的“秘诀”。新时代的南开不断充实爱国教育内容，创新爱国教学方式，丰富爱国教学实践，打造爱国教学阵地，提升爱国教学效果。

学校开设“百年南开校史文化”“服务学习：讲述南开”“知行中国与公能训练”等校级通识课程，加强校史课与思政课、专业课、党课团课、入学第一课、师生干部培训课融通共建、一体发展，做到“教”“研”“宣”“知”“信”“行”相统一。通过先贤名师、杰出校友的具象呈现，百年历程、爱国奋斗的主题表达，强化师生的身份认同和情感认同，唤起同心共鸣、激发同向共情，引导同行共生，强化爱国之心的情感培育和报国之行的能力养成。

校史课从历史之变、南开之进、师生之获中提炼主题、萃取题材，讲好这所与国家人民共命运、与时代社会相偕行学校的奋斗之志、创造之力、文化之果。“三问”“初心”“楷模”“公能”“大师”“大学”“学脉”“文化”“土货”“联大”“校园”“思想”“组织”“炽焰”“奋斗”“日新”“幸福”——17 周 34 学时的课堂教学，每周聚焦一个相互关联而又相对独立的校史文化主题，既以时间为轴序，深入介绍阐释百年南开的爱国“是什么”；又分专题讲授，引导学生进一步思考南开人一以贯之的爱国是“为什么”；还通过在爱国主义

教育基地、新时代文明实践基地、校园文化场景的参观学习、实践服务、宣教宣讲、展览展示，共同探索新时代的南开人如何去爱国，“怎么做”。

三、奏响时代强音：永远年轻 愈益奋励

学校组建爱国奋斗精神宣讲团、成才报国青年宣讲团，知名院士、专家学者、青年学生、管理干部、一线记者等成为爱国主义教育的宣讲者、传播者，他们深入村镇、街道、企业、学校，以线上线下相结合的形式开展宣讲 1 600 余场，累计覆盖 10 万余人次，声情并茂地展现一代代南开人把小我融入大我、扎根基层、服务人民、不忘初心、矢志报国的年轻情怀。

讲好南开故事，弘扬南开精神。《百年南开“爱国三问”的传承》《爱国奋斗 铸魂育人 谱写一流大学建设新篇章》《百年南开允公能 追求卓越创一流》《“爱国三问”的世纪赓续 在南开读懂中国“大学气质”》《百年风雨报国路 逐梦扬帆再启航》《南开师生：“爱国三问”的时代新答》《将“小我”融入“大我” 把青春献给祖国》……南开大学将爱国主义融入教育教学全过程，厚植学生爱国情怀。五年来，南开人牢记嘱托、爱国报国的热烈反响与实践作为 38 次登上央视新闻联播，2 次登上央视《焦点访谈》，近 300 次登上《人民日报》，120 余次获新华社通电报道，294 条次刊发于《光明日报》，央地媒体正面宣传约 12 400 余条。

以史鉴今，资教育人。学校编纂出版百年校史丛书、新时代爱国主义教育丛书，打造网站、微信公众号、抖音等校史文化媒体矩阵，与天津文联合作开展“爱国三问”主题歌词征集活动，参与组织“青春为祖国歌唱”网络拉歌、党史故事百所高校接力讲述活动。以“爱国奋斗 公能日新”为主题的南开文化周末系列活动面向全校各单位征集师生原创文化艺术作品，学校连续多年制作校园广播《开镌史迹》百余期，打造《杨石先》《不屈炽焰》《永怀》《沸海方

舟》等十余部爱国颂党原创精品话剧，推出“中国共产党人的精神谱系专题展”“周恩来与南开精神特展”“从南开走出的中国共产党早期地方领导人”等精品展览，以丰富多彩的形式讲好“爱国三问”的历史故事和时代内涵。

在返本开新、守正创新中不断发掘凝练百年南开爱国奋斗红色基因、红色血脉、红色文化，将百年校史文化内化于核心价值的表达，将爱国奋斗精神外化为学习教育的成果，将公能日新品格转化成立德树人的作为，南开大学正在以实际行动和创新探索，实现爱国故事人人宣讲、爱国情怀生生不息，“爱国三问”代代传承！

（执笔人：赖鸿杰　王泽璞）

铸牢中华民族共同体意识
携手共绘民族团结进步同心圆

内蒙古大学

内蒙古大学是新中国党和国家在少数民族地区建立的首所综合大学，始终沐浴着党的民族政策的光辉。学校将民族团结作为学校事业发展的重要动力和保障，把教育引导各族师生铸牢中华民族共同体意识，作为扎根中国办大学，服务北疆育英才的重要职责。近年来，学校充分发挥“全国民族团结进步先进集体”排头兵作用，探索构建了民族团结进步教育“同心圆”“同场域”“同频率”“同成长”的“四同”工作模式，为“建设亮丽内蒙古　共圆伟大中国梦”提供了有力的思想保证和精神动力。

一、工作思路

一是将铸牢中华民族共同体意识全面纳入学校思想政治工作体系，一体化、全方位落细落实各方责任和具体措施，确保创建工作落地生根，切实增强各族师生对“三个离不开”和“五个认同”的思想自觉和行动自觉。

二是牢牢抓住立德树人根本任务，将民族团结进步教育全方位融入文明校园建设，通过开展系列主题教育活动，打造富有民族特色的校园文化，加强各族师生交往交流交融，把学校建设成为民族团结进步的共有家园。

三是以“中华民族一家亲　同心共筑中国梦”为主题，依托学校融媒体平台，聚合主流媒体资源，及时传递党和国家对边疆民族地区的亲切关怀，营造了人人珍视民族团结、维护民族团结、享受民族团结的良好氛围。

四是坚持把民族团结进步教育贯穿教育教学的全过程，不断探索少数民族卓越人才和创新创业人才的模式和机制，引领各族学生为中华民族伟大复兴贡献自己的智慧和力量。

二、主要做法

一是聚焦“同心圆”，提升思想引领的高度。加强师生思想政治建设，以理论学习中心组、专题报告会等形式，依托“桃李大讲堂”等学习阵地，系统学习新时期党的民族理论与政策。组建专家理论宣讲团和“理论学习轻骑兵”深入基层进行理论宣传。构建了校院两级、开放共享的形势政策报告会制度，邀请党政领导、北疆楷模走进校园，举办“建设亮丽内蒙古 共圆伟大中国梦”百场形势政策报告会。服务国家和地区的发展战略，在北方民族历史文化、古籍文献保护等领域开展了协同创新研究，为铸牢中华民族共同体意识提供了理论支撑和决策咨询。实施了“旗帜·领航”思政课教学实践改革，打造了系列人文通识精品课和220门“课程思政”示范课程，系统挖掘教育教学中的德育元素，引导各族学生牢固树立正确的国家观、民族观、文化观、历史观。

二是营造“同场域”，拓展文化育人的宽度。整合优质资源、汇聚育人合力，逐项分解育人各环节的工作目标、责任主体和具体措施，构建“党委主责、思政主题、学生主体、教师主导、教学主线、队伍主力、制度关键、服务保障”的工作体系。组织开展了“民族团结进步月”“点亮信仰、筑梦北疆”“优秀民族经典进校园”等主题活动，打造了“草原雄鹰·创新之家”“骏马舞蹈团”等文化育人项目。“桃李湖畔·书香内大”获得全国高校思想政治工作精品项目，“牧歌合唱团”获评全国大中专学生最具影响力社团。发挥全国首批文明校园的辐射功能，拓展校史馆、民族博物馆等6个自治区级教育基地的育人功能，面向各族师生、社会公众开展民族文化普及和文明培育活动，年均参观培训达到万人次。“印象·草原——北疆优秀民族文化校园体验季”项目荣获教育部“礼敬中华”优秀传统文化特色项目。

三是坚持“同频率”，增强舆论宣传的力度。做强校园文化阵地的正面舆论引导，综合运用官方网站、微信微博、电视台、“易班”等融媒体平台，开设“铸牢中华民族共同体意识”专栏，以专题报道、宣传海报、视频网文等方式，宣传党的民族政策和法律法规，弘扬中华优秀传统文化。携手主流媒体打好重大主题宣传的主动仗，聚焦贯彻落实习近平总书记考察内蒙古大学重要指示，以“牢记嘱托、守望北疆、奔向一流”为主题，坚持线上线下同步推进，推出专题报道“温暖瞬间：把总书记和我们的故事讲给你听”等系列宣传报道和新媒体产品 54 件，点击量超过 500 万次。围绕庆祝新中国成立 70 周年，邀请自治区文艺名家联合创作了歌曲“祖国草原祝福你”、诗歌“一片草叶上的祝福”等，在新媒体推送后引发热烈反响。与兄弟高校共同发起“青春为祖国歌唱”活动，特别制作 MV《我爱你中国》《今天是你的生日》，展现了北疆各族学子对祖国母亲的真挚情感和深切祝福。

四是着力“同成长”，展现服务学生的温度。把民族团结进步教育纳入人才培养方案，形成“以铸牢中华民族共同体意识为主轴，以健全管理制度、强化人才培养体系、改革教学方式为驱动，坚持上下联动、内外联动、师生联动、教研联动的协同联动机制”的“一轴 · 三驱 · 四联动”的立体化育人模式。健全面向少数民族学生的资助和能力发展体系，加大各类资助力度，少数民族学生和蒙古语授课生可享受 47 项资助项目。通过开设“成长工作坊”、实行“学长导师制”等方式，提升少数民族学生的综合素质、就业创业的竞争能力。选树宣传各族师生先进典型，开展“尽责圆梦 · 内大先锋”主题活动，拍摄了《草原明珠》《草原之光》等校史、人文纪录片，讲好各民族师生守望相助、植根北疆、兴学强国的感人故事，展现新时代内大人牢记嘱托、守正进取、奔向一流的精神风貌。

三、实施效果和经验启示

2019 年，习近平总书记考察内蒙古大学时，充分肯定了学校在传承优秀民族文化和促进民族团结进步方面作出的突出贡献。我们要不断探索铸牢中华民族共同体意识宣传教育的新途径，深化理论武装，增强做好民族团结进步教育工作的责任意识；强化政治责任，进一步完善民族团结进步教育工作机制组织机制；继续开展思政课专题教学与实践教学改革，推进党和国家的民族政策在广大学生中入心入脑；进一步推动民族团结进步思想教育和理论研究，为新时代边疆民族地区的繁荣发展提供智力支持；落实立德树人根本任务，促进社会主义核心价值观和民族团结进步教育的有机融合，让民族团结的光荣传统历久弥新，为打造祖国北疆亮丽风景线作出新贡献。

（执笔人：王烨辉　吴栓虎　穆　瑶）

传承红色基因 滋养立德树人

大连理工大学

大连理工大学是党在新中国成立前夕，面向新中国工业体系建设亲手创办的第一所新型正规大学，是新中国“四大工学院”之一，老一辈革命家、教育家李一氓、吕振羽、段子俊、屈伯川，著名科学家王大珩、钱令希、张大煜，中国奥运第一人刘长春等曾在校工作。建校以来，学校始终坚持立德树人，铸就了独特的“大工红色基因”，其基本特质为担当兴校强国使命的历史自觉，坚定不移跟党走的政治自觉，传承民族精神血脉的文化自觉，爱党兴党、为国为民的党性自觉。2016年学校全面启动“传承红色基因，推动‘双一流’建设”主题教育，之后更将其作为贯彻落实中央重大决策部署、“四为”方针、立德树人根本任务的重要举措全面推进。

一、工作思路

传承大工红色基因重点坚持四项基本原则：一是坚持把握全局与突出特色紧密结合。要抓住红色基因这一主线，突出特色，以此带动、提升全局工作。二是坚持传承与创新紧密结合。要传承光荣传统和优良作风，同时紧密结合时代要求和学校实际，将传承红色基因贯穿人才培养、科学研究、社会服务、文化传承和创新全过程，不断创新。三是坚持教育与教学紧密结合。要将红色基因体现在教育理念中，作用在教书育人的实践中，不断提升人才培养质量。四是坚持继承传统与推动发展紧密结合。要把传承红色基因作用到攻坚克难上来，通过传承红色基因，为“双一流”建设凝聚精神动力，切实推动学校事业发展。

二、主要做法和成果

大连理工大学高度重视红色基因在文化传承和学生价值塑造中

的重要作用。把传承大工红色基因作为铸魂育人的重点工程抓紧抓实，创新方式，丰富载体，以教育引导实践，构建长效工作机制，长期坚持把大工红色基因主题教育融入学校党的建设、思政工作、教书育人、校园文化等各项工作之中，融入教育教学全过程，取得了扎实成效。

1. 挖掘红色记忆，形成具有大工特色的红色育人资源

学校注重挖掘历代大工人的红色记忆，用大工人兴校强国、薪火相传的光荣品格激励师生。建成新校史馆、各学部学院功勋教师塑像群，生动挖掘学校与共和国奋进历史，激发师生情感共鸣；举办红色基因主题图片展、出版文化建设丛书，以展览、图书、MV 等多种形式，全方位、多视角展现大工涵英哺华、科教报国的伟大实践；创作《主楼万岁》《大工机关人的红色记忆》等 30 余部原创影音精品，编排并演出《屈伯川》《功勋教师郭可讱》等十余部话剧，展现老一辈革命家和教育家坚定信念、兴校强国的可贵品格，为立德树人提供丰富的精神养分。

2. 以传承红色基因为主线，推进思政工作改革创新

开展“学党史，忆校史，瞻未来”红色基因大讨论，通过开展网上网下大讨论、学习文件、邀请报告，明确传承红色基因的重要意义，突出大工特有属性，在全校上下凝聚最广泛共识。

面向青年学生。建成全国首家习近平新时代中国特色社会主义思想情景教室，开展“浸润式、沉浸式”主题教学，学生及社会反响好。开展“树‘红色筑梦人’，做‘六有’大学生”专题教育。

面向广大教师，开展“担当立德树人，争做‘四有’教师”专题教育。以抓好“苗子工程”“基础工程”“培育工程”“提高工程”为重点，加强专业人员队伍建设。

面向党员干部，开展“落实‘三个基本’，实现‘四个合格’”专题教育。围绕传承红色基因举办专题党课、专题党日，开展“加强党的领导全面从严治党”专题轮训，增强全校师生对理想信念的

认同和践行，有力推动各群体的思想政治工作。

3. 实施“三大计划”，培养勇担重任的时代新人

实施“红色文化涵育计划”，将文艺作品和校园文化活动作为红色基因的载体，通过形式丰富、内涵深刻的校园文化活动，营造浓郁的红色文化氛围，使广大青年形成自觉文化认同。把握新生入学节点，组织一校两地三区新生全覆盖观看大型校史话剧《屈伯川》，以底蕴深厚的红色基因故事感染带动青年学生。把握“4·15”建校纪念日节点，打造“玉兰文化季”主题活动，精心设计谋划爱校荣校教育载体，开展以校园快闪、文艺展演、海内外线上线下互动为特色的系列纪念活动。不断丰富红色文化活动载体，将红色基因教育融入“峰岚杯”文艺大赛、“祖国颂”合唱比赛、新生团支部诗歌朗诵比赛等品牌文化活动，加强红色信念教育。

实施“红色品格砥砺计划”，寻访挖掘老一辈大工人的奋斗故事，深入学习领会宣传其中凸显的红色品格，激励大工学子矢志奋斗。依托寒暑期社会实践平台，组织开展寒假“寻访老校友”专项社会实践，深入挖掘老一辈大工人的红色故事。依托青年志愿者服务、团支部建设等平台，开展“走近老教授”系列寻访学习活动。依托课余理论学习平台，邀请关工委老教授担任课余理论学习指导教师，学习老一辈大工人红色品格。

实施“红色先锋锻造计划”，从理论和实践等多方面提升学生骨干素质，加深学生骨干对红色基因的理解和感悟，选拔培养一批高素质的“红色先锋”，组织宣讲带动朋辈，激发更多大工学子积极主动传承红色基因。坚持选树优秀典型激励青年学生，开展“榜样大工”优秀大学生评选活动，表彰宣传在各方面具有优秀闪光点的优秀学生和集体，线上线下宣传先进事迹，营造创先争优良好氛围。坚持朋辈引领带动青年学生，选拔优秀大学生骨干组建红色基因宣讲团，面向大学生骨干举办系列报告会，以朋辈教育方式推进大工红色基因入脑入心。

三、取得成效及经验启示

多年来，大工红色基因在传播、传承中不断创新，汇聚起贯彻党的教育方针、肩负立德树人使命的强大动力。传承红色基因主题教育极大提升了学校思想政治教育工作的感染力和吸引力，解决育人针对性和实效性的难题。

近年来，学校培养出“大工红糖哥”周建仁等一批心怀坚定信仰、践行红色基因、投身祖国建设洪流中的大工人，也涌现出一批在扶贫抗疫中勇当志愿者的大工青年。学校获批全国首批“三全育人”综合改革首批试点，相关经验做法被教育部及各级主流媒体报道，学校受邀在教育部等会议上作发言，有较大的影响力和辐射力。

（执笔人：赫 铭 牟 霖 郑若岑）

激活中华优秀传统文化的时代生命力

——积极推动中华优秀传统文化创造性转化、创新性发展

中国海洋大学

党的十八大以来，以习近平同志为核心的党中央高度重视中华优秀传统文化的传承发展，始终从中华民族最深沉精神追求的深度看待优秀传统文化，从国家战略资源的高度传承优秀传统文化，从推动中华民族现代化进程的角度创新发展优秀传统文化。中国海洋大学深入学习贯彻习近平文化思想，充分利用学校深厚人文积淀，将“持续推动中华优秀传统文化传承创新”作为一流大学建设的重要内容，不断探索有效路径，激发以文化人活力，全面增强师生爱国情怀和民族自豪感，进一步坚定文化自信。

一、腹有诗书气自华——推动中华优秀传统文化传承“课程化”

在“通识为体，专业为用”本科教育理念的引领下，学校将中华优秀传统文化教育作为通识教育的重要方面，开设“中国文化传统”“《世说新语》的国学密码解析”“汉字文化”“海洋与传统中国”“漫话春秋战国”等传统文化通识课程。成立中国传统文化研究中心，设置古典诗文研究、古代叙事研究、齐鲁文化研究等方向，积极推动各类研究成果向教学体系、教材体系转化，面向研究生、本科生和外国留学生开设传统文化课程近百门，形成了中国传统文化系列品牌课程群，实现了传统文化研究与课程建设互促发展。中华优秀传统文化传承的“课程化”，聚焦“四个讲清楚”，将中华优秀传统文化植入学生心中，启迪学子们的智慧，激发他们的热爱，为传承和弘扬中华优秀传统文化打下坚实基础。

二、知行相资以为用——推动中华优秀传统文化实践“立体化”

在学校的暑期“三下乡”社会实践中，每年都有二十余支与中华优秀传统文化相关的实践团队，他们着眼非遗传承、乡村文化振兴、文化旅游等方面，主动探寻博大精深的中华文明，用实际行动做中华优秀传统文化的传承者、传播者。“弘扬匠心文化——访高密民俗”社会实践调研队学生成员用镜头记录山东高密传统民间艺术的制作工艺，制作形成《叫虎》《扑灰成卷》视频作品，得到了央视频、学习强国等主流平台的发布，收获了广泛的关注和认可。学校将中华优秀传统文化和创新创业教育深度融合，打造以传统文化为主要内容的创客空间，汇聚了校内外拓印篆刻、绘画书法、文化营销等方面专家作为创客导师，不断激发学生对于传统文化的创新活力，真正让传统文化“活起来”。

三、风翻白浪花千片——推动中华优秀传统文化活动“精品化”

学校不断深化校园传统文化精品活动建设，成立“国学社”“民俗兴趣小组”等学生社团，在“崂山民俗文化村”“青岛胶东非物质文化遗产博物馆”建立学生实践基地，举办“中国传统文化研究高层论坛”，开设“海大人文讲坛”“中国传统文化系列讲座”，以思想激荡思想，以实践开阔视野，加深广大学子对中华优秀传统文化的理解认同与传播自觉。举办“研究生国学活动节”“本科生国学文化节”“诗歌文化节”三大传统文化品牌活动，在校园中持续兴起学习国学、弘扬优秀传统文化的热潮。鼓励以优秀传统文化为素材，繁荣校园文化艺术创作。原创歌曲《海大颂》以典雅庄重的五言诗形式，颂唱出学校的办学历史、理念宗旨和海大人谋海济国的情怀，获中国教育电视台“最美校歌”评选活动“十佳校歌奖”。原创歌曲《子曰》融合儒家文化理念和社会主义核心价值观表达了当代青年弘扬中华优秀传统文化的担当精神。学校将新媒体作为弘扬优秀传统文化的重要平台，形成“海大园二十四节气”等数字品牌专栏，引导学生通过手绘图片、诗文创作等方式为传统文化“美颜”，不断提升广大学子文化涵养与能力素质。

四、映日荷花别样红——推动中华优秀传统文化教育“特色化”

中国海洋文化是中华优秀传统文化的重要组成部分，学校发挥学科特色优势，将海洋文化阐释与中华优秀传统文化相结合，打造国际知名的海洋文化教育、研究、传播高地。编写第一部海洋文化专业教材《海洋文化概论》，形成《蠡海文丛》等海洋历史研究学术品牌，不断完善特色海洋文化教育教学体系。主编《中国海洋文化史长编》，填补了我国在海洋文化史上的基础研究空白；主编《中国海洋文化发展报告》，为海洋文化发展等方面的政策制定提供理论支撑和决策参考。学校连续举办十二届全国大中学生海洋文化创意设计大赛，已成为我国海洋文化创意、教育、传播的最大交流平台。设立山东省大中小学海洋文化教育研究中心，重点在政策研究、课程与教材建设、科普宣教资源建设、师资队伍培训等方面，推动解决全国大中小学海洋教育重点、热点、难点问题；出版的全国首套中小学海洋意识教育系列教材《我们的海洋》，被全国十余个省区市指定为专用教材。

五、观乎人文，以化成天下——推动中华优秀传统文化传播“多元化”

习近平总书记指出：“把继承传统优秀文化又弘扬时代精神、立足本国又面向世界的当代中国文化创新成果传播出去。”学校自主设置中国学硕士专业，培养从事中华优秀传统文化学术研究和传播的国际学生，相关学习经历获《人民日报》报道。在学校少数民族预科班中开设“中华传统经典阅读”等课程，鼓励学生设计制作传统文化创意作品，以中华优秀传统文化铸牢中华民族共同体意识。与30余所中小学合作成立“青岛市传统文化教育联盟”，开展“国学公益讲堂”“耕读堂”等活动，为青岛中小学全面开展传统文化教育提供资源支持。组织香港青年交流营和海峡两岸大学生海洋文化交流营，游三孔、登泰山、观沧海，共同学习和研讨中华优秀传统文化和海洋文化。遴选40余位优秀研究生作为国际汉语教师志愿者赴世界7个国家的孔子学院开展汉语教学工作，向世界传播中华优秀传统文化。

（执笔人：谢杉杉）

赋能红色校史资源
铸就新时代能源英才

中国石油大学（华东）

中国石油大学（华东）是新中国第一所石油高等学府，从成立之初就肩负起国家能源战略使命。在 70 年发展历程中，学校为新中国石油工业从小到大、从弱到强作出了重要贡献。新时代，学校充分发挥红色校史资源丰富、能源特色鲜明优势，通过红色校史培根、石油精神铸魂、石大文化润心，全方位、多渠道讲好一代代石大人家国同心、兴油报国的故事，为培育能源英才提供精神动力和思想保障。

一、以红色校史培根

中国石油大学（华东）在新中国的朝阳中诞生，在共和国的旗帜下成长，在改革开放的浪潮中奋进，在新时代的逐梦中图强，积累了十分丰富的红色校史资源。

一是通过红色校史进行文化赋能。深入挖掘红色校史资源，以红色校史影响人，以红色故事感染人，以家国情怀温暖人，构建“三全”校史文化育人矩阵，实现全程、全员、全方位校史育人。将红色校史教育纳入教育教学体系，绵绵用力、久久为功，贯穿教育教学全过程；将红色校史传播在石大校园，推出“石大老革命”“青春的力量——祖国的需要就是我的志愿”等主题图文展览，打造沉浸式红色校史思政教育大课堂，力求春风化雨、润物无声。

二是通过红色校史进行精神引领。学校把红色校史作为精神的富矿，以红色校史补足精神之“钙”，筑牢思想之“魂”。建成国内一流校史馆，并打造成为爱党爱国、立德树人、文化传承、精神孕育、科学普及的“教育共同体”；编撰出版《遇见大师》《红色科学路》等校史文化系列图书；开设“校史文化”通识课程；推出“红色校史宣讲”线上展播；举办“红色校史我来讲述”主题活动……让红色校史精神引领“有形、有声、有影”，效果入眼、入脑、入心。

二、以石油精神铸魂

石油精神是石油石化行业的灵魂和根基。中国石油大学（华东）与石油工业发展密切交融，受石油精神影响深远，学校坚持用石油精神铸魂育人，感召石大学子奋发图强，激励石大学子勇毅前行。

一是将石油精神融入课堂教学。发挥课堂教学主渠道作用，把石油精神有机融入教学，以石油精神“特色”强化课程思政“本色”；规划编写《中外石油文化》《石油工程文化》《百年石油、沧桑巨变：中国近现代石油工业发展史绘本》等弘扬石油精神的红色教材；发挥英模人物、老革命、校外知名专家学者、地方榜样人物、杰出校友等人力资源优势，组建学校开展石油精神传承的兼职队伍师资库。“中外石油文化”获评国家级线上一流课程和教育部课程思政示范课程，课程主讲教师和教学团队获批教育部课程思政教学名师和教学团队。

二是将石油精神融入校园生活。通过“校园里展、课堂上讲、文章里论、网络上传、活动中悟、媒体上播”等多形式、多渠道推介石油精神与石油文化，让石油精神、石油文化渗透进每一个石大人的血脉。在校史馆设置石油精神专题展厅，让石油精神之火赓续相传；开展“学习铁人精神、追寻石大荣光”主题系列活动，通过观铁人展览、听铁人故事、颂铁人精神、追铁人脚步，继承弘扬铁人精神，激发奋进力量；举办“永远的铁人、不朽的精神”图文实物展，让石油精神浸润在校园的每个角落，融入每个学生骨髓，塑造石大人灵魂，激励石大人奋进。

三、以石大文化润心

学校 70 年的求索、耕耘、攀登，铸就了“家国同心、艰苦奋斗、惟真惟实、追求卓越”的石大精神和“爱党爱国、崇尚学术、追求卓越”的石大文化。学校多渠道构建了全方位、立体化的石大精神文化传承体系，让石大精神和石大文化撒播在校园的每个角落，浸润每一个学生心灵。

一是提升石大精神文化启智润心的深度。通过专题研究、资料采集、图文展览等途径，深入挖掘石大的宝贵精神财富。建设“创造太阳”网络文化工作室，创建英、俄文网站，建设学习强国号，深化融媒体发展，展现石大新形象，传播石大好声音，弘扬石大精神，凝聚奋进力量。国家有关部门先后以杰出校友的名字命名了“王德民星”、以功勋校长的名字命名了“杨光华星”；国家 7 部门联合授予校史馆“科学家精神教育基地”，成为石大精神启智润心的良好载体。

二是拓宽石大精神文化启智润心的广度。构建以弘扬精神文化为主要职责的校史宣讲团，讲好石大精神和石大文化的历史渊源、丰富内涵和时代价值，累计受众 17 000 余人；创作演出展现石大精神、石大文化的交响乐和话剧《创造太阳》，作为新生开学第一课届届传承，被多家主流媒体宣传报道；评选“校友之星”，举办校友讲座，激励广大校友在各自岗位做石大精神的践行者。“做最好的自己、做业界的精英”成为全体石大人的自觉遵循和不懈追求。

兴文化，扬精神，强特色，继传统，红色校史教育赋能人才培养结出累累硕果，使学校赢得了“值得尊敬大学”的美誉。70 年来，学校为国家培养了 30 余万名优秀人才，从中走出了以 32 位院士为代表的杰出科学家；恢复高考以来，11 位本校本科毕业的学生当选两院院士，在全国高校排名第 17 位；走出了以王宜林、汪东进为代表的一批战略企业家，学校毕业生担任中石油、中石化、中海油董事长/总经理的人数占历届总数的近50%；走出了以“人民楷模”王启民、“100位新中国成立以来感动中国人物”秦文贵为代表的近百位全国英模；走出了包括27位大学党委书记、校长在内的76位高校领导。一代代石大人奋战在西部、奋战在一线、奋战在祖国最需要的地方。

不忘本来才能开辟未来，善于继承才能更好创新。中国石油大学（华东）牢记习近平总书记“能源的饭碗必须端在自己手里”的殷殷嘱托，赓续七秩荣光，奋楫一流梦想，加快推进中国特色能源领域世界一流大学建设，以石油精神筑牢青年学子成才之魂、以丰富石大精神文化浸润青年学子成器之心，为“双碳”背景下国家能源战略提供更加有力的人才和科技支撑。

（执笔人：刘积舜　马梦华　张大宇　吴颖昊）

弘扬井冈精神 铸魂时代新人

江西财经大学

一、铸魂思路

江西财经大学党委始终聚焦成为“世界一流学科”建设大学、“服务江西经济社会发展标杆大学”办学目标，瞄准立德树人根本任务，架起利用红色资源、弘扬井冈山精神的“四梁八柱”，围绕3个“主”字做文章，推进“123”工作模式，注入红色血脉，让井冈山精神放射出新的时代光芒。

二、围绕3个“主”字做文章，推进“123”工作模式

1. 坚持“主旋律”导向，“1”个核心要突出

习近平总书记发扬井冈山精神，培养堪当民族复兴重任的时代新人要求与江西财经大学育人理念高度契合。学校始终以“跨越时空的井冈山精神”为导向，坚持结合学校财经特色，以讲好井冈山故事为核心，在培养“国之大者”上“作示范、勇争先”，努力培养新时代堪当民族复兴重任的时代新人。

2. 把握“主引擎”驱动，“2”个关键紧抓牢

（1）目标驱动。一是短期目标，坚持“五育融合”，培养德智体美劳全面发展的社会主义建设者和接班人。二是中期目标，秉承“信敏廉毅”的校训和“敬业乐群、臻于至善”的大学精神，形成弘扬井冈山精神，推进新时代育人模式。三是长期目标，坚持党的领导，坚持马克思主义指导地位，扎根中国大地办大学，走出一条建设中国特色、世界一流大学的新路。

（2）管理驱动。一是学校党委高度重视，党委书记卢福财作为第一责任人亲自抓，分管思政工作校领导重点抓；二是构建科学的评价体系，纳入学校整体发展规划，完善正向激励机制，健全督导

问责机制；三是把传承红色基因作为思想政治工作成效评估、学科专业质量评价、教学科研成果评比等的重要指标，并纳入领导班子考核、领导干部述职评议。

3. 抓好“主战场”管理，“3”个课堂铸铁军

（1）用好第一课堂，“因事而化”擦亮基因底色。一是建设思政课程。通过 BOPPPS 驱动 PBL 等教学模式改革在思政课堂嵌入井冈山精神，以“五类”金课建设为目标，提升教学改革走向深入，推出教学改革精品项目。二是充实课程思政。将红色故事、红色文化等融入专业教育，实现所有课程中融入思政元素，形成融入井冈山精神的课程思政教育体系。三是完善课程体系。与校内外不同学科、不同领域开展广泛合作，利用 VR 技术创新育人形式，增强教学的思想性、理论性、亲和力和针对性，推动数字课程建设。

（2）抓好第二课堂，“因时而进”培养行动本色。党团组织齐发力，落实“第二课堂成绩单”制度，融入井冈山精神，使第二课堂从“散点图”变为“聚类图”，借助品格塑造、人文陶冶、创业演练、科研实训、社会体验及爱心助学六大实践育人平台，生成丰富的红色课外活动，系统规划学校红色品牌项目、学院红色特色项目、班级红色实践项目、红色社团项目、骨干红色培训项目、青年红色成长项目。

（3）把好第三课堂，“因时而新”凸显创新成色。与第一、第二课堂密切配合，做好红色信息传递和红色知识衔接的“工具”，遵循网络文化传播规律，迎合学生的思想特点和成长需求。牢牢把握学生在意识形态、思想宣传、价值引领、舆论导向上的主动权，培养新一代有高度的安全意识、有文明的网络素养、有守法的行为习惯、有必备的防护技能的“四有”好网民。

三、铸魂效果

1. 三字真经顶层设计，形成“长”效红色机制

“研”——研究。获评教育部首批“全国高校黄大年式教师团队”，

成为全国财经类高校马克思主义学院中唯一获奖团队。《用井冈山精神培根铸魂培育新时代创新创业人才》在光明日报理论版发表，《井冈山精神铸魂新时代创新创业人才的科学阐释与江财实践》在《新文科理论与实践》创刊号发表。

“用”——利用。打造一系列红色育人品牌，从 1985 年开始举办红歌年年唱，1990 年开始坚持国旗日日升，1995 年开始开展好事月月评，同时党课周周讲从不放松，新苗季季育持之以恒。

“转”——转化。为经济社会发展服务，“双创”教育推进本科教育的成就得到教育部评估专家组高度肯定，作为特色写进了评估意见，国内 162 所高校先后来校参观学习。

2. 辐射引领共促提升，培育“典”范红色传人

“映山红”研究生支教团获第 25 届江西青年五四奖章集体。“江・山・情”红色讲堂团队获 2021 年全省高校红色走读优秀团队荣誉。打造“映山红”大学生党员先锋班。拥有“红扬社”“校史校情讲解团”思政社团，以及“映山红”国旗护卫队、江财自强社等一大批优秀的红色文化团队。

3. 依托“红色教育+”融合体，构建“多”维红色形态

“红色教育+”党建引领。先后入选“全国党建工作样板支部”“全国党建工作标杆院系”培育创建单位。定期举办“党员半月谈”“红色讲堂”“政解小讲堂”“红土地论坛”等活动。

“红色教育+”课程建设。陈始发教授领衔获批全国高校思政课名师工作室 1 个，获评思政课“讲好红色故事”省级高水平教学团队，获批 1 门教育部首批课程思政示范课程，该课程团队同时获批课程思政教学名师和团队。

“红色教育+”学术研究。学校“红色资源开发与利用”国内领先。教育部首批高校择优资助计划项目、江西省第一个此类项目《红色文化资源与思想政治理论课建设》首次系统地将红色文化资源的开发利用引入高校思想政治理论课教学，从理念上探讨了思政课与

红色文化资源的契合性。

四、谱写“推广”奋进曲（经验启示）

1. 打造“红色基因传承样板”

结合青年大学生学习特点，通过新媒体手段，推广“红色铸魂”精品课程、“红色社团”“江财红人馆”等一批样板，将本校经验推广至全省乃至全国财经类高校，讲好江财故事、江西故事、中国故事。

2. 形成“弘扬井冈山精神”新时代育人品牌

通过将“井冈山精神”融入“双创”教育目标中，形成了完整的、内涵充实的、独具特色的人才培养体系，发起品牌建设，形成品牌传承和可持续发展，开启一幅崭新的教育画面。

（执笔人：徐　丰　韩国玉）

打造一体三驱多维工作矩阵 铸造红色教育品牌

四川大学

四川大学坚持以习近平新时代中国特色社会主义思想为指导，以健全立德树人长效化落实机制和常态化开展“学习革命先辈崇高精神、培育又红又专时代新人”主题教育为核心，深刻把握红色文化思想精髓，讲好革命英烈感人事迹，让红色基因在师生中代代相传。

一、工作思路

以习近平总书记关于“要把红色资源利用好、把红色传统发扬好、把红色基因传承好”的重要指示精神为统领，立足知名英烈校友江竹筠为代表的“江姐精神”，把红色基因根脉转化为思政教育教材，打造“一体三驱多维”工作矩阵，推动红色文化教育落地生根。

“一体”是指：以健全立德树人长效化落实机制和常态化开展“学习革命先辈崇高精神、培育又红又专时代新人”主题教育为核心。

“三驱”是指：以“打造江姐馆、建设江姐班、创作江姐剧”三重引擎为驱动。

“多维”是指：涵盖包括第二课堂实践教育活动、网络红色教育阵地、革命英烈传记编纂工程等在内的多维育人要素。

二、主要做法

1. 健全立德树人长效落实机制，推进红色教育、党史学习教育、爱国主义教育等一体发力

学校成立学生思想政治工作指导委员会，健全立德树人长效化

落实机制，推进“三全育人”综合试点改革，落实“五育并举”，出台加强新时代学校体育、美育、劳动教育的实施方案，制定关于学习贯彻落实《新时代爱国主义教育实施纲要》的工作方案，常态化开展以“讲述身边的党史故事”、缅怀革命英烈、学生宣讲进社区、“学生讲堂”等为典型的“学习革命先辈崇高精神 争做又红又专时代新人”主题教育，结合全面建成小康社会、脱贫攻坚战全面胜利、抗疫斗争伟大实践等生动案例，深入开展党史学习教育、理想信念教育和爱国主义教育，引导师生将个人理想追求融入时代使命。

2. 打造“馆、班、剧”三重引擎驱动，提升红色文化铸魂育人实效

（1）打造江姐馆。修缮改造江姐读书时期居住的女生院旧址，创设西南高校首家专题革命烈士纪念馆——“江姐纪念馆”，把参观学习江姐纪念馆纳入新生入学、新进教职工入职教育“必修课”，开馆以来已接待 15 万余人次。运用新媒体技术建设 3D 江姐纪念馆和“川大英烈网上展馆”。

（2）建设江姐班。以培育时代新人为目标，按照“建设一个，选拔一批”原则，选拔培育 17 个涵盖不同学科门类的“江姐班”，“江姐班”同学带头学思想、强党性，担任江姐纪念馆讲解员、学生宣讲员，积极发挥示范引领作用，带动青年学生传承红色基因、赓续红色血脉。

（3）创作江姐剧。依托艺术学院等专业力量，匠心创作以讲述江姐在川大求学期间学习生活经历为主要内容的原创舞台剧《江姐在川大》《待放》。在校内外公演数十场，受益观众达数千人，赢得社会广泛赞誉。

3. 构建多维要素协同育人体系，红色文化育人化人蔚然成风

（1）开展主题实践活动。举办“把青春华章写在祖国大地上”大思政课网络主题宣传活动，央视新闻联播、人民日报等深入报道。开展“青年红色筑梦之旅”“追寻红色足迹，牢记使命担当”等实践教育

活动，与井冈山、延安、邓小平故里等场馆共建大学生红色教育基地。

（2）推进红色文化工程。实施学校“革命英烈传记编纂工程”，编撰出版“四川大学革命英烈”丛书，举办“中国共产党在川大百年历程专题展”，拍摄“四川大学共产党组织的创建与发展”党史宣传纪录片，制作“中国共产党在川大百年历程画册”。

（3）抓好网络红色教育阵地建设。搭建“你的故事·点亮中国”交互式数字体验平台，组织青年参与“青年大学习”网上主题团课学习，年均达105万人次，获得首批“高校数字思政精品项目培育计划”。

三、实施效果

1. 红色教育、党史学习教育与爱国主义教育有机融合、协同推进，“三全育人”特色品牌遍地开花

不断从红色文化、党史教育中汲取精神养分，用鲜亮底色为广大师生立德铸魂。中央指导组对学校党史学习教育予以充分肯定，学校红色文化育人工作入选教育部“高校校园文化建设优秀案例”，获评首届“新时代四川高校十大党建创新案例”，“中国共产党在川大”红色教育品牌越来越亮。

2. 三重引擎驱动作用明显，党建引领事业发展成效突出，又红又专的师生榜样层出不穷

以党建促发展，以人才为依托，以项目为抓手，通过“馆、班、剧”三重引擎驱动，涌现出“全国高校黄大年式教师团队”“全国模范教师”等一大批先进典型和“中国大学生年度人物”“全国向上向善好青年”“全国最美大学生”等一大批优秀学生，荣获“全国文明校园”称号。

3. 大思政格局齐抓共管作用明显，多维要素协同育人卓有实效

出台《关于进一步落实“五育并举”机制工作方案》《四川大学本科生综合素质评价办法》，健全综合素质评价机制。加强“第二课堂成绩单”建设，依托“挑战杯”大学生创业大赛等校园文化活动

弘扬抗疫精神，举办“四川大学战疫思政大讲堂”，将抗疫实践转化为育人元素。

四、经验启示

1. 突出党建引领，坚持和强化党组织的政治核心作用

充分发挥党组织的政治引领和基层党支部的战斗堡垒作用，将红色教育作为党建工作的重要抓手，把党建优势转化为推动事业发展的不竭动力，为高质量建设世界一流大学凝聚广泛思想共识。

2. 厚植特色优势，坚持深挖川大风格红色文化资源

依托学校丰富的红色资源和厚重的历史积淀，创新育人载体形式，打造主题突出、导向鲜明的红色文化教育系列品牌，融入立德树人全过程，实现红色基因“薪火相传”。

3. 发挥多方合力，坚持构筑“大思政”育人共同体

将思想政治工作作为一项系统工程来抓，突出“人人参与、合力育人”，聚焦教书育人、科研育人、实践育人、文化育人等多维要素，构建上下联动、左右协同、齐抓共管的“大思政”育人共同体。

（执笔人：韩　芳　王彬彬　李明凤　张　舒）

弘扬西部红烛两代师表精神
培养“四有”好老师

陕西师范大学

一、工作思路

强国必先强教，强教必先强师。培养造就一大批信仰坚定、业务精深的“四有”好老师，是新时代教育强国建设赋予师范大学的重大使命。扎根中国大地办教育，需要以一流大学文化引领一流师范大学建设；实现教师教育振兴，需要以一流大学精神铸就时代新人的根与魂。学校通过弘扬践行“西部红烛两代师表”精神，引导师生坚守教育报国初心使命，以卓越教师人才培养为教育强国建设提供基础支撑和动力之源。

二、主要做法

1. 立足传承，抓顶层设计，彰显办学之魂

学校始终牢记为党育人、为国育才使命，孕育生成了承载着一代代师大人教育报国志向、教育强国梦想的“西部红烛两代师表”精神。学校统筹谋划，将发挥“西部红烛两代师表”精神引擎巨大作用纳入学校办学治校的整体发展战略规划，在深化教育评价改革、推进“双一流”建设、实施思政工作质量提升工程等方面重点安排，在构建高质量全贯通思政工作体系、加强宣传思想文化工作中重点部署。

2. 聚焦内涵，抓宣传阐释，激发价值共鸣

学校举办主题宣传教育活动，掀起宣传践行“西部红烛两代师表”精神的热潮：组织领导干部、学者专家先后在中国高等教育、光明日报、学习强国等重要平台发表“西部红烛两代师表”精神述评文章；开展教育战线优秀校友寻访活动、对接西部基础教育“百

校行”调研活动，加大对长期坚守教育一线、做出突出贡献的优秀校友的选树与宣传；依托融媒体矩阵平台优势，开设“我在西部当老师”等专题、专栏，推出一系列融媒体产品，营造浓厚舆论氛围。

3. 创新形式，抓载体建设，深耕精神家园

创新传承载体，启动西部红烛数据库建设，通过百位师大人物口述史、优秀校友访谈录、师大毕业生数据库、教师虚拟博物馆等形式充分展示“西部红烛两代师表”精神的价值内核。优化物质载体，建设好“红烛校史馆”，在两校区重要场所设置“西部红烛两代师表”精神展示牌，融入师生日常生活。打造特色校园文化载体，组织“西部红烛为祖国闪耀”主题快闪、青春分享课等系列活动，创作了长篇辞赋《西部红烛精神颂》、情景剧《我们都是师大人》等一批独具师大内涵的文艺作品。

4. 凝练特色，抓育人实践，塑造时代新人

学校着眼培养堪当民族复兴重任的“四有”好老师，将“西部红烛两代师表”精神贯穿于学生理想信念教育和教学教育全过程，在实施公费师范教育的基础上，大力实施“优师计划”和“红烛计划”，推进“卓越教师培养计划 2.0”和“4+2”卓越教育硕士培养计划。组织师生深入学习习近平总书记给“优师计划”师范生的回信精神；打造“理想信念与卓越师范人才培养——《习近平的七年知青岁月》导读”“中国共产党百年史”等精品思政课程，推出“延安·青年”特色微思政课；开展“未来卓越教师立志扎根西部服务基础教育”等专题教学活动；组织“红烛杯”公费师范生教育教学能力大赛、微课大赛和演讲大赛，以多种形式激发青年学子立志从教的职业信念。

三、实施效果

1. 弘扬践行“西部红烛两代师表”精神，坚定了师生文化自信，提振了接续奋斗“精气神”

通过持续宣传教育，“西部红烛两代师表”精神深深扎根于广大师生校友心中，在校内外的知晓度和美誉度显著增强。“西部红烛为祖国闪耀”快闪活动，原创歌曲《青春在路上》参与“青春为祖国歌唱”全国高校网络拉歌活动，被央视中央电视台、人民日报等媒体报道；《光明日报》在头版刊发了《陕西师大：以“西部红烛精神”锻铁成钢》专题报道。学校在校庆日、招生季等关键节点推出多篇以“西部红烛两代师表”精神为主题的融媒体优质原创内容，获10万+阅读量。在“西部红烛两代师表”精神激励下，广大师生精神风貌昂扬向上，校园文化蓬勃开展，学校多次获批教育部思想政治工作精品项目和原创文化推广计划、陕西高校校园文化建设优秀成果一等奖等荣誉。

2. 弘扬践行“西部红烛两代师表”精神，深化了铸魂育人成效，写好教育报国“奋进之笔”

建校至今，学校为国家培养各类人才50余万人，其中10余万名毕业生奉献在西部基础教育第一线，涌现出了全国模范教师、最美教师、特教领域最美教师、“全国高校黄大年式教师团队”等一大批先进典型。在西部地区，只要有优质教育资源的地方，就有陕西师范大学的毕业生。一批优秀毕业生扎根西部、奉献教育、追求卓越、奋斗报国的故事被人民日报、光明日报等媒体报道。

3. 弘扬践行“西部红烛两代师表”精神，凸显了教师教育特色，汇聚起内涵发展“正能量”

在“西部红烛两代师表”精神引领下，学校把做大做强做精教师教育作为服务国家、谋求发展的逻辑起点，与省教育厅共建成立陕西教师发展研究院，为加强教师教育人才队伍、学科体系建设，培育更多塑造学生品格、品行、品位的名师大家奠定了坚实基础。主动服务国家战略发展需求，通过发展远程教育资源共享、拓宽教师专业能力培训等，推动西部教育均衡发展，为建设教育强国作出“陕师贡献”。

四、经验启示

守正创新是进步不竭的内生动力，将文化建设融入学校各项工作中，突破观念束缚，推进学校文化建设向纵深发展；彰显特色是提升竞争力的突破路径，深入挖掘校园精神文化资源，丰富文化表达，营造校园文化繁荣发展的良好局面；完善体制机制是推动发展的有效保障，坚持以文化人以文育人导向，自觉将校园文化建设与立德树人根本任务对标聚焦，构筑起文化育人的长效机制。

（执笔人：马晓云　张小东　刘　芳）

传承中医药文化 坚定文化自信

——在实践中构建“知行合一”的宣传工作模式

甘肃中医药大学

为坚定大学生文化自信，继承和发扬中医药文化。甘肃中医药大学一直以来高度重视主题实践活动开展，精心组织筹划实践方案，广泛动员在校大学生积极参与，邀请专业教师带队，聚集中医药文化宣传骨干力量组建“中医药文化传播与健康宣讲实践团队”，将培养大学生社会主义核心价值观与中医药文化相结合，充分发挥中医药文化的德育功能，通过社会实践构建“知行合一”的宣传工作模式。

一、工作思路

学校秉承“仁术勤和，玉汝于成”的育人理念，将培养大学生社会主义核心价值观与中医药文化相结合，充分发挥中医药文化的德育功能。在实践活动过程中充分整合校内外主流媒体、大学生自媒体、直播平台等宣传媒介，实现全媒体发声，全过程覆盖，全方位推进。以读经诵典、中医药文化进中小学校园、进社区等活动形式，搭建特色品牌展示平台，普及中医药健康养生知识，在传播讲述中坚定师生与基层百姓的文化自信。

二、主要做法

实践团队由党委宣传部指导、校团委牵头组建，全体学生参与，突出专业特色，开展实践活动。

1.“礼敬中华”优秀传统文化与中医药文化传承相结合

围绕中医药文化传播主题，打造独具特色的社会实践活动品牌，通过进社区、进校园等途径，鼓励人人参与，扩大影响范围。将读经诵典、药用植物辨识、中药标本图片展示、传统养生保健技能太极拳、常见疾病预防、中医药养生等中医药文化元素浓厚的活动贯穿社会实践活动中，为传承中医药文化奠定坚实基础。

2. 中医药文化传播与通识教育指导相结合

积极打造中医药文化传播师生团队，主动与中小学开展中医药文化交流与合作。邀请校内外中医药专家、学者、教授针对不同层次受众群体开展中医药文化知识讲座，以普及型知识传播（针对普通群众、中小学生）、专业型知识讲座（针对具备一定专业知识背景的医疗服务人员）、实用型技术指导（针对从事专业技术的医护专业人员）为主要途径，宣讲中医学、中药学、陇医陇药、敦煌医学、民族医药等内容，开阔民众视野，增进交流互动。

3. 将中医药文化地域性特色融入实践活动中

甘肃作为华夏文明的发源地之一，被誉为“河岳根源，羲轩桑梓”。伏羲制卦、岐黄问道、皇甫针灸、汉代医简、敦煌医学、千年药乡等是取之不竭的中医药文化宝库。实践团队在具体开展活动过程中，提前了解该地中医药文化背景，根据地域性文化背景准备宣讲内容，使宣讲内容更接地气，更易被当地百姓接受。同时，在交流过程中，汲取当地独有的中医药文化历史典故、民间习俗、常用方法知识等，开拓宣讲团队视野，不断充实完善宣讲内容。

4. 传统媒体与新媒体深度融合

充分发挥校园网、校报、广播等传统媒介作用，坚持宣传报道贴近实践、贴近基层、贴近师生。结合 00 后大学生对新媒体接受和使用程度较高，获取信息能力、主动传播、彰显个性等方面显著提升等特点，牢牢把握新媒体主导权，鼓励大学生使用微博、朋友圈、抖音、美篇等进行展示宣传，在融入媒体传播的过程中，引导大学生自觉将践行社会主义核心价值观与学习贯彻习近平新时代中国特色社会主义思想结合起来。借助校外主流媒体，结合大学生成长成才开展“中国梦”宣传教育，努力满足师生多样化精神文化需要，充分发挥宣传思想工作的引领作用，为学校改革发展营造良好舆论氛围。

三、实施效果

实践团队分别于2019年7月15日至7月21日、2020年7月26日至8月1日深入陇南市武都区裕河镇、宕昌县八力镇开展暑期“三下乡”活动。

1. 发挥专业优势

充分发挥医学生专业优势，在中医药文化、健康扶贫、生态保护等方面开展宣讲。在当地中小学校，推进“中医药文化进校园”，以中医药文化宣讲传播、中医药文创产品制作等形式，寓教于乐，为山区儿童播撒文化自信的种子。

2. 开展座谈交流

以义诊服务、健康知识普及进一步增强基层百姓疾病预防与健康养生理念；以生态保护、资源开发政策宣讲鼓励当地青年积极创业。实践团队与当地政府座谈交流，深入了解乡村发展的实际现状；与当地卫生院座谈交流，探讨解决地方性疾病诊疗方法；与基层百姓交流，宣传常见病预防、日常用药安全知识。实践团队用掌握的医学知识技能为百姓服务，得到群众普遍认同。

3. 扩大影响范围

实践队员通过朋友圈、微博、抖音等平台，展示实践中的所见所闻、所思所感，影响和感染身边的同学、亲友；校内外主流媒体及时跟进进行宣传报道，扩大宣传影响范围，传播正能量；组织开展实践成果报告会，将自己的所见所闻与广大师生交流分享。

4. 激发报国情怀

社会实践是青年大学生学习知识、增长才干、传播文化的有效途径，更是大学生服务社会、回报社会的良好方式。通过社会实践，同学们深刻认识到只有将个人发展与国家联系在一起，秉持投身建设新时代中国特色社会主义伟大事业之初心，在服务社会、服务基层、服务人民的过程中不断实现人生价值。

四、经验启示

中医药文化凝聚着中国传统文化的精髓，是我国文化自信的深厚根基，是中华民族对人类做出的重大贡献。中医药走向世界有所作为，是我国文化软实力的重要展示，“博学之，审问之，慎思之，明辨之，笃行之”，中医药文化的传承离不开研习者具备的中医药文化理论基础、离不开行之有效的宣传模式，离不开行之有效的实践活动。甘肃中医药大学始终秉持将培养大学生社会主义核心价值观与中医药文化相结合，将中医药文化的核心价值观渗透到大学生素质教育中这一理念，以中医药文化传承坚定文化自信，通过社会实践活动充分发挥大学生的主观能动性，在实践中自我教育、自主管理、自我服务、自我提升。在实践中切实感受祖国日益富强，了解人民期望，坚定理想信念，树立报国之志，铸就成才之心，将小我融于大我，将青春献给祖国！

（执笔人：吴 冰 杨 韬 王 晶）

图书在版编目（CIP）数据

从文化自信到文化自强：高校宣传工作百优案例研究 / 蓝晓霞主编. —北京：北京交通大学出版社，2024.12

ISBN 978-7-5121-5246-5

Ⅰ. ① 从…　Ⅱ. ① 蓝…　Ⅲ. ① 高等学校－思想政治教育－研究－中国　Ⅳ. ① G641

中国国家版本馆 CIP 数据核字（2024）第 099485 号

从文化自信到文化自强——高校宣传工作百优案例研究
CONG WENHUA ZIXIN DAO WENHUA ZIQIANG
——GAOXIAO XUANCHUAN GONGZUO BAI YOU ANLI YANJIU

责任编辑：刘　辉
出版发行：北京交通大学出版社　电话：010-51686414　http://www.bjtup.com.cn
地　　址：北京市海淀区高梁桥斜街 44 号　　邮编：100044
印 刷 者：北京鑫海金澳胶印有限公司
经　　销：全国新华书店
开　　本：148 mm×210 mm　　印张：13.25　　字数：392 千字
版 印 次：2024 年 12 月第 1 版　　2024 年 12 月第 1 次印刷
定　　价：35.00 元

本书如有质量问题，请向北京交通大学出版社质监组反映。
投诉电话：010-51686043，51686008；传真：010-62225406；E-mail：press@bjtu.edu.cn。